경영학 수업

* 이 책은 2013년에 출간된 〈세계의 경영학자는 지금 무엇을 생각하는가〉의 개정판입니다.
* 본문에서는 특별히 명기하지 않는 한 직함을 생략합니다.
* 본문에서 소개하는 경영학자의 소속은 논문 발표 당시를 기준으로 하며, 특별히 명기하지 않는 한 생략합니다.

세계의 경영학자가 생각하는 경영 지식의 최전선

경영학 수업

이리야마 아키에 지음 | 김은선 옮김

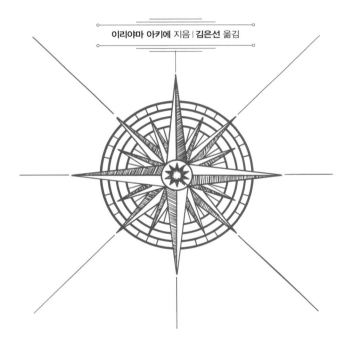

에이지21

추천의 글

명색이 경영학 박사이면서 경영학 대학원생이 읽을 심도 깊은 교과서가 없는 이유를 이 책을 읽기 전까지는 생각해본 적이 없었습니다. 아직 경영학이 어린 학문이며, 특히 사회학과 심리학, 경제학으로부터 다양한 방법론을 가져와 현실을 설명하기 위해 노력하는 과정에 있다는 것도 체감할 수 있었고요.

특히 아이를 키우는 부모 입장에서 교사들의 능력과 태도가 얼마나 중요한 영향을 미치는지 보여준 8장은 아주 인상적이었습니다. 사회적 자본이라는 말은 그간 많이 들었지만 사회적 자본이 교사들의 성과에 미치는 영향이 그렇게 큰 줄은 이 책 덕분에 처음 알 수 있었습니다. 간단하게 이 대목을 인용해보겠습니다.

> 필과 리아나는 미국의 어느 지역에 위치한 1,990개 공립 초등학교의 교사 1,013명과 4~5학년생 24,187명을 대상으로 분석을 실시했다. 두 사람은 '아이들의 성적은 교사 개인의 능력(인적 자본)뿐만 아니라 해당 교사가 동료 및 윗사람과 친밀한 관계를 맺고 있는 정도(사회적 자본)에도 영향을 받을 것'이라고 생각했다. 그리하여 1,013명의 교사를 대상으로 각 교사가 동료 및 상사(주로 교장)와 얼마나 친밀하게 학생이나 교육에 관한 이야기를 나누는지 조사했다. 그리고 '교사의 사회적 자본'이 담당 학생의 수학 시험 결과에

미치는 영향을 분석했다. 그 결과는 다음과 같았다.

① 교사가 풍부한 교육 경험을 가지고 있거나 수학 교육에 높은 자신감을 가지고 있을수록 담당 학생의 시험 결과도 좋았다. 교사 개인의 능력(인적 자본)이 학생의 성적에 영향을 미치는 것을 확인할 수 있었다.

② 이 지역에는 각 학교마다 교사들이 그룹을 만들어 정보를 교환하는 관례가 있는데, 그룹 내 다른 교사와 친밀한 관계를 맺고 있는 교사일수록 담당 학생의 시험 결과가 좋다는 사실을 확인했다. 이러한 결과는 교사 간의 사회적 자본이 학생의 성적을 향상시킨다는 것을 나타낸다.

③ 교사가 교장과 친밀한 관계를 맺고 있을수록 담당 학생의 시험 결과가 좋다는 사실도 밝혀졌다. 교사와 교장 사이의 사회적 자본도 학생의 성적을 끌어올리는 효과를 발휘하는 것이다.

이러한 결과는 학생의 성적을 높이는 데에는 교사 개인의 능력뿐만 아니라 그가 주위 사람과 관계를 맺는 정도에 따라 형성되는 사회적 자본도 중요한 역할을 한다는 것을 실증적으로 보여준다. **(151~152쪽)**

예전에 한국의 학생들이 세계적으로도 높은 성취를 거두는 원인을

파헤친 글을 읽으면서 한국 교사의 처우가 다른 선진국에 비해 '상대적'으로 좋은 데 있다는 것을 발견하고 깜짝 놀랐는데 정말 당연한 결론이라고 할 수 있겠습니다.

　교사가 풍부한 교육 경험을 가지고 자신감을 가질수록, 나아가 주변 학교의 교사와 긴밀한 관계를 맺고 정보를 교환하며 상사와의 관계도 좋다면 제자들의 성취도가 낮을 수 없겠죠. 이런 조건을 갖추려면 교사 본인의 노력과 능력뿐만 아니라 여건도 받쳐주어야 할 것입니다. 일단 학생의 성취도 상향에 대한 교사의 동기 부여가 있어야 할 것이며, 상사(=교장)도 이를 장려하고 또 교사의 능력이 높아지는 것에 따른 인센티브가 있어야 가능할 것입니다. 이렇게 이야기를 하고보니 뻔한 결론으로 이어질 것 같기도 합니다.

　이 책에서 인상적인 대목 하나를 더 고르자면, 11장의 '혁신기업은 어떻게 세계로 확산되나?' 부분입니다. 혁신기업과 벤처캐피털리스트는 특정 지역에 집중되는 경향이 세계적으로 나타나는데, 이 배경이 어디에 있는지 다룬 연구들이었습니다.

　　코굿과 알메이다는 미국 반도체 산업의 특허 데이터를 분석한 결과 반도체 관련 지식은 제한된 지역에 집중되는 경향이 있다는 사실을 밝혀냈다. 더욱 흥미로운 점은 이러한 경향이 미국에서도 일부 특정 지역, 즉 서부에서는 실리콘밸리를 중심으로 한 캘리포니아, 동부에서는 뉴욕, 뉴저지, 펜실베이니아 일대에 국한되어 있다는 사실이었다.

어째서 이 지역에만 미국의 반도체 관련 지식이 집중되는 것일까? 방금 말한 것처럼 코굿과 알메이다는 이를 설명하기 위해 '지식은 사람 안에 내재되어 있는 것'임을 강조한다. 사람 안에 내재되어 있는 지식이 집중되려면 풍부한 노동 시장이 형성되어야 한다고 코굿과 알메이다는 주장한다. 만일 노동 시장이 제대로 형성되어 있지 않다면 지식을 보유한 기술자가 전직을 원할 경우 다른 지역으로 이동할 수밖에 없고, 그렇게 되면 자연히 해당 기술자의 지식도 함께 이동할 것이기 때문이다. (중략)

코굿과 알메이다는 이를 확인하기 위해 1974년부터 1994년까지 20년에 걸친 반도체 관련 특허 보유자 438명의 근무지 변경 내역을 수집했다. 이를 바탕으로 통계분석을 실시한 결과 특허 보유자의 이동이 역내에서 이루어는 지역에 지식이 집중되는 경향이 있다는 사실을 알 수 있었다.

이 논문은 (1)지식은 사람 안에 내재되어 있으며, (2)지식을 보유한 사람이 한곳에 머무를 수 있는 환경(풍부한 노동 시장 등)이 형성되어 있는 지역으로 지식이 집중된다는 사실을 보여준다. 즉 지식은 멀리까지 전파되지 않는 것이다. 이처럼 본질적으로 멀리까지 전파되지 않는 성질을 지닌 지식이나 정보를 얻기 위해 혁신기업가들 또한 특정 지역으로 모여드는 것이라고 생각한다.
(201~202쪽)

한국도 마찬가지입니다. 반도체 클러스터들은 왜 점점 서울로 모여드는 걸까요? 게다가 세종시와 수많은 혁신도시를 건설하는 등 지방 분산 정책을 그토록 오래 추진했음에도 효과는 그렇게 약한 걸까요?

그 이유는 코굿과 알메이다가 지적한 것처럼 지식은 멀리까지 전파되지 않기 때문이겠죠. 두터운 노동시장을 가지고 있으며, 또 혁신적인 기업과 기술자들이 서로 교류하며 아이디어를 주고받을 수 있는 곳에 집중되기 때문일 것입니다.

이 부분 이외에도 이 책에는 흥미로운 내용을 듬뿍 담고 있습니다. 끝으로 하나만 더 소개하자면, 기업·인수합병(M&A)에 지급되는 '프리미엄' 분석이었습니다. 여기서 '프리미엄'이란 현재 주식시장에서 거래되는 시장 가치에 비해 M&A 때 얼마나 많은 돈을 더 지급하는지 측정한 것입니다. 그런데 많은 경영학자는 M&A 때 프리미엄을 너무 많이 지급한다는 것을 발견했습니다.

대표적인 경우가 도시바의 웨스팅하우스 인수일 것입니다. 참고로

2006년 도시바는 50억 달러를 지급했는데, 이후 도시바가 경영난을 겪게 된 이유가 웨스팅하우스의 실적 악화 때문이라는 것을 감안할 때 참 놀랍고 비극적인 결정이었다고 할 수 있겠습니다.(도시바는 웨스팅하우스 때문에 짊어진 부채를 상환하기 위해 가장 수익성 높은 '낸드 플래쉬' 사업부의 지분을 매각하기에 이르렀습니다)

대체 왜 기업은 모험적인 M&A 과정에서 그토록 높은 프리미엄을 제시하는 것일까요? 이에 대해 매슈 헤이워드와 도널드 햄브릭은 '경영자의 우월감'에 주목했습니다.

'경영자의 우월감'을 데이터화하는 것은 현실적으로 불가능하다. 그래서 연구팀은 경영자의 우월감에 영향을 미치는 요인에 주목하고 이러한 요인과 인수 프리미엄 사이에 어떤 관계가 있는지 분석하기로 했다. 이들은 미국에서 이루어진 106건의 기업 인수 데이터를 분석한 결과 다음의 흥미로운 사실을 알았다.

첫째, 과거에 기업 인수를 통해 성공을 거둔 경험이 있는 CEO는 이후 높은 인수 프리미엄을 지불하는 경향이 있다는 사실을 밝혀냈다. 과거의 성공 경험이 CEO의 우월감을 자극하여 '다음 인수에서도 높은 가치를 창출할 수 있을 것'이라는 과신을 불러일으킴으로써 높은 프리미엄을 지불하게 한다는 것이다.

둘째, 연구팀은 인수 기업 CEO의 미국 내 주요 언론의 평가를 지표화했는데, 언론에게 높은 평가를 받은 CEO일수록 높은 인수 프리미엄을 지불하는 경향이 있다는 사실을 밝혀냈다. 이는 언론의 관심이 CEO의 우월감을 자극하여 과도한 프리미엄을 지불하는 결과를 낳은 것으로 해석할 수 있다.

셋째, 인수 기업의 CEO가 받는 보수도 프리미엄에 영향을 미친다는 사실을 알았다. 높은 보수를 받는 CEO는 자신의 경영 수완이 높게 평가받고 있다는 믿음을 가져 인수 프리미엄을 높이는 것으로 나타났다.

나아가 연구팀은 이 우월감 효과가 인수 기업의 기업 통치에 영향을 받는다는 사실 또한 밝혀냈다. (1)인수 기업의 CEO가 이사회 의장을 겸하는 경우, (2)이사회의 사외이사 비율이 낮은 경우에는 CEO의 우월감이 인수 프리미엄을 높이는 효과가 더욱 크다는 사실을 알았다.

CEO가 이사회 의장을 겸하거나 이사회가 사내 인물로 채워져 있으면 CEO에게 권한이 집중될 가능성이 높다. 이러한 상황에서는 우월감으로 충만한 CEO가 터무니없는 인수 프리미엄을 지불하려 하더라도 이사회가 그를 저지하기 어렵다. **(245~246쪽)**

감으로 느끼던 부분을 숫자로 확실히 보여줍니다. 성공한 경험이 있을수록, 언론에게 호평을 받을수록, 그리고 보수가 많을수록 턱도 없는 프리미엄을 제시하고 M&A를 주도하는 거죠. 물론 이런 경영자일수록 이사회에서 제동을 걸기 힘들 것입니다.

　M&A에서 승리했음에도 실적은 내리막을 걷는, 이른바 '승자의 저주'에 걸리는 이유를 이만큼 잘 설명한 글은 없는 것 같습니다. 경영에 관심이 많은, 그리고 어떤 기업의 성과를 예측하기 위해 노력하는 기업 분석가와 투자자에게 강력 추천하는 바입니다.

2019년 2월 홍춘욱

prologue

이 책을 쓴 목적은 세계 각국의 비즈니스 스쿨에서 '경영학자'들이 추진하고 있는 연구, 즉 '경영학의 최신 동향'을 여러분에게 알기 쉽게 전하기 위해서입니다.

나는 뉴욕주립대학 버펄로 캠퍼스의 비즈니스 스쿨에서 조교수로 근무하고 있습니다. 미국의 비즈니스 스쿨에서 활동하고 있는 몇 안 되는 젊은 일본인 경영학자입니다.

미국의 비즈니스 스쿨에 몸담고 있는 동안 나는 국내의 비즈니스맨과 경영학에 관심이 있는 사람들과 교류하며 놀라운 사실 한 가지를 알았습니다. 그것은 대다수 사람이 세계의 경영학자 사이에서 논의되고 있는 '경영학의 최신 지식'을 너무 모르고 있다는 사실이었습니다.

이와 관련하여 나는 두 가지 이유에서 통렬한 문제의식을 가지고 이 책을 썼습니다.

첫 번째는 일선에서 활약 중인 해외 비즈니스 스쿨의 교수들은 경영학을 어떻게 발전시켜 나가는지, 경영에 어떤 의문을 가지고 어떻게 풀어가는지, 그들의 연구 성과가 유용한지 등의 지식을 여러분에게 알려야 할 필요를 느꼈습니다.

국내에는 미국이나 유럽의 비즈니스 스쿨에서 MBA(경영학 석사)를 취득한 사람이 많고, 이들이 쓴 경영 관련 실용서도 다수 출판되고 있습니다. 그렇다면 이들이 가진 지식은 과연 어디에서 왔을까요? MBA 취득자들은 비즈니스 스쿨의 교수에게서 경영이론과 분석법을 배웠을 것입니다.

그럼 그들을 가르친 교수는 어떻게 지식과 식견을 터득했을까요? 스스로 연구하는 길 외에는 다른 방도가 없었을 것입니다.

비즈니스 스쿨 교수의 본업은 연구와 교육입니다. 특히 미국이나 유럽의 내로라하는 비즈니스 스쿨의 교수는 대부분 박사 학위를 취득한 연구자로, 연구를 통해 경영학을 발전시키고 그렇게 얻은 지식을 MBA 등의 강의를 통해 학생들에게 전파합니다.

전 세계 비즈니스 스쿨의 교수, 즉 경영학자는 경영학의 최전선에서 어떤 연구를 추진하고 있는지, 과연 무엇을 논쟁하고 무엇을 알아냈는지 여러분도 궁금하지 않습니까?

두 번째는 대다수 사람이 막연하게 상상하는 경영학과 세계의 경영학자가 발전시켜 나가고 있는 경영학 사이에 큰 차이가 있다고 느꼈기 때문입니다.

나는 이 책을 통해 현재 세계의 경영학자가 어떤 지식을 얻고 있는지 알기 쉽게 소개하고자 합니다. 어쩌면 여러분은 이 책에서 이야기하는 내용이 평소 막연히 생각하고 있던 '경영학'과 너무도 다르다는 사실에 놀랄지도 모르겠습니다.

오늘날의 경영학은 엄청난 속도로 세계화가 진전되고 있습니다.

최근에는 미국이나 유럽뿐만 아니라 한국, 중국, 인도, 싱가포르, 타이완 등 아시아 각국, 나아가 남미와 오세아니아, 중동의 연구자들까지 세계화된 하나의 무대에서 연구를 추진하고 있습니다. 이들은 경영학의 공통된 이론 기반 위에서 공통된 분석 기법을 통해 영어라는 공통언어를 사용하여 연구를 추진하고, 국제적으로 권위 있는 학술지에 논문을 발표하기 위해 치열한 경쟁을 벌이고 있습니다.

그리고 그중에서도 특출한 실력을 갖춘 스타 경영학자가 혜성처럼 나타나 넘치는 패기로 경영학의 새 지평을 열어 갑니다. 경영학에 관심을 가지고 있는 분이라면 마이클 포터나 헨리 민츠버그 같은 세계적인 석학의 이름을 알고 있을 것입니다. 그러나 그들의 시대는 이미 역사가 되었으며, 이제 세계의 경영학은 미래를 향해 힘차게 전진하고 있습니다.

그런데 어째서 국내에는 이러한 사실이 알려져 있지 않은 것일까요? 그 이유 중 하나는 국제무대에서 활동하는 국내 경영학자의 수가 적기 때문입니다.

이를테면 2012년 미국 보스턴에서 열린 세계 최대 경영학회인 'Academy of Management'의 연례총회 참가자만 보더라도 전 세계 85개국에서 참가 등록을 한 9,369명 가운데 일본인 참가자는 불과 41명에 지나지 않았습니다.

반면 영국 641명, 독일 406명, 프랑스 269명, 아시아에서는 한국 111명, 대만 179명, 중국 본토와 홍콩에서 353명이 참가했습니다. 이 밖에도 미국이나 유럽의 비즈니스 스쿨에 재직 중인 많은 한국인과 중국인 교수가 집계에 포함되어 있지 않았다는 점을 감안하면 일본을 제외한 아시아 국가의 실제 참가자 수는 이보다 훨씬 많을 것입니다.

두 가지만 더 말씀드리겠습니다.

먼저 현재 국제무대에서 활동 중인 일본인 경영학자가 전혀 없다는 뜻은 아닙니다. 이 책에서는 소개하지 못했지만 일본 국내외 대학에서 뛰어난 업적을 남기고 있는 학자도 분명 존재합니다.

그러나 여전히 그 수가 적은 것이 사실입니다. 내가 관심을 가지고 있는 분야만 보더라도 매년 꾸준히 국제 학회에 참가하여 논문을 발표하거나 국제학술지에 논문을 투고하는 일본인 학자는 나처럼 이제 막 활동을 시작한 젊은 학자를 포함해도 양 손가락으로 꼽을 정도입니다.

다음으로 나는 이런 현상을 두고 왈가불가할 뜻이 전혀 없습니다. 국제무대에서 활동하지 않더라도 국내에서 훌륭한 연구를 하고 있는 경영학자가 얼마나 많은지는 여러분도 잘 알 것입니다. 나 역시 그들의 연구에서 많은 영향을 받았습니다.

　그러나 그들이 활약하는 주 무대는 국내 학계로, 국제 학회에서 꾸준하게 활동하는 학자는 적은 것 같습니다. 정확한 이유는 모르겠지만 2장의 내용처럼 일본의 경영학은 미국이나 유럽의 경영학과 연구의 접근법이 다르고, 또 국내 학계가 충분히 내실화되어 있기 때문인지도 모릅니다.

　이유야 어찌되었든 내가 느끼는 문제의식은, 국내에는 국제무대에서 활동하는 경영학자가 적기 때문에 여러분이 많은 관심을 가지고 있는 '현재 세계의 경영학자 사이에서 이루어지는 논의'가 좀처럼 전달되지 않는다는 사실입니다.

　나는 이제 막 박사 학위를 취득한 햇병아리 학자로서 경영학의 국제무대에서 악전고투하고 있다 보니 현재 그곳에서 무슨 일이 벌어지는지 누구보다 잘 압니다. 세계 경영학의 단면을 알기 쉽게 소개한 이 책을 통해 여러분이 최신 경영학 지식과 현업에 도움이 될 만한 힌트를 얻을 수 있기를 바랍니다. 더불어 직장 동료에게 경영학 지식을 뽐낼 때 필요한 재료 또한 이 책에서 얻을 수 있을 것입니다.

　이 책을 읽는 방법은 여러분의 자유입니다. 출퇴근길의 지하철이나 버스에서 읽어도 되고, 방 안에서 편하게 드러누운 채 읽어도 좋습니다. 이 책에서는 일반 학술서적에 등장하는 어려운 표현은 전혀 사용하지 않았으며, 통계 방법 등의 복잡한 설명도 가능한 피하고 꼭 필요한 내용만을 쉬운 문체로 풀어냈습니다.

이 책의 구성을 보면, 먼저 1장부터 3장까지는 세계 경영학의 구도를 정리한 내용으로 구성되어 있습니다. 특히 1장은 꼭 읽어보기 바랍니다. 2장과 3장을 먼저 읽으면 전체 그림을 그리기가 수월하겠지만, 이를 건너뛰고 4장 이후의 각론으로 넘어가도 무방합니다.

4장부터는 세계의 경영학자가 관심을 가지고 있는 최신 연구 주제를 소개합니다. 각 장을 순서대로 읽어도 되고 관심 있는 부분부터 읽어도 좋습니다.

나는 여러분이 이 책을 읽고 다양한 감상을 가졌으면 합니다.

무엇보다 이 책을 통해 그간 알지 못했던 세계 경영학의 최신 동향을 조금이나마 엿볼 수 있으리라 믿습니다. 또한 이를 통해 여러분이 종사하는 비즈니스에 유용한 정보를 얻을 수 있을 것입니다.

혹은 반대로 '해외의 경영학자는 이런 것도 모르나!', '이렇게 부질없는 연구를 해서 어쩌란 말인가!'라는 생각을 할 수도 있습니다. 그 어떤 감상도 대환영입니다. 이 책에서 소개하는 세계 경영학의 일면이 여러분의 지적 호기심을 조금이라도 자극할 수 있으면 좋겠습니다.

그럼 먼저 여러분이 가지고 있을지도 모르는 세계의 경영학을 둘러싼 '세 가지 오해'부터 이야기하겠습니다.

contents

Part 1   이것이 바로 세계의 경영학

Part 2   세계 경영학의 최신 동향

Part 3   경영학의 미래

Part
1

이것이 바로
세계의 경영학

chapter 01

경영학의
세 가지 오해

이제 막 비즈니스 스쿨의 교수로 부임한 햇병아리 경영학자인 나조차
도 미국의 비즈니스 스쿨과 경영학에 대한 우리의 이미지와 실상 사
이에 큰 괴리가 있다고 느낀다.

이 장에서는 이런 수많은 오해 중에서 꼭 짚고 넘어가야 할 세 가
지를 중심으로 이야기하겠다. 그리고 상당 부분은 유럽의 실상에도
그대로 적용될 가능성이 높지만 유럽 각국의 사정을 완벽하게 파악하
고 있지 못해 여기서는 미국의 경영학에 초점을 맞춰 설명한다.

미국의 경영학자는
드러커를 읽지 않아!

'피터 드러커'라는 이름을 알고 있을 것이다. 굳이 설명이 필요 없는, '경영학의 아버지'라 불리는 위대한 사상가다.

일본인만큼 드러커를 좋아하는 국민도 없다. 지금도 서점의 비즈니스 코너에는 드러커 관련 책이 진열대를 빼곡히 채우고 있다.

경영학에 별로 관심이 없더라도 '미국이나 유럽의 경영학을 대표하는 것은 피터 드러커의 사상'이라고 생각하는 사람도 많다.

솔직히 말하면 일본의 드러커 붐은 놀라운 현상이기는 하지만 드러커 자체는 내게 특별한 의미가 없다. 나는 미국에서 보낸 9년 동안 연구를 위해 드러커의 저서를 읽은 적이 없을 뿐만 아니라, 대학원 강의에서도 드러커를 두고 논의해본 적이 없다. 게다가 동기들 사이에서도 드러커가 화제가 된 적은 단 한 번도 없었다.

단언컨대 미국에서는 경영학의 최전선에 있는 대부분의 경영학자가 드러커의 책을 읽지 않는다.

미국의 경영학자들, 적어도 내가 아는 한 〈비즈니스위크〉지 순위 50~70위권 이상의 중상위권 대학에는 경영학 서적으로 평소에 피터 드러커의 책을 읽는 경영학자는 없다.

물론 세계적인 유명 인사인 만큼 그의 저서를 한두 권쯤 읽어본 경영학자는 있을 것이다. 하지만 적어도 드러커의 사상에 바탕을 두고 연구하는 경영학자는 없다. 기적적으로 그런 경영학자가 한두 명쯤 있다 하더라도 안타깝게도 나는 그들을 만나본 적이 없다.

물론 나는 피터 드러커의 저서나 그의 독자를 비판할 생각이 추호도 없다. 비판은커녕 오히려 드러커의 명언이 주는 깊은 통찰력에 언제나 감명을 받곤 한다. 그중에서도 '미래를 예측하는 가장 좋은 방법은 미래를 만드는 것이다'라는 말을 가장 좋아한다. 또 '성과란 거기에 실패를 허용할 여지가 있어야 한다'는 명언은 실수투성이인 나에게 심리적 버팀목이 되어 주었다.

아마도 평소 업무상의 문제로 고민하고 있는 사람이라면 드러커의 명언에서 소중한 힌트를 얻는 경우가 많을 것이다. 또한 일본에는 드러커의 명언을 연구하는 모임도 있다고 들었는데 이 역시 무척 의미 있는 시도라고 생각한다.

다만 분명한 것은 미국 비즈니스 스쿨의 교수 대부분이 드러커의 저서를 학문으로서의 경영학 서적으로 생각하지 않을 뿐 아니라, 드러커의 사상 역시 그들의 연구에 아무런 영향을 미치지 않는다는 사실이다. 미국 비즈니스 스쿨의 교수들이 드러커의 영향을 받았다거나 드러커를 연구한다고 생각한다면 큰 착각이다.

그렇다면 왜 미국의 경영학자는 드러커에게 관심이 없는 것일까? 이는 어디까지나 나의 추론이지만 드러커의 말이 '명언'이기는 해도 '과학'이 아니기 때문이다.

세계의 경영학자는
'과학'을 지향한다

　　　　　　　　　이것이야말로 이 책을 통해 전하
고 싶은 중요한 주제 중 하나다. 세계의 경영학자는 경영학을 사회과
학의 일부로 인식하는 시각을 중시한다. 보다 정확하게는 '사회과학
으로 발돋움하기 위해 연구자들이 밤낮으로 고군분투하는 발전 단계
의 학문'이 바로 경영학이라고 해야 할 것이다.

　　대학은 교육의 장인 동시에 연구의 장이기도 하다. 과학 분야의 학
자에게 중요한 업무 중 하나는 과학적 연구를 통해 분석, 발견, 확인
한 사실을 교육을 통해 사회에 환원하는 것이다. 이에 미국의 주요 비
즈니스 스쿨에서는 '기업 경영을 과학적인 방법으로 연구하고 그 성
과를 교육을 통해 사회에 환원하는 것'을 비즈니스 스쿨에 몸담고 있
는 학자의 소임으로 여긴다.

　　그렇다면 '과학'이란 과연 무엇일까?

　　이에 대해 여러 정의가 있겠지만 '이 세상의 진리를 탐구하는 것'
이라는 데에는 이견이 없다.

　　그리고 진리를 탐구하기 위해서는 가능한 탄탄한 이론을 구축하고
신뢰할 수 있는 데이터와 방법으로 이를 시험하는 것이 무엇보다 중
요하다. 이는 다른 과학 분야, 예컨대 물리학이나 화학, 경제학의 경우
도 마찬가지다.

　　또한 과학은 '기업 경영의 진리'를 탐구하는 미국 경영학자의 한결

같은 지향점이기도 하다.

다시 한 번 말하지만 드러커의 주장은 명언이기는 해도 과학이라고 할 수 없다.

분명 드러커의 말은 여러 면에서 가슴을 파고든다. 그러나 결코 사회과학의 차원에서 이론적으로 구축된 것도 아니고 과학으로 검증된 것도 아니다.

미국의 경영학자는 개인의 경험과 생각만으로 만들어진 드러커의 사상을 비즈니스 스쿨의 교육에 반영하는 것을 바람직하게 여기지 않는다. 왜냐하면 그것은 과학으로 구축되고 검증된 것이 아니어서 '진리에 가깝지 않을' 가능성이 크기 때문이다.

나는 바로 이 점이 드러커와 비즈니스 스쿨의 교육을 구분하는 결정적인 차이라고 생각한다. 지금까지 '미국의 경영학은 곧 드러커'라고 오해했던 이들에게 이 점을 꼭 말하고 싶다.

강조하지만 나는 드러커를 부정하려는 것이 아니다. 오히려 사람들이 이토록 드러커의 말에 열광하는 이상 그의 명언을 과학으로 검증하여 경영학에 반영할 필요가 있다고 생각한다.

드러커의 책이 여타 경영학자가 쓴 책보다 훨씬 더 많이 읽혔다는 것은 그만큼 드러커의 사상이 많은 사람의 마음에 울림을 낳았다는 뜻이다.

미국 클레어몬트 대학의 비즈니스 스쿨은 그 이름도 '드러커 스쿨'로, 내가 아는 한 미국에서 유일하게 정식으로 드러커를 연구하는 곳이다. 나는 이곳의 연구 성과가 과학을 지향하는 경영학자와 드러커의 접점을 찾아주는 멋진 일이 일어나기를 기대한다.

단 혹여 여러분이 클레어몬트 대학 이외의 비즈니스 스쿨에서 '드러커를 연구하고 싶습니다'라고 말한다면 싸늘한 시선을 받을 가능성이 높다.

〈하버드 비즈니스 리뷰〉는
학술지가 아니다

또 하나의 심각한 오해는 〈하버드 비즈니스 리뷰Harvard Business Review〉(이하 'HBR')를 경영학 학술지academic journal로 여기는 사람이 많다는 점이다.

HBR은 절대로 '학술지'가 아니다.

이것은 앞서 말한 드러커와 같은 이유 때문이다. HBR에 게재되는 논문은 새로운 경영 분석 기법과 최신 기업 전략 등을 다루고 있지만 과학적 분석 내용은 포함되어 있지 않다.

사실 미국의 대다수 비즈니스 스쿨에서는 HBR의 논문 게재를 교수의 중요 실적으로 인정하지 않는다.

내가 소속되어 있는 뉴욕 주립대학 버펄로 캠퍼스에서는 논문을 게재해야 할 학술지의 등급을 A, A-, B로 구분한다.(이 같은 구분은 미국의 거의 모든 연구 대학에서 실시한다) 일반적으로 미국의 상위권 대학에서는 교수들이 A 혹은 적어도 A- 등급의 학술지에 논문을 게재하지 않으면 연구 성과가 없는 것으로 간주된다. 그리고 뉴욕 주립대학의 기준에 따르면 HBR은 B등급에도 들지 못한다.

HBR은 읽을 가치가 없다는 뜻이 아니다. HBR은 경영학자에게 중요한 의미를 지니는 잡지로 여러분도 꼭 읽어보길 권한다.

왜냐하면 HBR에서는 경영학자들이 연구해온 '의사결정 방법과 기업 분석 기법'을 현실에 응용할 수 있도록 알기 쉽게 재구성하여 소개하고 있기 때문이다.

미국의 경영학자는 과학적인 분석 방법을 이용하여 연구에 매진하고 있고, 그 성과를 최상위 등급 학술지에 게재하고자 노력한다. 그러나 이러한 연구 논문은 대체로 학자들만 이해할 수 있는 특수한 용어와 복잡한 통계 분석을 사용하기 때문에 연구자가 아니라면 흥미를 느끼기 어렵다.

HBR에 발표되는 논문의 주된 목적은 각 분야를 대표하는 연구자가 추진해온 연구 성과를 현실 경영에 응용하는 방법을 알려주는 것이다. 다시 말해 HBR은 경영학을 연구하는 학자와 현실 비즈니스에서 활약하는 사람을 이어주는 연결고리라고 할 수 있다.

그렇다고 해서 미국의 경영학자가 HBR을 전혀 읽지 않는다는 뜻은 아니다. HBR에 발표되는 논문은 대체로 이미 축적된 연구 성과를 현실에 응용하기 위해 쓰인 것이기에 비즈니스 스쿨 학생들에게 많은 도움이 된다. 미국 혹은 유럽에서 MBA를 취득한 사람이라면 교수로부터 HBR의 논문을 읽어보라는 권유를 받은 경험이 있을 것이다.

이 책에서도 HBR에 게재된 훌륭한 논문 몇 편을 소개하는데, 그것이 다른 '학술 논문'과 어떤 연관성을 갖는지 설명한다.

그러나 거듭 말하지만 HBR에 논문을 게재하는 것은 절대로 미국 주요 대학에 소속된 경영학자의 본업이 아니다. 그들의 본업은 가능한 과학적인 방법으로 경영의 진리에 다가서기 위해 연구를 거듭하여 미지의 영역을 개척하고 그 이론과 분석 결과를 '학술지'에 게재하는 것이다.

그렇다면 '지루하고 딱딱한 학술지'에 실린 논문의 내용은 학자가 아닌 사람이 알면 안 되는 것일까? 물론 그럴 리는 없다.

이것이 바로 이 책을 쓰게 된 중요한 이유 중 하나다.

이 책에는 앞으로 드러커가 단 한 차례도 등장하지 않으며 HBR의 논문도 몇 편밖에 소개하지 않는다.

대신 평소 여러분이 접하기 어려웠던, 미국을 비롯한 세계의 경영 학자가 본업으로 여기는 연구를 통해 논문으로 발표된 '사회과학으로서의 경영학'이 얼마나 재미있는 주제를 다루고 있는지, 얼마나 도전적인 실험을 하고 있는지, 그것이 얼마나 부질없는 일인지 등 세계 경영학의 최신 동향을 일부분이나마 소개하고자 한다.

강의를 잘하는 것과
출세는 무관하다?

비즈니스 스쿨의 교수라면 아마도 여러분은 대형 강의실의 단상 위에서 말끔한 정장을 차려 입은 채 학생들과 토론을 벌이는 모습을 먼저 떠올릴지도 모르겠다. 물론 비즈니스 스쿨 교수에게 교육은 연구와 더불어 중요한 업무 중 하나임에 틀림없다.

하지만 미국 비즈니스 스쿨의 교수에게 학생을 가르치는 일은 연구에 비해 그 중요도가 떨어지는 것 또한 사실이다.

그럼에도 미국의 중상위권 대학에 소속되어 있는 경영학자는 강의의 질을 '일정 수준' 이상으로 유지해야 할 필요가 있다.

미국의 대학에서는 학생들이 강의 내용과 교수 방식을 다양한 각도에서 점수화해 평가하기 때문에 그들이 만족할 만한 강의를 하지 못하면 나 같은 새내기 교수는 자리를 잃을 가능성마저 있기 때문이다. 특히 비즈니스 스쿨은 다른 학술 분야에 비해 교육 요구도가 높은 편이다.

그러나 '적정 수준의 교육'은 어디까지나 최소한의 조건일 뿐 승급을 결정짓는 것은 연구 실적이다.

미국 대학의 교수직은 조교수, 부교수, 정교수의 세 단계로 구분되는데 승급을 결정하는 중요한 조건은 앞에서 이야기한 '상위 등급 학술지에 논문을 몇 편이나 게재하는가'가 전부라 해도 과언이 아니다. 학생들의 강의 평가는 '평균이거나 그보다 조금 낮더라도' 출세에 미치는 영향이 미미하다.

그 이유는 무엇일까? 경영학자의 중요한 소임은 연구를 통해 경영학의 새로운 지평을 열고 발전시켜 나가는 것이라는 인식 때문이다. 또한 미국의 명문 대학은 연구 분야에서 세계를 이끌고 싶어 하기 때문에 소속 교수에게 무엇보다 뛰어난 연구 실적을 요구한다.

나는 비즈니스 스쿨의 교수가 강의를 열심히 하지 않는다고 말하는 것이 아니다. 내가 아는 한 많은 경영학자가 출세를 판가름 짓는 조건이 아님에도 성심성의껏 강의에 임하고 있다. 물론 나 역시도 가르치는 일을 무척 좋아해 학생들에게 내가 가진 지식을 나눠줄 때 큰 보람을 느낀다.

그러나 강의가 연구에 지장을 준다고 불만을 내비치는 사람도 없지는 않다. 실제로 미국에서는 비즈니스 스쿨 간에 교수의 이적이 잦은데, 계약 협상에서 높은 연봉 다음으로 중요하게 작용하는 조건이 '강의 부담이 얼마나 적은가'* 이다.

연구를 중시하는 경영학자의 태도는 과연 옳은가

여기까지 읽고 무엇을 느꼈는가? 어쩌면 '그동안 생각했던 것과 너무 다르다'며 놀란 사람도 있을 것이다. 그러나 이 모두는 내가 미국 경영학계에 입문한 이래 보고 느낀 사실 그대로다.

미국 비즈니스 스쿨의 교수는 '연구에 전력을 기울이고', '드러커에는 관심도 없으며', '강의를 잘하는 것과 출세는 무관하다'라는 이야기를 듣고 혹여 미국의 비즈니스 스쿨에서 공부하는 것이 과연 도움이

---

* 이상의 내용은 〈비즈니스위크〉지 순위에서 비교적 상위권(상위 100위권 이내)에 속하는 미국 대학의 비즈니스 스쿨에 해당하는 것으로, 이보다 규모가 작은 대학의 비즈니스 스쿨에서는 연구를 그다지 중시하지 않는 경우도 많다.

되겠느냐는 의문을 가질지도 모르겠다.

그렇다면 비즈니스 스쿨의 학자는 이와 정반대의 일을 해야 할까? 다시 말해 '학생들에게 드러커의 책을 권하고', 'HBR에 게재하기 위한 실용적 논문의 집필에 힘을 쏟고', '연구보다는 강의에 전념'해야 하는 것일까?

적어도 나는 그렇게 생각하지 않는다. 아마 미국의 주요 대학에 소속된 수많은 경영학자 역시 나와 같은 생각일 것이다. 지금까지 이야기한 것처럼 경영학자의 역할은 가능한 과학적인 방법으로 경영학을 발전시키고, 그 과정에서 얻은 성과를 교육을 통해 사회에 환원하는 것이라고 생각하기 때문이다.

하지만 그렇다고 해서 경영학자가 관념적인 연구에만 몰두하여 현실과 유리되어 버린다면 그 또한 아무런 의미가 없다. 실제로 미국의 명문 비즈니스 스쿨에서는 풍부한 현장 경험을 가진 인물을 교수로 영입하기도 한다. 뿐만 아니라 실업계 인사를 초청하는 강연회를 자주 개최하는 등 현실 사회와의 끈을 놓지 않고 있다.

비즈니스 스쿨의 학생들은 풍부한 실무 경험과 식견을 가진 연사들의 이야기에 크나큰 '재미'를 느낀다. 따라서 비즈니스 스쿨의 학생들이 가장 많이 하는 말 중의 하나는 '오늘 초청 연사의 강연은 ○○ 교수의 강의보다 훨씬 재미있었다'라는 것이다.

그러나 중요한 것은 '재미있는 것'과 '진리에 가까운 것'은 전혀 다른 차원의 이야기라는 사실이다.

여러분이 현장에서 활동하는 사람들의 이야기에 감명을 받는 이유는 그 배경에 그들이 비즈니스를 통해 이룩한 눈부신 성공과 경험이 있기 때문이다. 한편 '경영학자'라고 불리는 이들은 경영상의 다양한 현상과 의사결정을 과학적인 관점에서 분석하고 검증하는 훈련을 거듭해온 사람이다.

다음 장에서도 언급하겠지만 학생들이 재미를 느끼는 그 이야기가 정말 사회과학에서 말하는 경영의 진리에 해당하는지 밝혀내는 것이 경영학자의 소임이라 하겠다. 이렇듯 실무자의 풍부한 경험이 함축된 이야기와 거기에서 과학적인 경영의 진리를 찾고자 하는 경영학자의 견해가 충돌하는 과정을 통해 경영학은 진정 유용한 학문으로 발전해 나갈 수 있다.

경영학은 어디까지가 '과학'일까?

지금까지 여러 차례 반복하여 '세계의 경영학자는 과학을 지향한다'고 말했다. 그러나 경영학이 지니는 과학성은 미약한 것임을 분명히 해두어야 할 것 같다. 적어도 나는 그렇게 생각한다. 왜냐하면 경영학이란 엄밀히 말해 개인 혹은 집단의 의사결정을 분석하는 학문에 지나지 않기 때문이다.

경영학 논문을 읽다 보면 불필요하게 어려운 단어가 자주 등장한다. 그러나 기업 경영이란 어차피 인간이 하는 일이기에 아무리 어려운 어휘를 사용한다 하더라도 경영학은 결국 '인간이 무엇을 어떻게 생각하는지'를 분석하는 학문 이상도 이하도 아니다.

이 세상에 인간만큼 복잡하고 기묘한 존재도 없다. 기업을 경영하는 인간의 사고는 매우 복잡하고 모호하며 다듬어지지 않은 것이다. 이는 실제로 비즈니스 현장에서 뛰고 있는 여러분이 누구보다 잘 알고 있을 것이다.

그렇기 때문에 경영학자의 고민은 더욱 깊어져만 간다.

'인간이 기업을 경영할 때 무엇을 어떻게 생각하는가'를 과학적으로 분석하려면 인간의 사고를 가정하거나 하나의 경영 현상을 다각적으로 분석하는 과정이 반드시 필요하다. 하나의 경영 현상을 두고도 관점에 따라 하얗게, 검게, 혹은 붉게 해석하는 일이 경영학에서는 비일비재하다.

나는 이런 의미에서 세계의 경영학자가 지향하는 경영학은 아직 발전 단계에 있는 학문이라고 생각한다. 그렇기 때문에 그들은 더더욱 이 미숙한 분야를 어떻게든 발전시키고자 밤낮없이 연구에 매달린다. 이 책을 읽는 여러분에게도 그 노력과 고민이 전해지기를 바란다.

세계의 경영학자는 과학을 지향하고 있다. 그러나 그 중심은 어디까지나 인간이다.

chapter

02

경영학은 술자리 잡담과
무엇이 다른가?

이 장에서는 세계의 경영학자가 연구를 어떻게 추진하는지 그 방법을 개괄적으로 살펴본다.

이 장을 마련한 데에는 두 가지 이유가 있다. 첫째는 세계의 경영학자가 연구하는 다양한 최신 주제를 소개하는 4장 이후의 내용으로 넘어가기에 앞서 그들의 연구 방식을 먼저 살펴본다면 다음 내용을 더욱 쉽게 이해할 수 있기 때문이다.

둘째는 미국이나 유럽을 비롯한 해외의 경영학자와 국내 대학에서 활동하는 경영학자의 연구 방법이 서로 다른 경우가 적지 않기 때문이다.

저명한 국내 경영학자의 저서를 읽어본 사람도 많겠지만 이 책에서는 주로 미국과 유럽 경영학자의 연구를 소개한다. 따라서 이들의 연구 프로세스를 미리 살펴본다면 기존의 선입견에 얽매이지 않고 다음에 이어지는 각 장의 내용을 읽을 수 있을 것이다.

하지만 이 장을 읽지 않는다고 해서 다음 내용을 이해할 수 없는 것은 아니다. 이 장에 별 관심이 없다면 곧바로 4장 이후의 각론으로 넘어가도 좋다.

경영학자가 술자리 대화를 듣는다면

"요즘은 공격적 경영의 시대야. 우리 회사 경영진은 그걸 전혀 모른단 말이야."

"우리는 집단주의 성향이 강해서 개인주의 성향이 강한 미국 사람과는 일하기가 어려워. 부장님은 왜 그걸 모를까?"

직장인이라면 누구나 술자리에서 이런 푸념을 늘어놓은 경험이 있을 것이다. 직장 동료와 술을 마시다 보면 사내의 뜬소문이나 업무 이야기가 빠지지 않는다.

그런데 이런 술자리 대화를 가만히 듣다 보면 마치 경영의 일반 법칙인 듯한 뉘앙스를 풍기는 이야기를 본인도 모르게 하고 있는 경우가 많다.

'이제는 공격적 경영이 중요하다', '일본인은 집단주의적이고 미국인은 개인주의적이다'라는 이야기는 그동안 막연히 옳다고 믿어온 일반론이다. 이처럼 어디선가 들어본 듯한 대사는 비즈니스 서적에서도 쉽게 찾아볼 수 있다.

그런데 '그럴 듯한 경영의 일반론'은 과연 믿을 만할 것일까? '공격적 경영이 중요하다'는 말은 사실일까? 일본 사람은 정말 집단주의 성향이 강할까? 이 모두는 과연 '경영의 진리'일까?

직장 동료가 술자리에서 공격적 경영이 중요하다며 열변을 토할 때 사람들은 대부분 '음, 그럴지도 모르지'라며 적당히 고개를 끄덕이고는 술자리에서 일어나 노래방에 들렀다가 다음 날이 되면 까맣게 잊어버린다.

하지만 경영학자는 조금 다른 반응을 보인다. '공격적 경영이 중요하다'라는, 무척이나 진리다운 이야기를 듣는다면 '과연 정말 그럴까' 하고 의심부터 하는 것이 경영학자의 태도다. 그러고는 노래방 정도는 즐기더라도 다음 날이면 연구실에 앉아 '공격적 경영이 중요하다는 것이 과연 경영의 일반 법칙인지 고민을 시작할 것이다.

이론과
실증

이것이 바로 세계의 경영학자가 연구에 착수하는 첫걸음이다.

'공격적 경영이 중요하다'라는, 마치 경영의 일반 법칙처럼 보이는 가설을 검증하기 위해 세계의 경영학자는 다른 과학 분야의 학자처럼 두 단계의 분석 과정을 거친다. 이론 분석과 실증 분석이다.

이론 분석이란 '어째서 그러한가'라는 원리를 이론으로 설명하는 과정이다.

'공격적 경영이 중요하다'는 말을 구체적으로 표현하면 '공격적인 경영전략을 취하는 기업이 방어적인 경영전략을 취하는 기업보다 좋은 실적을 낼 수 있다'고 할 수 있다. 이때 그 근거가 무엇인지를 논리적으로 설명하기 위해 이용되는 것이 '경영이론'이다. 다시 말해 이론 분석을 통해 경영의 진리가 담긴 법칙일지도 모르는 '이론(가설)'을 수립하는 것이다.

그러나 이렇게 얻은 가설이 어떤 특정 기업에만 해당하고 다른 대다수 기업에는 해당하지 않는다면 그것은 일반적인 경영 법칙이라고 할 수 없다.

이는 매우 중요하다. 도요타가 아무리 뛰어난 기업이라 하더라도 도요타를 관찰하여 도출한 법칙이 다른 기업에는 아무런 도움이 되지 않는다면 무슨 의미가 있겠는가. 세계의 경영학자는 가능한 많은 기업에 보편적으로 적용되는 일반 법칙을 탐구하는 것이야말로 과학적인 태도라고 생각한다.

따라서 '이론 분석을 통해 도출한 가설이 다른 많은 기업에도 두루 해당하는지' 테스트할 필요가 있다. 이것이 '실증 분석'이라는 과정이다. 세계의 경영학자는 실증 연구에 수백이나 수천, 혹은 수만 개 기업의 데이터를 수집하여 가설을 통계적으로 검증한다.

경영학자가 이론 분석을 통해 '공격적인 경영전략을 취하는 기업이 방어적인 경영전략을 취하는 기업보다 좋은 실적을 낸다'라는 가설을 수립했다고 가정해보자. 이 학자가 다음으로 할 일은 가능한 많은 기업의 데이터를 모아 각 기업이 공격과 방어 중 어떤 경영전략을 취하고 있는지를 나름의 방법으로 지수화한 다음 전략과 실적의 관계를 통계적으로 검증하는 것이다.

이처럼 엄밀한 통계 분석을 거쳐 가설을 뒷받침하는 결과가 나온다면 술자리 잡담에 불과했던 이야기도 어엿한 '경영의 진리'로 인정받을 수 있다. 이것이 세계의 경영학자가 연구를 추진하는 과정이다.

경영이론을 비판하는 것은 타당한가?

그런데 간혹 경영이론이라는 말을 들으면 '실제 경영은 그보다 훨씬 복잡한 것이어서 이론 따위로 설명할 수 없다', '이론은 이론일 뿐 우리 회사는 사정이 다르다'고 이야기하는 사람이 있다. 나도 때때로 이런 비판 아닌 비판을 받곤 한다.

하지만 나 역시 민간 기업에서 근무한 경험이 있기 때문에 실제 비즈니스가 얼마나 복잡하고 다듬어지지 않은 것인지 잘 안다. 나뿐만 아니라 미국이나 유럽의 경영학자 또한 실무 경험이 있는 경우가 많아 어느 정도의 사정은 알고 있다.

여러분 중에는 거래처를 발로 뛰며 고생하는 사람이 있는가 하면, 말이 통하지 않는 상사 때문에 프로젝트에 진척이 없어 고민하는 사람도 있을 것이다. 현실 속 비즈니스 세계에서는 모든 기업이 서로 다른 문제에 직면하고 있으며 이러한 문제를 해결하기 위해 지혜를 모으고 해결책을 실행에 옮기기 위해 노력하는 등 저마다의 스토리를 가지고 있다.

물론 현실 속 비즈니스가 복잡하다는 것은 인정한다. 하지만 세계의 경영학자는 '기업마다 사정이 다르니 경영의 일반 법칙을 탐구할 필요가 없다'는 식으로 연구를 쉽게 포기해서는 안 된다고 강조한다.

왜냐하면 이는 과학적인 태도와는 너무도 동떨어진 것이기 때문이다. 세계의 경영학자는 설령 특정 이론으로 기업의 현실을 설명할 수 없다 하더라도 어째서 설명이 불가능한지, 다른 이론으로 설명할 수 없는지 등 보다 이론적인 사고로 경영의 법칙을 검증하는 것이 사회과학의 중요한 덕목이라고 생각한다.

기업에서 일하는 사람이라면 누구나 저마다의 성공담이나 실패담을 가지고 있을 것이다. 그것들은 언뜻 서로 아무런 관련이 없는 것처럼 보이지만 수많은 사람의 개인적인 스토리를 찬찬히 들여다보고 검증해 나가다 보면 어느 순간 그 모두를 관통하는 경영의 진리가 모습을 드러낸다. 어쩌면 여러분도 그러한 보편적인 법칙을 찾아내고자 술자리에서 비즈니스를 논하는 것이 아닐까?

세계적으로 추진되고 있는 경영학 연구란 각 기업이 안고 있는 현실적인 사정을 바탕으로 술자리에서 오가는 대화나 비즈니스 서적을 읽다 생긴 의문, 혹은 유명한 학자의 강연에서 받은 감명 등 '경영의 진리처럼 보이는 그것'이 과연 사실인지, 만일 그렇다면 왜 그러한지,

다른 기업에도 두루 해당하는지를 과학적으로 증명하는 것을 말한다. 그리고 경영학자는 이러한 연구 성과를 비즈니스 스쿨의 강의 등을 통해 사회에 환원해 나간다.

국내의 경영학과
세계의 경영학

경영학 연구의 접근 방법에 미국이나 유럽을 중심으로 하는 국제 무대의 경영학자와 국내의 경영학자 사이에는 다소 차이가 있다.

나는 '국내형'이네 '구미형'이네 하는 판에 박힌 구분 방식을 별로 좋아하지 않는다. 하지만 굳이 따지자면 앞에서 말한 것처럼 '가설을 세우고 그것을 통계 방법으로 검증'하는 접근 방식은 미국이나 유럽의 경영학자가 선호하는 방식이다. 전문 용어로는 이를 '연역적 접근법'이라고 한다.

반면 국내의 경영학자는 소수의 기업을 선택하여 하나하나를 면밀히 관찰하는 케이스 스터디(사례 분석)라는 접근 방식을 취하는 경우가 많다. 케이스 스터디를 통해 밝혀낸 기업의 속성을 바탕으로 경영의 법칙과 함의를 도출하고자 한다. 이것은 '귀납적 접근법'이라고 할 수 있다.

이 부분은 본론으로 넘어가기 전에 반드시 이해해두기 바란다.

'경영학=케이스 스터디'라는 인식을 가지고 있는 사람이 많을 것이다. 그러나 세계, 적어도 미국이나 유럽의 최상위권 비즈니스 스쿨에 소속된 교수들 사이에서는 '이론→통계 분석'이라는 연역적 접근법에 의거한 연구가 주류를 이룬다.

두 가지만 더 말하겠다.

먼저 나는 어디까지나 연역적 접근법이 미국이나 유럽의 경영학자 사이에서 주류를 이루고 있다는 사실을 말하는 것일 뿐, 케이스 스터디에 바탕을 둔 연구가 국제학술지에 게재되지 않는다는 이야기를 하는 것이 아니다. 다만 그 비율이 낮다는 것이다. 이를테면 경영전략론 분야의 대표적인 학술지인 〈Strategic Management Journal〉에 2011년 한 해 동안 게재된 57편의 실증 연구 가운데 통계 분석을 이용한 논문은 무려 52편에 달하는 반면, 케이스 스터디에 바탕을 둔 논문은 5편에 지나지 않았다.

유럽은 미국에 비하면 아직 케이스 스터디를 중시하는 경향이 남아 있다고는 하지만 역시 주류는 통계 분석이다. 유럽에서 출간되는 주요 학술지 중 하나인 〈Journal of Management Studies〉만 보더라도 2011년 한 해 동안 발표된 51편의 연구 논문 가운데 무려 41편이 통계 분석을 이용한 연구였다.

다음으로 경영학에서 통계 분석이 세계적으로 주류를 이루고 있는 것은 사실이지만 그렇다고 해서 케이스 스터디가 더 이상 효용성을 가지지 못한다는 뜻은 아니다. 나는 개별 기업을 속속들이 파헤쳐 정보를 축적하는 케이스 스터디가 중요한 연구 방법이라고 믿고 있으며, 미국이나 유럽의 경영학이 지나치게 통계 분석에 치우치는 것은 문제라고 생각한다.

왜냐하면 통계 분석을 통한 연구의 초점은 아무래도 비즈니스의 표층적인 부분에 국한될 소지가 있기 때문이다. 기업 내부로 파고들어 데이터만으로 파악할 수 없는 정보를 심도 있게 분석하는 것은 무척 의미 있는 일이다. 내가 알고 있는 국내의 많은 연구자는 비즈니스 현장을 발이 닳도록 찾아다니며 습득한 풍부한 식견을 바탕으로 훌륭한 사례 연구를 하고 있으며, 나 역시 그들로부터 많은 깨달음을 얻고 있다. 한편 통계 분석은 본질적으로 경영학의 목적이 될 수 없다는 지적도 있다.

최근에는 〈Academy of Management Journal〉, 〈Journal of International Business Studies〉 등 최상위권 국제학술지가 케이스 스터디 논문만으로 구성된 특집을 잇달아 간행하고 있다. 이는 통계 분석에 지나치게 의존하는 세계의 경영학에 대한 문제의식의 발로로 볼 수 있다.

이 책의 목적은 통계학적 접근법과 케이스 스터디 중 어느 쪽이 바람직한지 따지는 것이 아니다. 그보다는 이 두 가지 연구 방법의 장단점을 보완해 나가는 것이 중요하다.

현재 미국이나 유럽의 최상위권 비즈니스 스쿨에 소속되어 있는 경영학자는 대부분 과학성을 중시하고 있으며 이를 확보하기 위한 연구 방법으로 '이론→통계 분석'이라는 연역적 접근법을 채택하고 있다. 따라서 세계의 경영학자가 일반 법칙의 검증을 연구 목표로 삼는 한 이런 흐름에는 변함이 없을 것이다.

다른 책과의
차별점

내가 이 책을 통해 여러분에게 말하고자 하는 것은 바로 이러한 최신 연구이다.

이들 연구는 복잡한 경영이론과 통계 분석을 사용한다. 하지만 이 책에서는 어려운 부분은 과감하게 생략하고 그 근간을 이루는 사상과 연구에 얽힌 흥미로운 스토리만을 알기 쉽게 소개하고자 노력했다. 여러분은 이를 통해 세계의 경영학자가 현재 어떤 연구를 추진하고 있는지 파악할 수 있을 것이다.

앞으로도 여러분은 국내의 저명한 경영학자가 쓴 훌륭한 책을 읽을 기회가 많을 테지만 그것들은 대부분 특정 기업의 내부 사정이나 전략을 면밀히 검증하는 '케이스 스터디'에 바탕을 두고 있을 가능성이 높다.

반면 이 책에서처럼 세계의 경영학자가 복잡한 경영이론과 통계 분석을 활용하여 어떤 연구를 하고 있는지, 그들이 무슨 생각을 하고 있는지 살펴볼 기회는 많지 않을 것이다. 이런 점도 이 책이 특별한 이유다. 그러면 지금부터 '경영이론'을 어떻게 이해하면 좋을지 설명하겠다.

chapter 03

왜 경영학에는
교과서가 없나?

이 장에서는 세계의 경영학, 특히 경영이론의 큰 틀을 소개한다. 전체 그림을 그려봄으로써 앞으로 이어질 내용을 보다 쉽게 이해할 수 있을 것이다. 특히 학문으로서의 경영학 연구에 깊은 관심을 가지고 있다면 이 장이 도움이 될 것이다.

경영학에는
교과서가 없다?

내가 자주 받는 질문 중 하나는 '경영학 이론을 총망라한 교과서 가운데 미국의 경영학 박사 과정에서 가장 많이 사용하는 책이 무엇인지 가르쳐달라'는 것이다. 그러면 나는 언제나 그런 교과서는 없다고 대답한다.

농담이 아니라 경영학에는 정말 교과서가 없다. 경영학 박사 과정, 적어도 이 책에서 중점적으로 다룰 경영전략론, 조직론, 국제경영론, 기업가정신 등의 분야에는 이렇다 할 교과서가 없다.

그렇다고 해서 비즈니스 스쿨의 MBA 과정이나 학부생을 위한 교과서가 없다는 뜻으로 오해하면 안 된다. 그러한 교과서는 아주 많다. 다만 이러한 교과서는 연구 그 자체가 아닌 연구 성과로부터 도출한 실용적인 분석 방법에 초점을 맞추고 있는 경우가 대부분이다. 반면 연구자를 목표로 하는 박사 과정 학생을 염두에 두고 경영학 이론을 체계적으로 정리한 교과서는 없다.

앞에서 이야기한 것처럼 세계의 경영학은 과학을 지향하기 때문에 경영이론의 발전을 무엇보다 중요한 과제로 여긴다.

이론이란 현실을 재단하는 가위와도 같다. 이에 경영학자는 이론을 이용하여 현실 속의 복잡한 경영 현상을 논리적으로 설명하고자 하는 것이다. 그런데 이러한 경영이론을 총망라한 교과서가 없다니 대체 어찌된 영문일까?

실은 나도 미국에서 박사 과정을 시작할 당시 경영학 교과서가 없다는 사실에 놀라지 않을 수 없었다.

학부생 시절 일본에서는 경영학이 아닌 경제학을 전공했는데, 경제학의 경우 연구자가 되고자 하는 사람이라면 누구나 읽어야 할 분야별 필독 이론서가 존재한다.

예컨대 미시경제학의 경우 폼페우파브라 대학의 마스코렐Mas-Collel 교수 등이 쓴 난해한 교과서가 박사 과정 학생이 반드시 읽어야 할 대표적인 이론서라고 할 수 있다. 거시경제학 분야에서는 캘리포니아 대학 버클리 캠퍼스의 데이비드 로머David Roemer 교수가 쓴 교과서가 내가 공부하던 당시에 유명했다.

이러한 선입견을 가지고 있던 나는 미국으로 건너가기 전 예비 담당 교수에게 연락해 '미리 공부하고 싶으니 경영전략론의 대표적인 교과서를 알려달라'고 부탁했다. 그러나 내게 돌아온 답은 역시나 '그런 교과서는 없다'는 것이었다.

실제로 피츠버그 대학의 박사 과정 2년 동안 경영학 교과서라는 것은 단 한 권도 사용해본 적이 없다. 나는 가까이에 있는 카네기멜론 대학에서도 박사 과정 강의를 들은 적이 있는데 그곳에서도 교과서는 사용하지 않았다. 뉴욕 주립대학의 버펄로 캠퍼스에서도 경영전략론 박사 과정 강의에 교과서를 사용하는 경우는 없다. 미국의 다른 대학도 사정은 비슷하리라 생각한다.

그렇다면 박사 과정 학생은 무엇으로 경영학 이론을 공부할까? 그들은 가능한 많은 논문을 읽는다. 경영학 박사 과정의 강의나 세미나에서는 유명한 고전 논문부터 최신 논문에 이르기까지 닥치는 대로 읽음으로써 경영학 지식을 습득한다.

어째서 경영학에는 교과서가 없는 것일까?

이 질문에 답하기 위해서는 먼저 경영학의 세계관을 이해할 필요가 있다. 비즈니스 스쿨에서는 어떤 분야를 연구하는지부터 살펴보자.

경영학이란
무엇일까?

〈그림1〉은 미국의 명문 대학인 펜실베이니아 대학 와튼 스쿨의 학과 조직도다. 학교마다 조금씩 차이는 있지만 미국의 비즈니스 스쿨은 대체로 이와 같은 학과로 구성되어 있다. 비즈니스 스쿨은 회계, 재무, 마케팅, 운영 등 다양한 학과로 구성되어 있으며, 각 학과에는 해당 분야의 전문가인 교수가 소속되어 있다.

와튼 스쿨을 예로 들면 일반적으로 비즈니스 스쿨에서 말하는 경영학Management이란 말 그대로 'Management' 학과의 연구자

회계Accounting

경영경제 및 공공정책 Business Economics and Public Policy

재정Finance

의료 경영 Health Care Management

법학 및 경영 윤리 Legal Studies and Business Ethics

경영Management ← 이 책의 주요 대상

마케팅Marketing

운영 및 정보 경영 Operations and Information Management

부동산Real Estate

통계Statistics

출처 | 와튼 스쿨 홈페이지

〔그림1〕 와튼 스쿨의 학과 구성

가 전공하는 분야를 말한다. 이 책에서 말하는 '경영학'도 바로 이 'Management' 학과에서 연구하는 내용이라고 이해하면 된다. 단 이 책에서는 재무, 회계, 마케팅, 운영 등의 분야는 다루지 않는다. 그러나 경영학은 이런 분야와도 관련이 있으므로 해당 분야에 관심이 있는 사람에게도 이 책의 내용은 도움이 될 것이다.

경영학은 다시 세분화할 수 있다. 〈그림2〉를 보자.

먼저 경영학은 크게 미시 분야와 거시 분야로 나눌 수 있다. 미시 분야는 기업 내부의 조직 설계와 인간 관계를 분석하는 연구 영역으로 '조직행동론Organizational Behavior'이라고도 부른다. 예컨대 기업의 인사 제도, 직원 간의 위계 관계, 효율적인 그룹 편성, 리더십 등이 이 분야의 연구 대상이다. 이 책에서는 미시 분야도 일부 소개하지만 그보

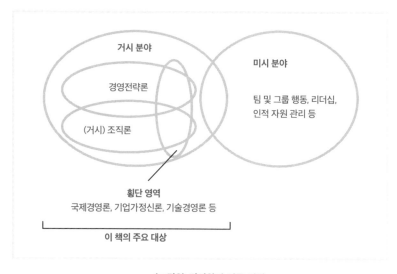

[그림2] 경영학의 연구 영역

다는 거시 분야의 연구를 주로 다룬다. 거시 분야에서는 기업을 하나의 단위로 파악하여 기업의 행동, 타사와의 경쟁 및 협력 관계, 조직 구조 등을 분석한다.

거시 분야를 대표하는 것이 '경영전략론'이다. 경영전략론이란 쉽게 말해 기업이 경쟁사와 경합을 벌일 때 어떤 행동을 취해야 좋은 성과를 거둘 수 있을지 고민하는 학문이다.

경영전략론과 비슷한 영역으로 거시조직론이라는 분야가 있다. 이 둘은 중복되는 부분이 많아 명확한 차이를 발견하기가 쉽지 않지만, 후자는 학교나 NPO 등 비영리단체를 비롯해 보다 폭넓은 조직을 대상으로 그 메커니즘과 나아가야 할 방향 등을 고민하는 학문 영역이라고 할 수 있다.

그리고 이러한 분야를 횡단하는 연구 분야도 있다. 다국적기업을 연구하는 국제경영론, 벤처 기업과 기업가를 연구하는 기업가정신론, 혁신 및 제품 개발을 연구하는 기술경영론 등이 여기에 해당한다.

이 책에서는 주로 경영전략론, 거시조직론, 국제경영론, 기업가정신론, 기술경영론 등의 최신 연구 주제를 소개한다.

경영학의
3대 유파

다음으로 중요한 포인트는 경영학에도 유파가 존재한다는 사실이다.

인간은 누구나 잘하는 일이 있으면 못하는 일이 있고, 좋아하는 일이 있으면 싫어하는 일이 있게 마련이다. 어떤 사람은 영어를 좋아하고 어떤 사람은 수학을 싫어하듯이 말이다. 일본의 야구 선수인 이치로는 안타를 잘 치는 타격의 천재고, 마쓰이는 홈런을 잘 치는 타격의 천재다.

경영학자도 이처럼 저마다 성향에 맞는 경영이론이 따로 있다.

현재 세계의 경영학, 그중에서도 '거시 분야'는 크게 세 가지 '원칙Discipline'으로 구성되어 있다. 여기에서 'Discipline'의 정의를 내리는 것이 어렵지만, 경영이론 연구를 뜻하는 말로 이해하면 된다. 세계의 경영학은 다른 사회과학 분야의 이론적 기반을 빌려와 연구에 응용하고 있다.

어떤 이론적 기반에 입각하여 연구를 해나갈지는 경영학자 개인의 취향에 달려 있다. 그리고 이러한 이론적 기반의 선택은 거꾸로 경영학자의 사고에 영향을 미치기도 한다.

한마디로 경영학자라고 해서 다 같은 경영학자가 아니다. 세계의 경영학자는 그들이 지닌 다양한 사고방식에 따라 세 가지 유파로 나뉘어 열띤 경쟁을 펼치면서 저마다 옳다고 믿는 사상을 발전시켜 나가고 있다.

이론적 기반이 다르면 하나의 경영 현상을 두고도 다른 견해를 보이기도 하고 언쟁을 벌이는 경우도 흔하다. 그런가 하면 각 유파가 서로 부족한 점을 채워주기도 하는데, 바로 이러한 점 때문에 경영학은 무척 복잡하고 까다로우면서도 동시에 재미있는 학문이다.

그럼 이제부터 거시 분야 경영학의 3대 유파(이론적 기반)를 살펴보자.

① 경제학 유파

첫 번째는 경제학에 기초를 둔 유파다. 이 유파의 연구자는 경제학 중에서도 산업조직론과 조직경제학 분야에 바탕을 두고 연구하는 경우가 많다. 쉽게 말하면 경제학 유파의 연구는 '인간은 본래 합리적 선택을 하는 존재'라는 가정 아래 이루어진다.

하버드 대학의 마이클 포터Michael Porter 교수가 이 유파에 속한다. 포터 교수의 전공 분야는 본래 경영경제학이다. MBA 과정에서 반드시 공부하는 분석 방법 중 하나인 포터 교수의 '산업구조 분석 모형Five Forces Model'은 미시 경제학의 기초를 공부한 사람이라면 누구나 쉽게 이해할 수 있는 이론이다. 또한 2009년에 노벨 경제학상을 수상한 캘리포니아 대학 버클리 캠퍼스의 올리버 윌리엄슨Oliver Williamson 교수의 '거래비용이론'을 신봉하는 경영학자도 이 유파에 해당한다.

포터 교수의 이론은 4장에서 자세히 다룬다. 한편 15장에서는 포터의 이론만큼이나 유명한 '자원기반 관점'이라는 개념을 소개하는데 이 역시 경제학 이론에 기초하고 있다. 또한 12장에서 소개할 '리얼 옵션'이라는 개념도 경제학과 관련이 있다.

② 인지심리학 유파

11장에서는 인지심리학에 기초한 유파를 소개한다. 이들은 '인간과 조직의 정보 처리 능력은 고전 경제학에서 상정하는 만큼 뛰어나지 않으며 바로 이 점이 조직의 행동에 영향을 미친다'는 생각을 연구의 출발점으로 삼고 있다.

인지심리학 유파의 시조는 누가 뭐래도 1978년에 노벨 경제학상을 수상한 허버트 사이먼Herbert Simon 교수로, 그의 이름을 들어본 사람도 있을 것이다. 그로부터 100여 년이 지난 지금은 스탠퍼드 대학의 제임스 마치James March 교수와 펜실베이니아 대학의 다니엘 레빈탈Daniel Levinthal 교수 등이 이 분야의 대가로 이름을 떨치고 있다. 그리고 일본 히토쓰바시 대학의 노나카 이쿠지로 명예교수도 이 유파에 가깝다.

인지심리학 유파의 경영이론은 특히 혁신 경영 관련 연구에 지대한 공헌을 했다. 7장에서 소개할 '지식의 탐색 및 심화'라는 개념이 바로 여기에 기반을 둔 것이다. 5장에서 소개할 '분산기억'이라는 개념도 인지심리학과 관련이 있다.

이 밖에 사회심리학이라는 이론적 기반도 인지심리학과 관련이 있다. 특히 미시 분야 경영학에서는 사회심리학과 그 밖의 심리학에 이론적 기반을 둔 연구가 활발히 이루어지고 있다. 그러나 이 책에서는 주로 거시 분야를 다루기 때문에 여기에서는 인지심리학이라는 표현을 사용한다.*

---

* 최근 경제학 분야에서는 행동경제학이라는 개념이 부각되고 있는데, 아직은 경영학에 미치는 영향이 미미한 수준이기에 이 책에서는 다루지 않았다.

③ 사회학 유파

세 번째는 사회학 이론을 응용하는 유파다. 미국의 사회학은 매우 앞서 나가고 있는데, 통계학과 시뮬레이션을 활용한 방대한 연구가 이루어지고 있다. 사회학은 사람과 사람 또는 조직과 조직이 '사회학적으로' 어떤 상호 작용을 하는지 연구하는 학문으로 그 이론이 경영학에 응용되고 있다.

사회학 유파는 인간의 의사결정에 경제학만큼 엄밀하고 일관된 가정을 두지 않는다. 그 때문에 경제학 유파의 학자들로부터 모호한 부분이 많다는 지적을 받기도 한다. 그럼에도 불구하고 사회학 유파는 그동안 수많은 이론을 배출하며 경영학 발전에 기여했으며 그 영향력 또한 지대하다.

8장과 9장에서는 사회학 이론의 핵심인 '네트워크 이론'과 '사회적 자본'의 기초와 최신 연구 주제를 소개한다.

'기업이란 무엇인가'의 4가지 관점

경영학에서는 하나의 현상에 각 유파의 학자가 전혀 다른 관점에서 접근하는 경우가 비일비재하다.

심지어 '기업이란 무엇인가'라는 근본적인 물음에도 각 유파는 서로 전혀 다른 생각을 가지고 있다. 이와 관련하여 인시아드INSEAD, 유럽경영대학원의 필리페 산토스와 스탠퍼드 대학의 캐슬린 아이젠하르트가 2009년에 발표한 논문*을 예로 들어 설명하겠다.

산토스와 아이젠하르트는 '기업이란 무엇인가'라는 물음에 경영학은 4가지 관점을 가지고 있다고 말한다.

첫째는 '효율성'을 중시하는 관점이다.

이를 대표하는 것은 경제학 유파의 거래비용이론에 바탕을 둔 설명이다. 앞서 말한 것처럼 경제학 유파는 인간의 경제 합리성을 중시한다. 따라서 비즈니스 거래에서는 '거래 상대가 자신의 이익을 위해 상대를 기만할지도 모른다'는 리스크를 염두에 두어야 한다고 이야기한다.

이처럼 리스크가 큰 거래에서는 그만큼 고려할 요소가 많기 때문에 계약이 복잡해지고, 계약 조항을 작성하는 데에도 비용이 많이 든다. 그럴 바에야 스스로 해당 사업을 시작하는 편이 더 효율적이라는 생각을 하게 된다.

따라서 효율성의 관점에서 바라보는 기업이란 '시장 거래에서 과도한 비용이 드는 부분을 조직 내부로 끌어들이는 것'이라고 정의할 수 있다.

둘째는 기업의 '파워(힘)'를 중시하는 관점이다.

사회학 유파의 자원의존이론은 경영 자원을 둘러싼 기업 간의 상호 의존 관계에 주목한다.

---

*   Santos, Filipe M., and Kathleeen M. Eisenhardt. 2005. "Organizational Boundaries and Theories of Organization." Organization Science 16(5): 491-508.

이를테면 A기업의 제품을 만드는 데에 반드시 필요한 소재를 B기업이 독점 공급하고 있다고 가정해보자. 이 경우 A기업은 B기업에 비해 협상에서 불리한 위치에 있기 때문에 해당 소재의 안정적 수급에 불안감을 가질 수밖에 없다. 이때 A기업은 이러한 상황을 극복하기 위해 동종 타사의 인수를 통해 사업 규모를 확대하여 회사의 입지를 강화하거나 아예 B사를 인수하려 들 것이라는 발상이 자원의존이론의 핵심이다.

실제로 철강업계에서 이런 현상이 나타난다. 국제 철강 시장은 기업의 집중도가 낮아 시장점유율이 낮은 군소 업체가 난립하여 치열한 경쟁을 벌이고 있다. 반면 철강업계에 주요 소재를 공급하는 철광석 시장은 BHP 빌리튼Billiton을 위시한 3대 기업이 전체 시장을 장악하고 있다. 따라서 철강업체는 철광석업체와의 불리한 역학 관계를 극복하기 위해 M&A 등을 통해 업계를 재편하고, 나아가 철광석 사업에 뛰어들기 시작했다. 세계 최대 철강업체인 아르셀로미탈ArcelorMittal이 대표적인 예다.

이처럼 기업의 파워를 중시하는 관점은 기업을 '힘의 집합체'로 여긴다.

셋째는 기업이 가지고 있는 '경영 자원'을 중시하는 관점이다. 이 관점은 앞에서 이야기한 자원기반 관점 및 인지심리학의 영향을 받은 '동태적 역량'에 바탕을 두고 있다.

이 관점에서는 '모든 기업은 강점이 될 만한 경영 자원을 가지고 있으며 그것을 최대화하기 위해 활동 범위를 설정한다'고 생각한다.

너무도 당연한 이야기지만 기업이 다른 업종으로 진출하려 할 때는 자사 특유의 경영 자원을 얼마나 활용할 수 있는지 생각해야 한다는 것이다. 이는 기업을 '경영 자원의 집합체'로 이해하는 관점이라고 할 수 있다.

마지막으로 구성원의 정체성을 중시하는 관점이 있다. 이 역시 주로 인지심리학 유파의 학자가 주장하는 바다. 이들은 '여기는 무엇을 하는 회사인가', '이 회사가 지향하는 바는 무엇인가'와 같은 기업의 정체성과 비전을 직원과 공유하는 것이 중요하다고 생각한다. 다시 말해 기업이란 '경영자와 직원이 정체성과 비전을 공유할 수 있는 범위'라고 생각하는 것이다.

이렇듯 '기업이란 무엇인가'라는 하나의 주제를 놓고도 경제학 유파의 학자는 효율성을, 사회학 유파의 학자는 상호 의존 관계와 역학 관계를, 인지심리학 유파의 학자는 경영 자원과 직원의 정체성을 중시하는 경향이 강하다. 간략하게 이야기한 탓에 세부적인 부분에서 해당 분야의 전문가와 견해 차이가 있을 수도 있겠지만, 각 유파의 차이를 이해하는 데는 어느 정도 도움이 되었으리라 생각한다.

유파의 선택이
경영학자의 인생을 좌우한다?

특히 미국의 경우에는 대학마다 특정 유파를 선호하는 경향이 있다. 예컨대 세인트루이스 소재의 사립 명문인 워싱턴 대학의 비즈니스 스쿨은 경제학 유파를 특히 선호한다. 일리노이 대학 어바나-샴페인 캠퍼스도 한때는 경제학 유파 스타 연구자의 집합소였다. 그리고 허버트 사이먼이 재직 중인 카네기 멜론 대학은 인지심리학이 강하기로 유명하다. 한편 사회학 유파가 강한 학교로는 코넬 대학과 켄터키 대학을 꼽을 수 있다.

물론 초일류 대학쯤 되면 비즈니스 스쿨의 규모도 크기 때문에 다양한 유파의 연구자가 소속되어 있다. 스탠퍼드 대학, 매사추세츠 공과대학, 펜실베이니아 대학 등은 각 유파별 스타 교수가 한데 모여 있는 대학이다.

교수의 이론적 성향은 연구뿐만 아니라 교육에도 영향을 미칠 가능성이 있다.

여러분 가운데 미국의 비즈니스 스쿨에서 경영전략론 강의를 들어본 사람도 있을 것이다. 당시 교단에 섰던 교수는 경제학 유파였을 수도, 인지심리학 유파였을 수도, 사회학 유파였을 가능성도 있다. 학생 입장에서는 교수의 이론적 성향을 크게 신경 쓰지 않을지도 모르지만 알고 보면 교수의 이론적 성향은 강의에 많은 영향을 미친다.

나아가 경영학자들의 격전지라고 할 수 있는 학술지에서도 유파의 편중 현상을 볼 수 있다.

1장에서도 이야기했지만 어떤 학문이 새로운 지평을 개척하고 지식을 축적해나가기 위해서는 학술지에 논문을 게재하여 전 세계 연구자에게 연구 성과를 알리는 일이 매우 중요하다.

세계의 경영학자는 유명한 국제학술지에 논문을 게재하기 위해 치열하게 경쟁하고 있다.

그러나 서로 다른 유파의 경영학자가 같은 학술지에 논문을 게재하는 경우는 좀처럼 보기 힘들다.

유명한 학술지 중 하나인 〈Administrative Science Quarterly〉에는 사회학 유파의 논문이 주로 게재되는데 여기에 경제학 유파의 학자가 논문을 게재하기는 사실상 불가능하다. 그러나 〈Management Science〉지는 현역 경제학자의 투고를 받을 정도로 경제학 유파를 선호한다. 한편 국제경영론 분야를 대표하는 〈Journal of International Business Studies〉는 본래 경제학 유파 위주의 학술지였지만 최근 들어 사회학 및 인지심리학 유파의 논문도 수용하는 분위기로 바뀌었다.

단적으로는 이러한 이유 때문에 유파의 선택이 경영학자의 인생을 좌우한다. 만약 사회학 유파에 이끌려 연구자가 되기로 마음먹은 사람이 경제학 유파의 교수만 있는 학교에 진학한다면 험난한 길을 걸을 수도 있다. 반대로 경제학 유파의 연구자가 자신의 논문을 사회학 유파 계통의 학술지에 투고한다 한들 그것이 게재되어 실적으로 이어지기는 어렵다.

여러분의
이론적 성향은?

앞에서 살펴본 것처럼 세계의 경

영학은 매우 학제적인 학문이다.

따라서 세계의 경영학자는 서로 다른 세 가지 이론적 기반 위에서 의견을 다투고 이를 절충하여 하나로 융합시켜 나가기 위해 노력하고 있다.

이러한 경영학을 사회과학으로 발전시켜 나가는 일은 매우 힘겨운 작업이다. 1장에서 세계의 경영학은 발전 단계에 있는 학문이라고 말한 이유도 바로 이 때문이다.

또한 경영학에 교과서가 존재하지 않는 이유도 이로써 이해가 될 것이다. 저마다 다른 생각을 가진 연구자들이 각기 다른 이론적 기반 위에서 다양한 이론을 내세우고 있으니 그 모두를 아우르는 교과서를 만드는 것은 보통 어려운 일이 아니다. 물론 특정 유파에 정통한 학자가 해당 유파의 이론을 체계적으로 정리해놓은 책은 있다.* 그러나 경제학 유파의 책을 쓸 수 있는 학자라 하더라도 사회학이나 인지심리학의 이론까지 완벽하게 파악하기란 사실상 불가능하다.

이 책은 교과서가 아니다. 어디까지나 내 나름대로 경영학의 최신 연구 주제 몇 가지를 선정하여 알기 쉽게 소개하는 것이 목적일 뿐이다. 그렇기 때문에 여러 유파의 연구를 두루 다룰 수 있는 것이다.

경영학자뿐 아니라 여러분도 각자 선호하는 경영학 유파가 다를 수 있다.

---

* 경제학 분야에서는 일리노이 대학 어바나–샴페인 캠퍼스의 조세프 마호니 교수가 쓴 〈Economic Foundations of Strategy〉(SAGE, 2005) 등이 유명하다.

만일 비즈니스에서 사람과 사람 사이의 유대를 중시한다면 사회학 유파의 논리에 흥미를 느낄 것이다. 한편 '인간은 합리적으로 행동하는 동물이므로 계약 및 조직을 디자인할 때도 그러한 특성을 반영해야 한다'고 생각한다면 경제학 유파의 논리에 공감할 것이다. 또한 평소 혁신 경영에 관심을 가지고 있었다면 인지심리학 유파의 논리가 흥미롭게 다가올 것이다.

지금부터 세계의 경영학자가 연구하고 있는 최신 주제를 살펴보자.

Part
2

세계 경영학의 최신 동향

포터의 전략만으로는 더 이상 경영을 논할 수 없다

| 경쟁전략 분야의 최신 연구 주제인 '공격적' 경쟁 행동 |

이 장에서는 그 유명한 '포터의 경쟁전략론'을 통해 경쟁전략론 분야의 최신 연구 주제를 살펴본다.*

경영학을 조금이라도 공부한 사람이라면 경쟁전략이라는 말을 들었을 때 제일 먼저 하버드 대학의 마이클 포터 교수를 떠올릴 것이다. 여러분 중에도 포터의 명저인 〈경쟁전략Competitive Strategy〉**을 읽었거나 혹은 읽으려고 했으나 그 두께에 질려 포기한 사람도 있을 것이다.

---

* 경영전략론은 기업전략론과 경쟁전략론으로 나눌 수 있다. 전자는 기업의 다각화 전략 및 M&A 등 '기업'에 관한 광범위한 주제를 다룬다. 반면 후자는 시장에서 기업이 가격 및 제품에 어떤 전략을 취해야 하는지를 연구 주제로 삼고 있다.

** 마이클 포터, 〈마이클 포터의 경쟁전략〉(21세기북스, 2008년)

경쟁전략론의 체계를 정립한 사람이 바로 마이클 포터라는 데에는 이견이 없다.

그만큼 포터의 이론은 경쟁전략의 기본이라고 할 수 있다. 비즈니스 스쿨 전략론 강의에서 반드시 공부하는 '산업구조 분석 모형' 및 '가치사슬 모형'과 같은 분석 방법 역시 포터가 창안하고 발전시킨 것이다. 포터만큼 근대 경영학의 확립에 큰 공헌을 한 학자도 없다.

그러나 한 가지 분명한 것은 포터의 이론만으로 앞으로의 경쟁전략을 이해할 수 없다는 사실이다.

나는 포터의 이론을 부정하는 것이 아니다. 포터의 이론 자체는 여전히 유용한 것임에 틀림없다.

다만 이 장에서 말하고자 하는 것은 경영학자들이 연구를 거듭한 결과 '포터의 이론만으로는 이 시대의 경쟁전략을 이해하기에 충분하지 않다'는 사실을 깨닫고 있다는 것을 전하기 위함이다. 세계의 경영학자가 추진하고 있는 경쟁전략 연구는 포터의 전략론보다 훨씬 앞서 나가고 있다. 이 장에서는 바로 그 최신 연구 주제를 소개하고자 한다. 본론으로 들어가기 전에 경쟁전략론의 기본 개념인 '경쟁우위'와 포터의 이론을 살펴보자.

성공을 이어가는 기업

기업의 궁극적인 목적은 무엇일

까? 여러 가지 답이 있을 수 있겠지만 경쟁전략론에서는 '지속적 경쟁우위Sustained Competitive Advantage'를 획득하는 것이라고 생각한다. 이렇게 말하니 무척 어렵게 느껴지지만, '기업이 오랫동안 좋은 실적을 유지할 수 있는 힘'이라고 이해하면 좋을 것 같다.(경쟁우위의 정의는 15장에서 자세히 설명)

여기에서 포인트는 '지속적'이라는 표현이다.

너무도 당연한 이야기지만 기업의 실적은 특정 기간에만 반짝 좋았던 것으로는 의미가 없다. 잘나가는 기업은 해마다 약간의 변동이 있더라도 장기간에 걸쳐 꾸준히 좋은 실적을 낸다. 일본을 대표하는 기업인 도요타, 다케다 약품, 캐논, 호야, 시마노 등이 좋은 평가를 받는 이유는 오직 하나, 오랫동안 좋은 실적을 유지하고 있기 때문이다.

포터의
전략이란

포터의 이론은 이들 기업처럼 경쟁우위를 지속하려면 어떻게 해야 하는지 설명하는 것이다. 경영학에는 'Structure(구조), Conduct(행위), Performance(성과)'의 머리글자를 딴 'SCP 패러다임'이라는 개념이 있다. SCP 패러다임은 다른 많은 경영학 책에서도 다루고 있으므로 여기서는 핵심 내용만 간략히 설명한다.

SCP를 한마디로 표현하면 '포지셔닝'이라고 할 수 있다. 뛰어난 포지셔닝을 통해 기업은 경쟁우위를 지속할 수 있다는 것이다.

여기에서 말하는 포지셔닝은 두 가지로 설명할 수 있다.

첫째는 적절한 산업을 선택하여 사업을 시작한다는 의미의 포지셔 닝이다. SCP는 특히 '기업 간 경쟁도가 낮고, 신규 진입이 어렵고, 가 격 경쟁이 치열하지 않은 산업'이 바람직하다고 말한다.

미국 비즈니스 스쿨의 강의에서 자주 인용되는 대표적인 사례는 콘플레이크를 제조하고 판매하는 시리얼 산업이다.

잘 알려진 대로 이 업계에서는 켈로그, 제너럴 밀스와 같은 대기업 이 쿠폰과 광고 등에 거액을 투자하고 소매업자와 밀접한 관계를 구 축함으로써 신규 업자의 진입을 교묘하게 막으며 지나친 가격 경쟁을 피해왔다. 그 결과 미국 3대 시리얼 업체의 자기자본이익률^{ROE}은 오 랫동안 30~50%를 유지하고 있다. 최근 들어 소매업체의 PB(자체 브 랜드) 상품에 밀리는 경향이 나타나고는 있지만 여전히 높은 이익률 을 유지하고 있다.

경영전략론 강의에서 반드시 공부하는 포터의 'Five Forces Model' 이라는 산업구조 분석 모형은 바로 이 SCP에 바탕을 두고 있다.

SCP에서 말하는 5가지는 '잠재 진입자', '산업 내 경쟁', '대체재의 위협', '구매자의 교섭력', '공급자의 교섭력'를 말한다. 이 가운데 하나 의 요인만 강해져도 업계 내 기업 간 경쟁도가 높아지기 때문에 SCP 의 관점에서 볼 때 그런 상황은 바람직하지 않은 것이다.

하지만 '그렇다고 해서 TV를 만드는 회사가 갑자기 콘플레이크 사 업에 뛰어들 수는 없지 않은가'라고 생각하는 사람도 있을 것이다.

그래서 업종을 바꾸지 않더라도 현재 속한 업계 내에서 가능한 독창적인 위치를 선정하라는 것이 SCP의 두 번째 포인트이다.

업계 내의 다른 경쟁사와 구별되는 독창적인 상품과 서비스를 제공한다면 고객의 충성도는 높아지고, 그만큼 타사와의 직접적인 대결을 피할 수 있을 것이다. 독창적인 포지셔닝을 통해 고객에게 가치를 제공하는 기업이 좋은 실적을 꾸준히 유지할 수 있다는 뜻이다.

그래서 포터의 SCP는 '차별화 전략'을 중시한다. 상품과 서비스의 충분한 차별화 없이 가치만을 내세운 채 경쟁사와 정면 승부를 펼쳐서는 안 된다는 것이다.

미국의 국내선 항공 산업은 전형적인 산업구조 분석 모형이 강하게 작용하는, 경쟁이 치열한 산업이다. 게다가 델타, 유나이티드 같은 대형 항공사는 천편일률적인 서비스를 제공하는 등 독자의 차별화 전략 없이 지루한 가격 경쟁만을 이어가고 있다. SCP의 관점은 이런 식의 경쟁은 피해야 한다고 주장한다.

이에 반해 사우스웨스트 항공은 비즈니스 스쿨의 강의에서 '경쟁 우위를 지닌 기업의 표본'으로 자주 거론된다. 이른바 저가 항공사의 대표격인 사우스웨스트 항공은 대도시에 위치한 허브 공항이 아닌 중소 도시에 위치한 2급 공항으로 노선을 국한하는 등 고객 서비스의 범위를 제한했다. 대신 저렴한 운임을 실현하는 등 독창적인 포지셔닝을 통해 대형 항공사와의 경쟁을 회피하는 현명한 전략을 취했다. SCP는 이런 차별화야말로 바람직한 전략이라고 주장한다.

경쟁전략이란
경쟁하지 않는 전략이다

　　　　　　　　그럴싸한 용어로 포장되어 있다고
는 하나 SCP의 포인트는 결국 '어떻게 하면 경쟁 기업과 경쟁하지 않
을 수 있을까'를 고민하는 것이다.

　포터의 경쟁전략이란 '경쟁하지 않는 전략'이라고 바꾸어 말해도
아무런 문제가 없다.* 가능한 한 경쟁이 치열하지 않은 산업을 선택하
여 경쟁사와 구별되는 독창적인 위치를 선정한다면, 다른 회사와 정
면 승부를 펼치지 않아도 되므로 결과적으로 안정적인 수익을 얻을
수 있다는 것이 SCP의 주장이라고 정리할 수 있다.

　지금까지 포터의 이론을 간략히 살펴보았다. 이제 본격적으로 세
계의 경영학자가 연구하고 있는 최신 주제를 살펴보자.

위긴스와 루프리가 던진
충격

　　　　　　　　앞으로의 이야기에서 빼놓을 수
없는 두 명의 연구자를 소개하겠다. 그들은 툴레인 대학의 로버

＊　'경쟁하지 않는 전략'은 내가 한 말이 아니라 도쿄 대학의 후지모토 다카히로 교수의 말을 인용한 것이다.
　　수십 년 전 후지모토 교수가 어느 강연에서 사용한 이 표현에 깊이 공감한 적이 있었다. 그리고 햇병아리
　　경영학자가 된 지금 다시 한 번 그 의미를 실감하고 있다.

트 위긴스와 텍사스 대학의 티모시 루프리이다. 이 두 사람은 2000년 초반부터 중반에 걸쳐 〈Strategic Management Journal〉지와 〈Organization Science〉지에 3편의 논문*을 연이어 발표했다. 그리고 그것들은 하나같이 기존 경쟁전략론의 허점을 꿰뚫는 충격적인 내용이었다.

논문에서 두 사람은 '지속적인 경쟁우위라는 것이 과연 존재하는가'라는 의문을 제기하고 방대한 데이터와 정밀한 통계 방법을 이용하여 이를 철저하게 검증했다.

사실 위긴스와 루프리 이외에도 1980년대부터 많은 경영학자가 지속적인 경쟁우위를 통계적으로 검증하기 위한 시도를 거듭해왔다. 그리고 이 책에서는 다루지 않았지만 과거의 연구는 대체로 '비록 소수지만 경쟁우위를 오랫동안 유지하는 기업은 실재한다'는 결과를 얻었다고 주장했다.

한편 위긴스와 루프리는 기존 연구가 사용한 통계 방법의 문제점을 개선하고 그보다 훨씬 방대한 데이터를 분석했다.**

---

* Wiggins, Robert R., and Timothy W. Ruefli. 2002. "Sustained Competitive Advantage: Temporal Dynamics and the Incidence and Persistence of Superior Economic Performance." Organization Science 13(1): 81-105.; —. 2005. "Schumpeter's Ghost: Is Hypercompetition Making the Best of Times Shorter?" Strategic Management Journal 26(10): 887-911.; —. 2003. "Industry, Corporate, and Segment Effects and Business Performance: A Non-parametric Approach." Strategic Management Journal 24(9): 861-879.

** 조금 어려운 설명이 될 수도 있겠지만 기존 연구에서는 기업의 경쟁우위를 검출하기 위해 자기회귀 모델이라는 통계 방법을 사용한 반면, 이들은 비모수 통계라는 방법을 사용한 것이 특징이다. 그리하여 기존 연구에서는 예외 값으로 간주되었던 기업을 분석 범위 안으로 끌어들일 수 있었다.

두 사람은 미국 전역의 40개 산업의 6,772개 기업을 대상으로 1972년부터 1977년까지의 투자이익률을 비롯한 시계열 데이터를 수집한 다음, 실적이 비슷한 경쟁사보다 10년 이상 높은 실적을 거둔 경우에 '지속적 경쟁우위'를 가지고 있는 것으로 판단했다. 그리고 이 조건을 충족하는 기업이 얼마나 존재하는지 분석했다. 결과는 무척 흥미로웠다. 그 내용은 다음의 세 가지로 요약할 수 있다.

발견 ① 미국에는 분명 '지속적 경쟁우위'를 실현하고 있는 기업이 존재한다. 하지만 그 수는 전체 기업의 2~5%에 지나지 않는다.

발견 ② 시간이 흐를수록 기업이 경쟁우위를 유지하는 기간이 짧아지고 있다. 즉 지속적인 경쟁우위의 실현이 점점 어려워지고 있다. 이러한 현상은 미국의 산업 전반에서 나타난다.

발견 ③ 반면 경쟁우위를 상실한 뒤 다시 경쟁우위를 회복하는 기업이 늘어나고 있다. 즉 현재 잘나가는 기업이란 경쟁우위를 장기간 안정적으로 유지하고 있는 기업이 아니라, 일시적인 우위Temporary Advantage를 쇠사슬처럼 연결시킴으로써 장기간 높은 실적을 유지하고 있는 것처럼 보이는 기업이다.

지금은
무한경쟁 시대

　　　　　　　　이러한 발견은 당시 경쟁전략론 연구자들에게 큰 충격을 안겨주었다.

다시 한 번 말하지만 경쟁전략의 목적은 경쟁우위를 지속하는 것이다. 그런데 위긴스와 루프리는 바로 그 경쟁우위라는 것이 갈수록 지속하기 어려워지고 있다는 사실을 알아낸 것이다. 이는 곧 현대 사회, 적어도 미국에서는 '기업 간 경쟁이 심화되고 있다'는 뜻이기도 하다.

사실 그들이 연구 결과를 발표하기 전에도 경쟁우위를 지속하기 어려울 것이라는 점을 지적한 학자가 있었다.

대표적 인물이 다트머스 대학의 리처드 다베니와 와튼 스쿨의 로버트 건터이다. 그들은 1994년에 출간한 책[*]에서 기업 간 경쟁이 격화되어 경쟁우위의 지속이 어려워지는 상황을 '무한경쟁Hypercompetition'이라고 명명했다.

이 책에서 중요하게 다루고 있는 논점은 세 가지다.

논점 ①   기업의 경쟁우위 지속 기간이 짧아지고 있다.

논점 ②   무한경쟁 환경에서는 경쟁우위를 상실하더라도 그것을 회복하여 '일시적인 경쟁우위의 연쇄'를 실현하는 것이 중요하다.

논점 ③   이론상 무한경쟁 환경에서는 보다 적극적인 경쟁 행동을 취하는 기업이 높은 실적을 실현할 수 있다.

위긴스와 루프리는 통계분석을 통해 다베니와 건터의 세 가지 논

---

[*]   D'Aveni, Richrd A., and Robert E. Gunther, Hypercompetition: Managing the Dynamics of Strategic Maneuvering. Free Press,1994.

점 가운데 ①과 ②가 현실로 나타나고 있음을 증명한 것이다. 특히 위긴스와 루프리의 발견②는 다베니와 건터의 논점①과 내용이 정확히 일치한다.

이 책을 읽고 있는 여러분 가운데 '기업 간 경쟁 격화'를 실감하는 사람도 분명 있을 것이다.

최근에는 국제화, 규제 완화, IT 기술의 발달로 과거보다 기업의 타업종 또는 국외로의 진출이 쉬워졌다. 또한 업종에 따라서는 제품의 생필품화와 장기 불황으로 인한 가격 인하 압력 등의 이유로 경쟁우위를 유지하기가 어려워진 경우도 있다.

비즈니스 잡지에 게재된 광고에서도 '경쟁 사회의 심화'라는 문구를 자주 접할 수 있는데, 위긴스와 루프리는 통계분석을 통해 실제로 경쟁이 심화되는 비즈니스 환경이 조성되고 있음을 밝혀낸 것이다.

다베니와 건터의 논점② 역시 위긴스와 루프리의 발견③과 그 내용이 일치한다.

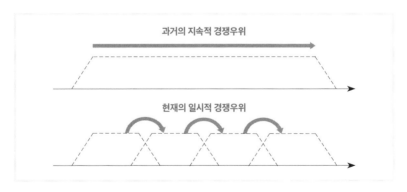

과거의 지속적 경쟁우위

현재의 일시적 경쟁우위

〔그림1〕 일시적 경쟁우위

〈그림1〉을 보자. 과거에는 기업이 일단 경쟁우위를 획득하면 한동안 높은 실적을 유지할 수 있었다. 이를 서핑에 비유하면 일단 큰 파도에 올라탄 다음은 그저 물살에 몸을 맡기기만 하면 되는 시절이었던 것이다.

그러나 최근에 좋은 실적을 거두고 있는 기업은 짧은 파도를 풀쩍풀쩍 옮겨 다니는 격이라는 것이 다베니와 건터의 주장이다. 그리고 이를 검증해낸 것이 위긴스와 루프리이다. 이렇듯 지금의 경쟁우위는 지속적인 것이 아니라 일시적인 것이다. 따라서 이 시대의 기업은 이러한 '일시적 경쟁우위'를 연속적으로 획득해나갈 필요가 있다.

경쟁
역학이란

그렇다면 다베니의 세 번째 논점, 즉 '이론상 무한경쟁 환경에서는 보다 적극적인 경쟁 행동을 취하는 기업이 높은 실적을 거둘 수 있다'는 주장은 어떨까?

여기에서 키워드라 할 수 있는 '경쟁 행동'이란 과연 무엇일까?

경영학에서 이야기하는 '경쟁 행동Competitive Action'이란 경쟁사와 소비자에게 노출되는 제품과 서비스의 '움직임'을 가리킨다. 예컨대 신제품 투입, 모델 변경, 판촉 활동, 가격 인하 등은 경쟁사와 고객이 감지할 수 있는 경쟁 행동이다.

미국 소매업계에서는 월마트나 코스트코 같은 대기업이 타사에 비해 큰 폭의 가격 인하를 실시하거나 업계 최초로 휘발유를 판매하는 등 적극적인 경쟁 행동에 나서고 있다. 일본에서는 혼다가 2013년 이후 경차의 후속 모델 투입에 박차를 가하겠다고 발표했는데* 이 역시 경차 시장에서 혼다가 취하는 적극적인 경쟁 행동으로 볼 수 있다.

물론 적극적인 경쟁 행동에는 비용이 소요되며 제품 개발과 모델 교체에 걸리는 리드 타임을 단축할 필요도 있다. 따라서 적극적인 경쟁 행동이 과연 이러한 비용을 상쇄시킬 만한 실적을 가져다줄 것인지는 따져볼 필요가 있다.

이처럼 "기업의 적극적인 경쟁 행동은 과연 실적 향상으로 이어질 것인가"라는 물음의 답을 찾는 분야를 '경쟁 역학Competitive Dynamics'이라고 한다. 이는 포터의 SCP 패러다임이 한 시대를 풍미했던 1980년대 이후 경영전략 연구 분야 가운데 가장 많은 경영학자가 분석하고 있는 주제다.

포터 또한 기업의 경쟁 행동을 언급한 적이 있다. 그의 책 '경쟁전략'의 5장에서도 포터의 SCP에서 이야기하는 경쟁 행동Competitive Moves을 설명하고 있다. 그러나 포터가 생각하는 경쟁 행동은 주로 과점시장(소수의 기업이 높은 시장점유율을 차지하고 있는 상황)을 전제로 하고 있기 때문에 무한경쟁 환경에 대한 논의로 보기는 어렵다.

반면 '포터 이후'의 연구자는 경쟁 행동을 과점적 상황에 국한시키지 않고 무한경쟁을 포함한 다양한 경쟁 환경에서 중요한 역할을 하

---

* 출처: 2012년 3월 17일자 〈일간자동차신문〉

는 것으로 이해하고 있으며, 이를 바탕으로 이론과 실증 연구를 실시하고 있다.

대표적인 예로는 켄터키 대학의 월터 페리어가 2001년에 발표한 논문*을 들 수 있다. 그는 1987년부터 1998년까지 미국의 16개 산업의 224개 기업을 대상으로 신제품 투입, 모델 교체, 가격 인하, 판촉 활동 등 각 기업이 취한 경쟁 행동을 면밀하게 조사하여 목록화했다.

그리고 이를 바탕으로 통계분석을 실시한 결과, 보다 다양한 경쟁 행동을 취하거나 장기간 경쟁 행동을 펼친 기업의 시장점유율이 확대되었다는 사실을 알아냈다. 시장점유율 획득에는 적극적인 경쟁 행동이 효과적이라는 결론을 얻은 것이다.

페리어보다 최근에 이루어진 연구로는 이 분야의 세계적 권위자인 메릴랜드 대학의 켄 스미스와 커티스 그림이 템플 대학의 패트릭 매기티, 파멜라 더퍼스와 함께 2008년에 발표한 논문**이 있다.

페리어와 마찬가지로 스미스 등도 신문과 업계지 등을 면밀히 조사하여 자동차, 맥주를 비롯한 미국의 주요 11개 산업의 56개 기업이 취한 447가지 경쟁 행동을 목록화했다. 그리고 통계분석을 통해 보다 적극적인 경쟁 행동을 취한 기업의 자산이익률이 향상되었음을 확

---

* Ferrier, Walter J. 2001. "Navigating the competitive landscape: The drivers and consequences of competitive aggressiveness." Academy of Management Journal 44(4): 858-877.

** Derfus, Parmela J., Patrick G. Maggitti, Curtis M. Grimm, and Ken G. Smith, 2008. "The Red Queen Effect: Competitive Actions and Firm Performance." Academy of Management Journal 51(1): 61-80.

인했다.

　한편 켄 스미스와 더불어 이 분야의 중진 연구자인 버지니아 대학의 밍저첸은 무한경쟁이 경쟁 행동에 미치는 영향을 분석했다.

　그는 타이완 국립성공대학의 하오치에 린, 노트르담 대학의 존 미첼과 함께 2010년에 발표한 논문*에서 타이완의 104개 기업의 경영자 281명을 대상으로 실시한 설문조사 결과를 바탕으로 통계분석을 실시했다. 그 결과 (1)시장이 무한경쟁으로 접어들었다는 인식을 가지고 있는 경영자의 기업이 그렇지 않은 기업보다 적극적인 경쟁 행동을 취하는 경향이 있다는 사실과 (2)적극적인 경쟁 행동을 취하는 기업의 자기자본이익률이 향상되었다는 사실을 밝혀냈다.

　이처럼 경쟁 역학 분야에서는 많은 실증 연구를 통해 적극적인 경쟁 행동을 취하는 기업이 실적을 향상시킬 수 있다는 결론을 얻고 있다. 다베니와 건터의 세 번째 논점을 뒷받침하는 결과가 나온 것이다.

공격인가
방어인가

　　　　　　　　여기에서 재미있는 점은 이러한 경쟁 역학 연구의 주장은 포터의 SCP 패러다임이 주장하는 '경쟁하

---

* Chen, Ming-Jer, Hao-Chieh Lin, John G. Michel. 2010. "Navigating in a Hypercompetitive Environment: The Roles of Action Aggressiveness and TMT Integration" Strategic Management Journal 31(13): 1410-1430.

지 않는 전략'과 정반대의 사고방식처럼 보인다는 것이다.

SCP 패러다임의 핵심은 다른 기업과의 경쟁을 피하는 것이다. 다시 말해 기업은 업계 내에서의 독창적인 포지셔닝을 통해 경쟁사와의 정면 승부를 피함으로써 경쟁우위를 유지할 수 있다는 것이다. 이는 '방어적 전략'에 해당한다.

반면 다베니, 스미스, 그림, 첸, 페리어 등은 오히려 기업이 적극적인 경쟁 행동을 취하는 것, 즉 과감하고 공격적으로 경쟁하는 편이 실적 향상에 더 도움이 된다고 주장한다.

그런데 스미스와 그림은 2008년에 발표한 논문에서 기업이 적극적인 경쟁 행동을 취할 경우 오히려 경쟁사의 반격(=경쟁 행동)을 유발한다고 발표했다.

이는 공격적 경쟁에 나설수록 타사와의 경쟁이 치열해진다는 점에서 SCP의 '경쟁하지 않는 전략'과 모순되는 것처럼 보인다.

그렇다면 과연 SCP가 주장하는 '방어적 전략'과 다베니 등이 주장하는 '공격적 경쟁 행동'을 어떻게 연관 지으면 좋을까?

이에 관한 한 가지 가설은 'SCP에서 말하는 방어적 전략은 기업 간 경쟁이 치열하지 않았던 시대에는 효과적이었을지 모르나, 무한경쟁에 접어든 현재의 비즈니스 환경에서는 그만큼 효과적이지 않다'는 것이다. 앞서 위긴스와 루프리의 분석 결과에서도 기업이 경쟁우위를 획득하기가 어려워지고 있다는 사실이 확인되었다고 말한 바 있다.

그렇다면 수많은 산업이 무한경쟁 환경 속에 놓여 있는 현대에서는 방어적 전략이 아무런 의미가 없는 것일까? 방어적 전략과 공격적 전략의 경쟁 행동은 동시에 성립할 수 없는 것일까?

'공격인가 방어인가'라는 문제는 경쟁전략론 연구자 사이에서 아직 충분한 합의가 이루어지지 않았다. 그러니 이 물음이야말로 이제부터 연구해나가야 할 과제다.

공격이든
방어든

경쟁 역학에는 또 하나의 유명한 명제가 있다. '복합시장 경쟁Multi-Market Competition'이다.

비즈니스 세계에서는 동종업계에서도 기업 간에 주요 고객층을 공유하는 경우가 있는가 하면 그렇지 않은 경우도 있다. 기성복업계를 예로 들어보면 여성복과 아동복을 만드는 A기업의 경우, 마찬가지로 여성복과 아동복을 만드는 B기업과는 시장을 공유하지만 신사복을 전문으로 하는 C기업과는 공유하는 부분이 적을 것이다.

앞서 소개한 첸이 1996년에 발표한 논문*은 이와 관련하여 미국 항공업계를 예로 들고 있다.

항공업계에서는 취항 노선에 따라 기업 간 시장 중복도가 달라진다. 첸은 1989년의 미국 내 항공사별 취항 노선을 분석했는데, 그 결

---

* Chen, Ming-Jer. 1996. "Competitor Analysis and Interfirm Rivalry: Toward a Theoretical Integration." Academy of Management Review 21(1): 100-134

과 아메리칸 항공은 노스웨스트 항공과는 중복되는 노선이 적었지만 델타 항공과는 많은 부분에서 노선이 중복되는 것으로 나타났다.

이런 상황에서 만약 아메리칸 항공이 특정 노선의 가격을 큰 폭으로 인하하면 어떤 일이 벌어질까? 경쟁사인 델타 항공은 아메리칸 항공에 대항하기 위해 해당 노선의 운임을 인하할 뿐 아니라, 한 발 더 나아가 아메리칸 항공과 중복되는 다른 노선의 운임까지도 인하할 가능성이 있다. 이처럼 시장에서 반격당할 가능성을 고려한다면 아메리칸 항공은 애초에 적극적인 운임 인하에 나서지 않는 편이 오히려 현명한 판단일 수 있다.

이렇듯 첸을 비롯한 경쟁 역학 분야의 연구자는 '시장의 중복도가 높은 기업은 적극적인 경쟁 행동을 취하기 어렵다'고 주장한다.

지금부터는 내 생각을 말하겠다.

만약 이 명제가 옳다면, 기업이 적극적인 경쟁 행동을 취할 수 있는 조건 중 하나는 '경쟁사와의 시장 중복도가 낮을 것'이 된다. 이는 곧 '업계에서의 독창적인 포지셔닝을 통해 타사와의 경쟁을 회피하는 것'이라고 바꾸어 말할 수 있지 않을까? 그리고 이는 바로 SCP 패러다임의 핵심 내용이기도 하다.

SCP의 주장처럼 차별화 등을 통해 업계에서 독창적인 포지셔닝을 실현하면 그만큼 경쟁 기업과의 시장 중복도가 낮아져 결과적으로 보다 적극적으로 경쟁 행동에 나설 수 있다는 것이다.

독창적인 포지셔닝은 곧 '방어 태세를 잘 취하고 있다'는 뜻이기도 하지만 무한경쟁 시대에는 방어 태세로 일관하다가는 언젠가 경쟁우위를 상실할 가능성이 높으므로 방어 태세와 공격적인 경쟁 행동을 병행하는 것이 합리적이라고 하겠다.

이처럼 SCP가 주장하는 '방어적 전략'과 경쟁 역학이 주장하는 '공격적 경쟁 행동'은 서로 모순되는 것이 아니라 오히려 양립할 가능성이 있다고 나는 생각한다.

앞에서 살펴본 사우스웨스트 항공을 예로 들자.

미국 항공업계의 기업 간 경쟁이 치열하다는 것은 이미 말했다. 이런 상황은 무한경쟁에 가깝다고 할 수 있다. 하지만 사우스웨스트 항공만은 독창적인 포지셔닝을 통해 대기업과의 경쟁을 피할 수 있었다.

그 이유는 무엇일까? 사우스웨스트 항공이 방어적인 전략만을 취하고 공격적인 경쟁 행동에는 나서지 않았기 때문일까? 사실은 그렇지 않다. 오히려 사우스웨스트 항공은 연이은 노선 확장과 새로운 서비스 개발 등 적극적인 경쟁 행동을 취했다.

그렇다면 사우스웨스트 항공이 이처럼 '공격과 방어'라는 두 마리 토끼를 잡을 수 있었던 요인은 무엇일까? 그것은 사우스웨스트 항공이 중소 도시에 위치한 2급 공항을 중심으로 취항하는 등 독창적인 포지셔닝을 실현함으로써 경쟁사와의 시장 중복도를 낮은 수준으로 유지한 덕분이다. 첸의 논문에서도 1989년 당시 사우스웨스트 항공은 다른 여러 경쟁사와의 시장 중복도가 매우 낮은 것으로 나타나 있다.

그러나 적극적인 노선 확장의 결과, 사우스웨스트 항공도 최근에는 대기업의 취항 거점인 허브 공항으로의 진출이 확대되고 있다. 향후 경쟁사와의 시장 중복도가 높아진다면 사우스웨스트 항공 역시 적극적인 경쟁 행동을 취하기 어려운 시기를 맞이할 수도 있다.

점점 더 중요해지는
경쟁전략 연구

　　　　　　　　　　　　지금까지 살펴본 내용을 간략히 정리해보자.

- 포터의 경쟁전략론 SCP 패러다임이란 경쟁사와의 경쟁을 피하기 위한 전략, 즉 방어적 전략이다.
- 위긴스와 루프리의 분석에 따르면 최근에는 경쟁우위를 지속하는 것이 어려워지고 있다. 즉 무한경쟁 시대로 접어들었다.
- 무한경쟁 시대에는 공격적 경쟁 행동이 효과적일 수 있다.
- SCP가 주장하는 방어적 전략과 다베니 등이 주장하는 공격적 경쟁 행동은 서로 모순되는 것만은 아니다. 그러나 이는 앞으로 더 많은 연구가 이루어져야 할 과제다.

　최근 경영전략 분야에서는 통계분석을 통해 포터의 이론을 뛰어넘는 새로운 사실이 검증되고 있으며, 그 결과 다양한 개념이 제시되고 있다.
　이 장을 통해 비즈니스업계의 사람에게 말하고 싶었던 것은 기업

간 경쟁이 격화되고 있음이 경영학 연구를 통해 사실로 밝혀졌다는 점이다. 현재 경쟁우위를 지속하고 있는 기업은 전체의 2~5%에 불과하다.

요즘과 같은 무한경쟁 시대에는 현재의 위치에 안주한 채 팔짱만 끼고 있을 것이 아니라 적극적인 경쟁 행동을 통한 공격에 나서야 하며, 그러기 위해서는 독창적인 포지셔닝을 통해 '공격 태세를 취할 수 있는 상황을 만드는 것'이 보다 중요하다는 점을 기억하기 바란다. 그동안 해온 대로만 하면 지금의 자리를 지킬 수 있을 것이라는 안이한 생각은 요즘 같은 무한경쟁 환경에서는 더 이상 통용되지 않는다는 것을 연구 성과가 시사한다.

경영전략론의 대표적 학술지인 〈Strategic Management Journal〉은 2010년에 '일시적 경쟁우위'를 주제로 특집을 발간했다.

특집호를 장식한 것은 앞에 나온 다베니와 스미스의 논문*으로, 앞으로 경영전략론이 해답을 찾아야 할 여러 연구 과제를 제시하고 있다. 이렇듯 경영전략론은 앞으로 더 많은 연구가 필요한 분야다. 이러한 연구를 통해 여러분의 현업에 도움이 될 만한 성과가 더 많이 나오기를 기대한다.**

---

* D'Aveni, Richard A., Giovanni Battista Dangnino, and Ken G. Smith. 2010. "The Age of Temporary Advantage." Strategic Management Journal 31(13): 1371-1385.

** 경제학 지식을 가지고 있는 사람이라면 이 장의 일부 내용은 게임이론으로도 설명할 수 있다고 생각할 수도 있다. 그러나 경영학에서는 게임이론 이외의 접근 방법을 통한 연구가 주로 이루어지고 있기에 이 장에서는 게임이론을 배제하고 설명했다.

조직의 기억력을
높이는 방법

| 조직의 학습을 좌우하는 분산기억 |

이 장에서는 세계의 경영학자가 연구하는 최신 주제 가운데 '조직의
기억력'을 소개한다.

아마 비즈니스 서적 등을 통해 '학습 조직'이라는 용어를 접한 사
람도 많을 것이다. 인간은 과거의 경험을 통해 학습한 지식을 미래에
응용하며 성장해나간다. 그렇다면 인간의 집합체인 조직도 학습을
할까?

학습 조직에 많은 사람이 관심을 가질 것이다. 만약 조직도 과거의
경험을 통해 학습할 수 있다면, 그리고 조직에 따라 학습 능력에 차이
가 있다면 그 메커니즘을 이해함으로써 조직의 효율을 높여 보다 빠
른 속도로 성장시킬 수 있을 테니까 말이다.

그간 학습 조직은 세계의 경영학자 사이에서도 중요한 연구 분야로 발전해왔다. 수많은 실증 연구를 통해 학습 조직의 메커니즘이 과학적으로 밝혀지고 있는 것이다.

조직의 학습곡선은
실제로 존재할까?

먼저 '조직은 경험을 통해 학습하는가'라는 근본적인 물음에 세계의 경영학자는 어떻게 답하고 있는지부터 살펴보자.

이 질문의 답을 찾는 가장 쉬운 방법은 조직의 '학습곡선Learning Curve'을 측정하는 것이다.

학습곡선이라는 용어는 들어보았을 것이다. 〈그림1〉은 학습곡선의 개념을 나타낸 것이다. 인간은 같은 작업을 여러 번 반복하는 학습을 통해 작업의 효율을 높여간다. 만약 조직도 개인처럼 경험이 쌓일수록 작업 효율이 향상된다면 조직의 학습 효과는 존재한다고 할 수 있을 것이다. 이처럼 경험을 쌓을수록 작업 효율과 생산성이 향상되는 정비례 관계를 통칭하여 '학습곡선'이라고 한다.

그동안 경영학자는 다양한 기업 및 조직의 데이터를 바탕으로 조직의 학습곡선의 실존 여부를 통계적으로 검증하는 실험을 해왔다. 그리고 많은 연구에서 학습곡선의 존재를 확인할 수 있었다.

최근에 이루어진 대표적인 연구로는 매사추세츠 공과대학의 레이

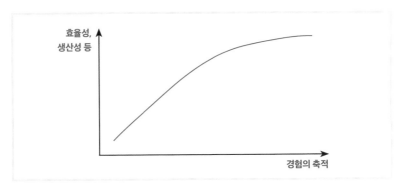

효율성,
생산성 등

경험의 축적

[그림1] 학습곡선

레이건스가 학습 조직 분야의 세계적 권위자인 카네기멜론 대학의 린다 아르고테, 그리고 노스웨스턴 대학병원의 다리아 브룩스 박사와 함께 2003년에 발표한 논문[*]이 있다.

이 연구에서는 특이하게도 외과 수술을 분석 대상으로 삼았다. 연구팀은 한 병원의 정형외과에서 시행하고 있는 팔꿈치와 골반 관절의 교체 수술에 주목했다.

이 병원의 정형외과는 규모가 커서 여러 수술팀이 같은 종류의 수술을 시행하고 있었다. 병원의 데이터를 수집하여 분석한 연구팀은 수술 방법의 편차가 크지 않은 관절 교체 수술에서도 수술팀에 따라 소요 시간에 큰 차이가 나타난다는 사실을 알았다.

데이터에 따르면 전체 수술팀의 평균 소요 시간은 3.6시간이었는

[*] Reagans, Ray, Linda Argote, and Daria Brooks. 2005. "Individual Experience and Experience Working Together: Predicting Learning Rates from Knowing Who Knows What and Knowing How to Work Together." Management Science 51(6): 869-881

데, 가장 빠른 팀은 불과 28분밖에 걸리지 않았다. 하지만 가장 느린 팀은 무려 11.5시간이나 걸렸다. 연구팀은 수술팀 간에 나타난 수술 소요 시간의 차이가 경험을 통한 학습과 관련이 있을 것이라고 생각했다.

이에 연구팀은 과거 이 병원에서 시행된 관절 교체 수술 데이터 1,151건을 입수한 다음, 수술팀 구성원 개개인의 경험 데이터를 반영한 통계분석을 실시했다. 그 결과 다음과 같은 사실을 알 수 있었다.

발견 ①　구성원의 교체 없이 수술을 반복할수록 해당 팀의 수술 시간은 단축된다. 분석 결과에 따르면 동일한 구성원이 10회의 수술을 경험할 때마다 수술 시간은 약 10분 단축된다. 즉 '팀' 차원의 학습곡선은 존재한다.

발견 ②　'병원' 차원의 학습곡선도 확인되었다. 분석을 통해 병원이 100회의 수술을 경험할 때마다 수술팀 전체의 평균 수술 시간이 34분 단축되었음이 확인되었다. 수술 경험이 늘어날수록 병원 차원의 노하우가 축적되어 각 수술팀에 학습 효과를 가져다주는 것으로 생각된다.

발견 ③　수술팀 구성원 개개인의 경험치가 팀의 퍼포먼스에 미치는 영향은 다소 복잡한 상관관계를 가진다. 먼저 구성원 개인이 축적한 수술 경험치가 어중간한 경우에는 오히려 소속팀의 수술 시간을 늘리는 결과를 초래했다. 어느 정도 경험이 쌓인 구성원에게는 수술할 때 많은 역할이 부여되기 때문에 일시적으로 작업 효율이 떨어지는 현상이 나타나는 것으로 생각된다. 그러나 그보다 더 많은 개인적 경험이 축적되면 소속팀의 수술 시간은 짧아진다. 즉 개인의 경험은 단기적으로는 팀의 퍼포먼스에 악영향을 미치지만 중장기적으로는 긍정적인 영향을 미친다는 것을 알 수 있다.

참으로 흥미로운 결과이지 않은가? 이 연구 결과를 통해 학습 조직이 다양한 차원의 조직에서 관찰되는 것을 알 수 있다. 수술팀 구성원의 개인적 경험의 축적, 동일한 구성원이 작업을 반복하는 팀 차원의 경험, 그리고 병원이라는 조직 차원의 경험, 이 모두가 수술의 퍼포먼스에 영향을 미치는 것이다.

물론 병원뿐 아니라 일반 기업을 대상으로 하는 학습곡선 연구도 많이 이루어지고 있다.

최근에 이루어진 연구로는 캘리포니아 대학 로스앤젤레스 캠퍼스의 마빈 리버만과 플로리다 국제대학의 나타라잔 발라수브라마니안이 2010년에 발표한 논문[*]이 있다. 연구팀은 미국 내 55,000개 제조업체의 1973년부터 2000년까지의 데이터를 바탕으로 시설의 제조경험을 반영한 생산함수를 추산하여 기업의 학습곡선을 측정했다.

그리고 어떤 산업에서 특히 기업의 학습 효과가 높은지에 주목했다. 그 결과 (1)미국은 모든 산업에서 기업의 학습곡선(학습 효과)이 나타나며 2)학습 효과가 높은 기업은 이익률도 높은 경향이 있을 뿐만 아니라 (3)단 산업에 따라 학습 효과의 차이가 크다는 점을 밝혀냈다.

---

[*] Balasubramanian, Natarajan, and Marvin B. Lieberman "Industry Learning Environments and the Heterogeneity of Firm Performance." Strategic Management Journal 31(4): 390-412.

참고로 분석 결과에 의하면 학습 효과가 가장 높은 산업은 컴퓨터 산업, 의약품 산업, 정유 산업 등이었으며, 반대로 학습 효과가 가장 낮은 산업은 가죽 가공 산업, 제사 산업, 제지 산업 등이었다.

'조직'의
기억력

이처럼 조직도 과거의 경험을 통해 학습한다는 것은 경영학자들 사이에 합의가 이루어진 사실이라고 할 수 있다.

그렇다면 과연 '어떤 조직'의 학습 효과가 더 뛰어날까?

사실 이 물음에는 명쾌한 답을 제시하기가 어렵다. 왜냐하면 학습 조직이란 '조직이 새로운 지식을 습득하고 기억한 것을 조직 안팎으로 이동시키는 한편 여러 가지 지식을 조합함으로써 새로운 지식을 창조하는 일련의 과정'을 통칭하는 것이기 때문이다.(7장의 학습 조직에 관한 내용 참고)

이 장에서는 '조직의 기억력'이라는 주제에 초점을 맞추고자 한다.

기억력이 좋은 사람도 있고 나쁜 사람도 있다. 마찬가지로 조직도 기억력이 좋은 조직과 그렇지 않은 조직이 있으며, 이러한 특성은 조직의 학습 효과에 큰 영향을 미친다. 그렇다면 조직의 기억력에 차이가 생기는 이유는 무엇일까?

먼저 생각해봐야 할 문제가 있다.

그것은 '인간 기억의 메커니즘'과 '조직 기억의 메커니즘'이 어떻게 다른가 하는 것이다.

예컨대 100명이 새로운 지식을 학습한다고 생각해보자. 이때 100명이 개별적으로 학습하여 습득한 지식을 모두 합친 지식의 총량과 100명이 하나의 조직을 형성하여 학습하는 경우에 얻은 지식의 총량은 과연 어느 쪽이 더 많을까? 다시 말해 인간이 조직을 이루면 기억의 효율은 높아질까, 아니면 오히려 떨어질까?

이 중요한 물음에 경영학자가 내놓은 대답 중 하나가 바로 '분산기억'이라는 개념이다.

분산
기억

분산기억은 최근 학습 조직 분야에서 매우 중요시되는 개념으로, 개인의 기억 메커니즘과 조직의 기억 메커니즘의 차이를 설명하는 데에 결정적인 역할을 한다.

분산기억의 기본 내용은 아주 간단하다. 조직의 기억력에 있어 중요한 것은 조직 전체가 무엇을 기억하고 있는가가 아니라, 조직의 구성원이 서로 '누가 무엇을 알고 있는지'를 아는 것이다.

영어로 표현하면 조직의 기억력에 중요한 점은 'What(무엇을 알고 있는가)'이 아니라, 'Who knows what(누가 무엇을 알고 있는가)'이라는 것이다. 바로 이 'Who knows what'이야말로 조직의 기억과 개인의 기억을 구분하는 중요한 열쇠다.

인간의 기억력에는 한계가 있다. 그렇기 때문에 100명이 동시에 같은 지식을 기억하는 것은 매우 비효율적이다.

그래서 사람들은 자연히 자신의 전문 지식만을 기억하는 방법을 택한다. 이를 기업에 비유하면 재무 담당은 재무 지식에 밝고, 영업 담당은 고객의 동향을 기억하며, 상품 개발 담당은 기술 관련 지식을 습득하는 것과 같다.

인간이 조직을 형성하여 학습했을 때 지니는 강점 중 하나는 이처럼 구성원 개개인이 각 분야의 전문가로서 수준 높은 지식을 기억할 수 있다는 것이다.

그러나 보다 중요한 것은 개인 안에 내재되어 있는 전문 지식을 조직이 효과적으로 활용할 수 있느냐 하는 것이다. 아무리 풍부한 전문 지식이 축적되어 있다 한들 필요한 순간에 곧바로 활용하지 못한다면 아무런 의미가 없다.

조직의 구성원이 서로 '누가 무엇을 알고 있는지'를 파악하지 못한다면 자신의 전문 분야 이외의 지식을 얻는 데에 많은 시간이 걸리기 때문에 조직의 기억 효율은 떨어지고 만다. 반대로 '이 문제는 그 사람에게 물어보면 된다'는 식의 '지식의 인덱스카드'가 조직 내에 형성되어 있다면 조직의 기억 효율은 높아질 것이다.

개인은 분산기억을 가질 수 없기 때문에 분산기억의 존재 여부가 개인과 조직의 기억 메커니즘을 구분하는 결정적인 차이점이라고 할 수 있다. 따라서 조직의 기억력을 비약적으로 끌어올리기 위해서는 무엇보다도 분산기억을 잘 활용하는 것이 중요하다.

연인과 남남,
어느 쪽의 기억력이 더 좋을까?

분산기억을 처음으로 개념화한 연구는 하버드 대학에 재직 중인 사회심리학자 다니엘 웨그너가 1987년에 발표한 논문[*]이었다. 이후 사회심리학과 조직이론 분야의 많은 연구자는 분산기억이 그룹 및 조직의 학습에 미치는 영향을 연구하게 되었다.

대표적인 연구 방법은 '실험'을 통해 알아보는 것이다. 보통 '실험'이라고 하면 샬레에서 미생물을 배양하거나 현미경으로 세포를 들여다보는 장면을 상상하지만 경영학자의 실험은 조금 다른 방식으로 이루어진다.

경영학 가운데서도 주로 사회심리학을 바탕으로 하는 '미시조직론'이라는 분야에서는 특정한 조건을 설정하여 인간 집단으로 하여금 특정한 행동을 하도록 한 다음 그 결과를 분석하는 방식으로 실험을 진행한다.

조금 오래된 연구이기는 하지만 앞서 언급한 웨그너와 드폴 대학

---

[*] Wegner, Daniel M. "Transactive Memory: A Contemporary Analysis of the Group Mind." In B. Mullen and G. R. Goethals (eds.), Theories of Group Behavior (pp.185-208).NewYork:Springer-Verlag,1986.

의 랄프 어버, 뉴욕 대학의 폴라 레이몬드가 1991년에 발표한 분산기억의 흥미로운 실험[*]을 소개한다.

연구팀은 이 실험에서 무척 재미있는 상황을 설정했다.

그들은 먼저 교제 기간 3개월 이상인(평균 교제 기간 1년) 남녀 커플 59쌍, 118명을 실험 대상으로 모집했다.

그 가운데 절반은 그대로 두고 나머지 절반은 무작위로 짝을 바꾸어 난생 처음 만나는 사람끼리 짝을 이루도록 했다. 그러고는 다음과 같은 규칙 아래 커플 단위의 '기억력 게임'을 실시했다.

먼저 각 커플에게 과학, 음식, 역사, TV 프로그램 등 7가지 주제의 글을 나누어주고 각 커플을 구성하는 남녀가 각자의 판단으로 자신이 맡을 주제를 선택하도록 했다. 그런 다음 일정 시간 동안 각 주제와 관련된 글을 읽고 그 안에 등장하는 단어를 기억하도록 했다.

이 게임의 포인트는 주제를 선택할 때 서로 의견을 교환할 수 없다는 것이다. 두 사람은 상대가 어떤 주제의 단어를 기억하고 있는지 알 수 없다. 단어를 기억하는 동안에도 두 사람은 대화할 수 없다.

그런 다음 각 커플은 얼마나 많은 단어를 정확하게 기억하고 있는지 테스트를 받는다. 커플의 기억력은 두 사람의 점수를 합산하여 평가한다. 주제를 선택하고 기억하는 것은 개인의 몫이지만 기억력 평가는 두 사람의 점수를 합산하여 이루어진다. 이렇게 함으로써 커플

차원에서 노력해야 할 동기를 부여하는 것이다.

그런데 연구팀은 여기에 재미있는 설정 하나를 추가했다. 그들은 실제로 교제 중인 커플과 남남으로 이루어진 커플을 다시 각각 반으로 나누었다. 그리고 이렇게 나뉜 커플 중 한쪽에는 특정 주제를 지정하여 단어를 기억하도록 했다.(예컨대 남성에게는 역사, 음식, TV 프로그램을, 여성에게는 나머지 주제를 배정하는 식으로)

59쌍의 남녀 커플은 다음과 같은 4가지 유형으로 분류했다.

① 실제로 교제 중이며 주제를 지정받지 않은 커플
② 서로 모르는 사이며 주제를 지정받지 않은 커플
③ 실제로 교제 중이며 남녀가 각각 기억해야 할 주제를 지정받은 커플
④ 서로 모르는 사이며 남녀가 각각 기억해야 할 주제를 지정받은 커플

이렇게 네 그룹으로 나뉜 커플의 기억력 게임 결과는 어떻게 나타났을까?

분산기억 능력을
소유한 연인들

먼저 유형①과 유형②의 커플을 비교했을 때는 유형①의 기억력이 더 좋은 것으로 나타났다. 주제를 지정받지 않은 경우에는 실제로 교제 중인 커플이 남남으로 이루어진

커플보다 좋은 기억력을 보인 것이다.

이 실험이 흥미로운 이유는 유형③과 유형④의 커플을 비교한 결과 때문이다. 이번에는 정반대의 결과가 나왔다. 미리 기억해야 할 주제를 지정받은 경우에는 유형③에 해당하는 교제 중인 유형④ 커플의 기억력이 크게 떨어진 반면, 오히려 남남으로 이루어진 커플의 기억력이 훨씬 높게 나타난 것이다.

이 결과는 무엇을 의미하는 걸까?

본래 연구팀이 실험을 통해 증명하고자 했던 가설은 '일정 기간 교제한 커플은 자연스럽게 분산기억 능력을 가지게 된다'였다.

교제를 시작하고 어느 정도 시간이 흐르면 서로가 무엇을 잘 알고 무엇을 잘 모르는지를 자연스럽게 알게 된다.

남성은 영화에 관한 지식이 풍부하고, 여성은 레스토랑 정보에 관심이 많은 커플이 있다고 가정해보자.

어느 날 여성이 재미있는 로맨틱 코미디 영화가 보고 싶으면 그녀는 영화 지식에 해박한 남자친구에게 영화 추천을 부탁할 것이다. 반대로 남성이 문득 맛있는 이탈리안 요리가 먹고 싶어진다면 레스토랑 정보를 열심히 수집하는 여자친구에게 물어볼 것이다. 이것이 바로 'Who knows what', 즉 분산기억이다.

이렇듯 개인으로 구성된 커플, 팀, 조직 등은 서로를 알수록 '상대가 무엇을 잘 알고 있는지'를 파악한다. 즉 분산기억을 자연스럽게 형성하게 된다는 것이 연구팀의 주장이다.

실제로 교제 중인 커플은 실험에서 7가지 주제를 부여받았을 때

'상대가 과학과 TV 프로그램을 잘 알고 있으니 나는 역사와 음식을 중점적으로 기억해야겠다'는 식의 생각을 하게 된다. 따라서 단어를 기억하는 동안 상대와 주제에 대해 의논할 수 없다 하더라도 암묵적인 동의를 통해 상대가 잘 아는 분야를 제외하고 자기가 잘 아는 분야만 기억하려는 현상이 나타난다. 그 결과 실제로 교제 중인 커플이 더 많은 단어를 외울 수 있었던 것이다.

그런데 이렇게 자연스럽게 형성된 분산기억에 외부에서 강제로 역할을 분담하는 틀을 짜넣으면 어떻게 될까?

이것이 바로 실험에서 '주제를 지정해준 경우'에 해당한다.

자연스럽게 형성된 분산기억에 새로운 틀을 짜넣으면 이 둘의 힘겨루기 때문에 효율이 떨어지고 그 결과 커플의 기억력은 크게 떨어진다. 반면 애초에 분산기억 능력이 없는 남남 커플은 지정된 주제에만 의지하여 기억하면 되기 때문에 분산기억의 왜곡이 발생한 실제 커플보다 훨씬 뛰어난 기억력을 가질 수 있는 것이다.

분산기억의
전문성과 정확성

그러나 위의 연구 결과는 어디까지나 실험에 의한 것이다. 따라서 실제 사회에서는 어떤 조직이 분산기억 능력을 가지고 있는지, 어떤 조직이 분산기억 능력을 제대로 발휘하고 있는지 검증할 필요가 있다.

이와 관련하여 펜실베이니아 주립대학의 존 오스틴이 2003년에 발표한 논문*을 살펴보자. 오스틴은 스포츠 용품업체를 조사한 데이터를 바탕으로 통계분석을 실시했다.

이 기업의 모든 제품의 생산라인은 각각 27개의 작업 그룹으로 구성되어 있었다. 오스틴은 작업 그룹을 구성하는 263명 전원에게 '각자 어떤 기능을 가지고 있는지', '그룹 내 다른 구성원은 어떤 기능과 지식을 가지고 있는지'를 질문했다. 자기평가 및 타자평가 데이터를 조사한 것이다.

오스틴은 이러한 조사를 통해 얻은 데이터를 글거로 분산기억의 몇 가지 지표를 작성했다.

그는 취합한 데이터를 바탕으로 그룹의 각 구성원이 다른 구성원과 차별되는 기능을 가지고 있는가를 계산하여 이를 '전문성 지표'로 삼았다.

또한 그룹 내의 다른 구성원에 의한 평가인 타자평가와 자기평가가 얼마나 일치하는지도 체크했다. 자기평가와 타자평가의 일치도가 높을수록 그만큼 주위 사람이 그 사람의 능력을 정확하게 파악하고 있다는 뜻이므로 'Who knows what', 즉 분산기억의 정확성이 높다고 할 수 있다.

나아가 오스틴은 각 그룹의 작업 퍼포먼스를 기업 내 평가 그룹과

---

* Austin, John R. 2003. "Transactive Memory in Organizational Groups: The Effects of Content, Consensus, Specialization, and Accuracy on Group Performance." Journal of Applied Physiology 88(5): 866-878.

다른 팀의 평가를 바탕으로 작성하여 이 '퍼포먼스 지표'와 '분산기억 지표'와의 관계를 통계적으로 분석했다.

그 결과 분산기억은 그룹의 퍼포먼스에 긍정적인 영향을 미친다는 점과 그중에서도 분산기억의 '전문성'과 '정확성'이 중요하다는 사실을 알았다. 분산기억을 효율적으로 활용하기 위해서는 조직의 각 구성원이 전문성을 추구해야 하며, 다른 구성원이 어떤 지식을 가지고 있는지를 정확하게 파악하는 것이 중요하다는 것이다.

아직까지는 오스틴처럼 실제 기업의 데이터를 활용하는 연구가 충분히 이루어지지 않고 있다. 따라서 오스틴의 연구 결과가 과연 모든 조직에 해당하는지, 분산기억을 향상시키기 위해서는 어떠한 조건이 필요한지 등의 연구는 앞으로 활발히 이루어져야 한다.

분산기억이 발달된
조직이란

지금까지 살펴본 내용을 정리하면 다음과 같다.

- 여러 실증 연구를 통해 조직도 과거의 경험을 바탕으로 학습한다는 사실이 확인되었다.
- 학습 속도는 조직 및 산업별로 차이가 있다.
- 분산기억을 활용하는 것이 조직의 기억력을 높이는 데에 도움이 된다는 주장

이 있다.

- 친분 관계를 통해 자연스럽게 형성된 분산기억을 강제로 왜곡하면 오히려 기억력을 떨어뜨릴 수 있다.
- 실제 사회에서 어떤 조직이 뛰어난 분산기억 능력을 가지는지 밝혀내는 것이 앞으로의 연구 과제다.

현재로서는 어떤 조직이 뛰어난 분산기억을 갖고 있는지 알기 위해 경영학자의 보다 진전된 연구 성과를 기다리는 수밖에 없다.

하지만 지금까지 살펴본 내용을 종합하는 것만으로도 조직을 구성하는 데에 도움이 되는 힌트를 얻을 수 있을 것이다. 이제부터는 내 생각을 간략하게 말하겠다.

먼저 분산기억이라는 개념은 조직 구성원 간에 정보를 공유하는 것이 얼마나 중요한지 시사한다. 그러나 그보다 더 중요한 것은 철저히 'Who knows what'에 입각한 정확한 정보 공유가 이루어져야 한다는 것이다.

비즈니스 서적을 읽다 보면 '정보의 공유화'라는 표현이 자주 눈에 띄는데 이는 자칫 조직 구성원 전원이 동일한 정보를 가지고 있어야 한다는 뜻으로 오해하기 쉽다. 그러나 지금까지 살펴본 바와 같이 조직 구성원 전원이 동일한 지식을 공유하는 것은 오히려 효율을 떨어뜨리기 때문에 이른바 '지식의 인덱스카드'를 조직의 모든 구성원이 정확하게 파악하고 있는 것이 중요하다.

기업의 정보 인프라에서도 '지식의 인덱스카드'와 같은 역할을 하는 요소를 찾을 수 있다. 그러한 요소를 잘 활용한다면 조직의 기억력을 더욱 향상시킬 수 있을 것이다.

그러나 무엇보다 강조하고 싶은 것은 구성원 간에 '서로 무엇을 알고 있는지' 자연스럽게 인식할 수 있는 분위기를 만들어야 한다는 점이다.

웨그너의 실험에서도 알 수 있듯이 인간은 서로 친분을 쌓으면 자연스럽게 분산기억을 형성한다. 하지만 규모가 큰 기업은 모든 직원 간에 두터운 친분을 쌓기가 어렵기 때문에 분산기억을 형성하는 것이 쉽지 않다. 그렇다고 해서 분산기억이 어설프게 형성되어 있는 조직에 제도적으로 기억을 분담시킨다면 웨그너의 실험처럼 오히려 분산기억과 시스템이 서로 충돌하여 조직의 기억력이 크게 떨어질 가능성이 있다.

따라서 제도적 틀에 억지로 끼워 맞추기보다는 직원들이 자연스럽게 'Who knows what'을 의식할 수 있는 조직 문화를 만들어 나가는 것이 무엇보다 중요하다.

이런 의미에서 대기업은 뛰어난 분산기억을 가지고 있다. 대기업의 중요한 경영 자원은 풍부한 정보량이다. 전 세계를 무대로 다양한 사업을 전개하는 대기업은 그 특성상 직원 개개인이 해당 분야의 전문가로서 해박한 지식을 보유하고 있다.

그리고 나는 개인적으로 대기업 내에는 '이 일은 그 사람에게 물어보면 자세히 알려줄 것이다'라는 인식이 조직 전체에 퍼져 있다는 인상을 받는다.

예컨대 에너지 공급 설비를 담당하는 부서가 해당 에너지를 활용하여 새로운 화학제품을 개발하는 계획을 세웠다고 가정해보자. 이에 대한 사업화를 검토하기 위해서는 해당 부문의 미래 수요를 예측할 필요가 있을 것이다. 이때 만약 '새로운 화학제품의 수요는 몇 층에 있는 어느 부서의 누가 잘 알고 있다'는 것을 파악하고 있었다면 그 사람을 찾아가는 것으로 문제는 해결된다. 실제로 대기업에는 다른 부서를 편하게 방문할 수 있는 분위기가 형성되어 있는 경우가 많다. 이처럼 조직 내에 분산기억이 자연스럽게 형성되어 있다는 점이야말로 대기업이 지금까지 높은 실적을 유지하는 비결이 아닐까.

그러나 이와는 정반대로 '바로 옆 부서에서 무슨 업무를 담당하는지도 잘 모르는' 기업이 수두룩한 것이 현실이다. 특히 '부문 중심주의Sectionalism'가 강한 기업일수록 이러한 경향도 강하다. 이러한 기업은 설사 직원 개개인이 뛰어난 지식과 경험을 가지고 있다 하더라도 그것을 조직 차원에서 제대로 활용하지 못하고 있을 가능성이 높다.

여러분이 소속된 회사에는 'Who knows what'이 얼마나 깊이 침투해 있고, 그것을 구성원이 얼마나 의식하고 있는지 생각해보라.

chapter

06

'그럴 듯한 경영 효과'에
넘어가지 않으려면?

.

| 연구 방법론이 일깨워주는 경영 분석 실천의 교훈 |

여러분이 기업 경영에서 정말 알고 싶은 것은 결국 기업의 실적을 높이는 방법일 것이다. 그리고 아마도 여러분은 그 해답을 얻기 위해 '경영 효과'에 관한 다양한 정보를 모으고 있을 것이다.

만일 '어떤 경영 기법을 도입한 기업이 3년 만에 그렇지 않은 기업에 비해 무려 20%나 매출이 향상되었다'는 정보를 접했다면 아마도 여러분은 해당 경영 기법의 도입을 검토하기 시작할 것이다.

혹은 경영컨설턴트로부터 그가 제안하는 경영전략의 효과를 나타낸 도표를 제시받는 경우도 있을 것이다. 한쪽 축에는 여러 기업의 실적을, 다른 축에는 이들 기업이 취한 전략을 나타내는 그래프를 통해 해당 경영전략이 실적 개선에 얼마나 효과적인지를 보여주는 것이다.

또한 경영기획실이나 조사부와 같은 사내 부서에서 실적이 뛰어난 경쟁사는 어떤 경영전략을 취하고 있는지 알아보는 벤치마크 조사를 실시하는 경우도 있다.

이 모두는 특정 경영전략의 조사 결과를 토대로 그 효과의 '유무'를 밝히는 것을 목적으로 한다.

이런 식의 경영 효과 분석은 구체적인 데이터를 결과로 제시하는 경우가 많기 때문에 언뜻 보기에는 아주 설득력 있게 보인다. 그런데 혹시 '새로운 기법을 도입한 경쟁 기업의 실적이 20%나 향상되었다'라는 이야기를 듣고서 '과연 정말일까? 내 생각에 그 정도는 아닌 것 같은데'라고 의심해본 적은 없는가?

경영학의 관점에서 보았을 때 여러분의 직감은 틀리지 않았을 가능성이 높다.

나는 지금 여러분이 비즈니스 서적이나 사내 부서, 혹은 컨설턴트에게 속고 있다는 이야기를 하는 것이 아니다.

하지만 비즈니스 서적이나 사내 부서에서 주장하는 '경영전략의 효과'는 사실 그들의 주장만큼 대단한 것이 아닐 가능성이 높다.

뿐만 아니라 실제로는 그 전략이 실적에 악영향을 끼치고 있음에도 마치 긍정적인 영향을 미치는 것처럼 보이는 경우마저 있을 수 있다. 심지어 전략을 분석한 당사자들조차 이러한 사실을 모르고 있을지도 모른다.

이는 현대 경영학의 연구 방법이 가지고 있는 문제와도 깊은 관련이 있다.

과연 무엇이 문제일까? 경영 효과에 관한 잘못된 정보를 가려내려면 어떻게 해야 할까? 이 장에서는 바로 이런 문제를 생각해본다.

경영전략 연구 방법의 이슈를 소개하고 그것이 의미하는 바를 설명하는 동시에 '그럴 듯한 경영 효과'에 넘어가지 않으려면 어떻게 해야 할지 생각해보자. 전반부는 통계학의 이야기로 복잡한 수식 등은 전혀 사용하지 않았다.

경영전략 효과의 검증

먼저 연구 방법부터 살펴보자. 2장에서 언급한 것처럼 세계의 경영학자 사이에서는 통계학에 의거한 분석 방법이 널리 이용된다.

이미 말한 대로 세계의 경영학은 어떤 경영 법칙이 대다수 기업에 일반적으로 적용되는지 살피는 것을 아주 중요하게 생각한다. 따라서 가능한 많은 기업의 데이터를 수집하여 경영 법칙의 보편성을 통계적으로 검증하는 과정이 무척 중요하다.

경영전략론 연구에서 가장 널리 이용되는 통계 방법은 회귀분석이다. 회귀분석은 일반적인 통계학에서 독립하여 계량경제학이라는 분야에서 비약적으로 발전해왔다. 여기에서는 핵심 내용만을 간략히 설명하겠다. 회귀분석이란 쉽게 말해 'A가 B에 영향을 미칠 가능성이 있는지'를 통계적으로 검증하는 것이다.

예컨대 여러분이 '기업의 다각화 전략은 이익률에 긍정적인 영향을 미친다'라는 가설을 세웠다고 하자.

다음으로 여러분이 해야 할 일은 일정 규모의 기업 샘플, 예컨대 1,000개 기업의 다각화 정도와 이익률 데이터를 수집하는 것이다. 이와 더불어 다각화 외에도 이익률에 영향을 미칠 수 있는 요인, 즉 해당 시기의 경기 동향, 산업 특성, 기업 규모 및 나이(창립 후 존속 기간) 등의 데이터를 수집한다.

그 다음 '다각화가 이익률을 좌우한다'는 가설을 검증하기 위해 통계 프로그램을 설정하여 회귀분석을 실시한다. 만약 다각화라는 변수에 통계적으로 의미를 지니는 긍정적인 효과가 나타난다면 그 가설은 '검증되었다'고 할 수 있다.(보다 정확하게는 '다각화가 이익률에 영향을 미치지 않는다는 귀무가설은 기각되었다'는 표현을 써야 하지만 여기에서는 이해하기 쉽도록 '검증되었다'라는 표현을 사용했다)

그동안 세계의 경영학자는 어떤 전략을 취해야 기업 실적이 향상되는지를 밝혀내기 위해 수만 혹은 수억 번의 회귀분석을 실시한 실증 연구를 보고했다. 이처럼 통계분석을 통해 특정 법칙이 반복적으로 검증되는 과정을 거침으로써 경영학자는 해당 법칙의 진리 여부에 합의를 도출한다.

이와 관련하여 해외에 자회사를 설립하는 방법과 그에 따른 해당 자회사의 성과가 어떤 차이를 보이는지에 대한 연구를 예로 들어보자.

기업이 해외에 자회사를 설립하는 데에는 자기자본을 들여 새로운 회사를 설립하는 방법과 현지 기업을 인수하여 자회사화하는 방법이 있다. '자기자본으로 설립하는 경우와 기존 회사를 인수하는 경우 중 어느 쪽이 해당 자회사의 퍼포먼스에 긍정적인 효과를 미치는가'는 경영학자에게 매우 중요한 연구 주제다.

연구자들은 방대한 데이터를 바탕으로 회귀분석을 거듭한 끝에 '기타 조건이 같다면 인수보다는 자기자본으로 설립한 경우가 해외 자회사의 퍼포먼스 향상에 도움이 되는 것으로 보인다'는 결과를 얻었다.

정확하게 말하면 적어도 1998년까지 경영학자들은 회귀분석 및 그 결과를 옳다고 믿었다.

1998년 이전의 연구는
모두 틀린 것일까?

미네소타 대학의 스타 교수 마일스 쉐이버가 1998년에 발표한 논문*은 현대 경영전략론 연구에 큰 충격을 주었다. 쉐이버의 메시지는 명쾌했다. 그는 '경영전략이 실적에 영향을 미치는 효과(=경영 효과)'를 회귀분석한 기존 연구가 대부분 틀렸을 가능성이 있다고 지적했다.

그동안 축적되어 온 연구 결과를 정면으로 부정한 셈이니 이 논문

---

* Shaver, J. Myles. 1998. "Accounting for Endogeneity When Assessing Strategy Performance: Does Entry Mode Choice Affect FDI Survival?" Management Science 44(4): 571-585.

이 당시 경영학자들 사이에 얼마나 큰 파장을 일으켰을지는 쉽게 상상할 수 있을 것이다. 그러나 지금은 쉐이버의 지적에 모든 경영학자가 동의한다.

그럼 이 장의 주제이기도 한 쉐이버의 논문에 담긴 핵심 내용을 살펴보겠다.

'해외에 자회사를 설립하는 경우 인수보다는 자기자본으로 설립하는 편이 더 좋은 실적을 낸다'는 가설에 다시 한 번 주목해보자.

이 가설과 관련하여 쉐이버는 왜 해당 기업이 애초에 자기자본을 선택했는지에 주목해야 한다고 주장한다.

'자기자본인가, 인수인가'는 전략적 의사결정이기 때문에 거기에는 의사결정에 영향을 미치는 다른 요인이 존재하게 마련이다. 이를테면 이 기업이 독자적인 기술을 보유하고 있을 경우, 그 기술이 인수 대상 기업으로 유출될 가능성을 배제하기 위해서라도 인수가 아닌 자기자본을 선택했을 가능성이 있다는 것이다. 혹은 진출국의 사업 환경이 불안정하여 적당한 인수 대상을 찾지 못했을 가능성도 생각할 수 있다.

〈그림1〉은 이러한 인과관계를 정리한 것이다.

우리가 처음 관심을 가진 부분은 '자기자본을 선택한 것이 실적에 좋은 영향을 미치는가' 하는 점이었다. 그리고 쉐이버 이전의 논문들은 회귀분석을 통해 그 효과가 화살표 A와 같은 형태로 확인되었다고 주장했다.

그러나 이 주장은 앞에서 말한 바와 같이 '인수가 아닌 자기자본'

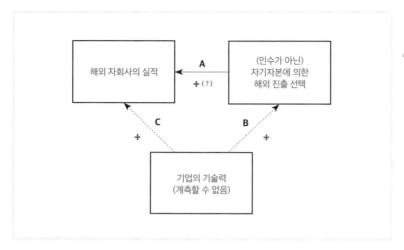

[그림1] 해외 진출 방법의 선택과 그에 따른 자회사의 실적

이라는 전략적인 선택 자체가 무언가 다른 요소의 영향을 받았을 가능성을 간과하고 있다.

생각해보면 이는 지극히 당연한 이치다. 전략적 의사결정에는 그러한 선택을 내릴 수밖에 없는 이유가 존재한다.

만일 다른 요소가 전략적 의사결정에 영향을 미쳤다면 우리는 그인과관계를 나타내는 화살표 B를 그림에 추가해야 한다. 앞에서 예로 들었던 것처럼 '뛰어난 기술력'이 여기에서 말하는 다른 요소라면 인수 대상 기업으로 기술력이 유출되는 일을 미연에 방지하기 위해 자기자본을 선택했을 가능성이 높다.

다시 말해 '자기자본의 선택'은 '뛰어난 기술력'의 영향을 받았다고 할 수 있다.

여기에서 더욱 중요한 것은 '뛰어난 기술력'이 '자회사의 실적'에도 영향을 미쳤을 가능성이 있다는 점이다.

뛰어난 기술력을 가진 기업은 당연히 해외에서도 좋은 실적을 거둘 가능성이 높다. 따라서 이 둘을 연결하는 화살표 C도 그림에 추가해야 한다. 그리고 그 영향은 '플러스'로 나타내야 한다.

본래 이 인과관계의 전체 구조를 파악하기 위한 출발점은 '자기자본의 선택'이 아닌 '뛰어난 기술력'이 되어야 한다. 그런데 이 '뛰어난 기술력'이라는 요인이 자기자본의 선택과 해외 자회사의 실적 모두에 긍정적인 영향을 미치기 때문에 사실은 아무 관련이 없음에도 마치 '자기자본의 선택'이 실적에 긍정적인 영향을 미치는 것 같은 착각을 일으키는 것이다.

내생성
문제

이것이 바로 문제의 본질이다. 계량경제학에서는 이를 '내생성內生性 문제'라고 말한다.

정확한 용어를 사용하자면 이 경우는 '회귀분석의 설명변수와 오차항에 상관관계가 있어 회귀분석의 유효성을 결정하는 중요한 조건을 충족하지 못한다'고 표현할 수 있다. 이러한 전문용어는 차치하고 요점만 말하면, 화살표 B와 화살표 C를 간과함으로써 실제로는 존재하지 않는 화살표 A가 마치 매우 중요한 경영 효과인 것처럼 과대평가되고 말았다는 것이다.

계량경제학에서는 오래전부터 이러한 문제를 해결하기 위한 방법을 모색해왔다. 그러나 계량경제학을 '빌려 쓰고' 있는 경영전략론에서는 내생성 문제에 대응이 늦어지고 있는 것이 사실이다. 쉐이버가 논문을 발표한 1998년까지만 해도 대다수 경영학자는 이 문제에 관심조차 없었다.

그러나 이것이 경영전략론에서 얼마나 중요한 문제인지는 굳이 설명이 필요치 않다. 왜냐하면 이 분야의 관심은 경영전략이 실적에 미치는 효과를 분석하는 데에 있다는 것이 분명하기 때문이다.

다각화 전략, 국제화 전략, 경쟁 전략 등 모든 전략이 실제로 실적에 영향을 미치는지 통계적으로 검증하는 것은 매우 중요하다.

기업이 마치 제비뽑기하듯 무작위로 전략을 선택하는 경우는 없기 때문이다. 무언가 특별한 이유가 있으므로 해당 전략을 선택했을 것이다. 즉 경영전략 분석은 본질적으로 내생성 문제를 품고 있을 가능성이 높다.

그렇다고 해서 1998년 이전의 연구가 모두 무의미하다는 뜻은 절대 아니다. 쉐이버 이전의 실증 연구 중에도 유효성을 지닌 연구는 많다. 그러나 적어도 '쉐이버 이전'의 논문이나 이후의 논문이라 하더라도 내생성을 고려하지 않았다면 해당 논문에서 주장하는 경영 효과는 과대평가되어 있을 가능성을 의심해봐야 한다.

이제는 쉐이버의 논문이 경영학자에게 얼마나 큰 충격을 가져다주었을지 짐작이 될 것이다.

하지만 뒤집어 생각하면 경영학자가 내생성 문제를 진지하게 고민하게 되었다는 점에서 쉐이버의 충격은 커다란 진전이라고도 할 수 있다. 이처럼 세계의 경영학자는 분석 방법의 정확도를 높임으로써 가능한 진리에 가까운 경영 법칙을 찾아내기 위해 노력하고 있다.

보이지 않는
요인을 배제한다

최근의 세계의 경영전략 연구에서는 내생성을 고려하지 않으면 안 된다. 내생성 문제를 최대한 배제하는 것이 최상위권 학술지에 논문을 게재하기 위한 필수 조건 중 하나라고 이야기될 정도다.

문제는 '뛰어난 기술력'과 같은 정보는 대체로 눈에 보이지도 않으며 계측하기도 어렵다는 점이다. 그래서 현대 경영전략론에서는 이처럼 눈에 보이지 않는 요인이 미치는 영향을 배제하기 위해 특별한 통계 방법을 사용한다.

쉐이버의 논문에서도 먼저 '자기자본에 의한 진출'이 어떤 요인의 영향을 받았는지 회귀분석으로 추정한 다음, 그 결과로부터 계산할 수 있는 '역밀비율IMR:Inverse Mills Ratio'(112~113쪽 – 감수자 주)이라는 지표를 화살표 A의 회귀분석에 접목시켜 내생성 문제를 배제했다.

이로써 쉐이버는 '자기자본의 선택'이 해외 자회사의 실적에 미치는 효과를 역밀비율로 배제할 수 있다는 사실을 증명한 것이다. 다시

역밀비율Inverse Mills ratio은 각각의 관찰값이 표본으로부터 배제될 순간적 확률(위험률)을 의미한다. 그리고 그 확률은 조건부 기대값$E[X|X>a]$으로 표현되며, 이러한 조건부 기대값은 라돈-니코딤Radon-Nikodym 정리에 따르면 확률밀도함수임을 알 수 있다.

이상과 같은 지표를 사용하는 이유는 '내생성' 문제를 해결하기 위함이다. 가장 대표적인 내생성 문제를 생각해보자. 미국, 호주, 캐나다 등은 세계에서 가장 높은 1인당 소득을 자랑하는 발전된 선진국이다. 반면 인도, 나이지리아 등은 영국의 식민지라는 점에서 공통점을 지닌다. 하지만 이들의 소득 수준은 세계 최저 수준을 벗어나지 못하고 있고, 또 발전의 속도도 안정적이지 않다. 이런 차이가 나타난 이유는 어디에 있을까?

이에 대해 다론 아세모글루Daron Acemoglu 등의 경제학자는 '제도'에 주목했다. 즉 영국의 선진 제도(의회 헌법, 재산권 보호 등)를 제대로 이식한 나라(미국, 캐나다, 호주 등)와 그렇지 못한 나라(인도, 나이지리아 등)의 차이로 보았다. 그러나 이 주장에는 한 가지 흠이 있다. 바로 '내생성'의 문제가 그것으로, 경제가 발전해서 좋은 제도가 나타났을 수도 있기 때문이다. 다시 말해 좋은 제도가 성장을 이끈 게 아니라, 경제 성장이 좋은 제도를 낳았을 수도 있다는 지적에 무력하다.

이 문제를 어떻게 해결할 수 있을까?

이 책에 나와 있는 '역밀비율' 같은 변수, 즉 도구변수를 사용하면 된다. 아세모글루 등은 유럽이 아프리카와 아시아 지역으로 영토를 넓히는 과정에서 몇 가지 유형의 식민지 정책이 있음에 주목했다. 첫째 유형은 북미나 호주처럼 선진국의 제도와 시스템이 완비되고, 또 유럽 사람이 대거 이주하는 것이다. 둘째 유형은 유럽 사람의 이주가 제한된 가운데 철저하게 식민지의 자원을 약탈하는 방식이다.

아세모글루 등은 이러한 식민지 정책의 차이가 유럽 사람이 그 지역에 거주할 수 있는 환경인지, 아닌지의 여부에 달려 있다는 가설을 세웠다. 즉 온대 지방의 쾌적한 기후를 가진 지역에는 유럽인이 많이 이주해서 유럽의 제도가 이식되고, 반대로 열대 혹은 한대 지방 등 18~19세기 유럽인의 사망률이 높았던 지역에는 유럽인이 이주하는 대신 그 지역의 자원을 약탈하는 식으로 식민 통치가 이뤄졌을 것이라는 이야기다.

이 아이디어를 가지고 아세모글루 등은 19세기 유럽인의 사망률 통계를 '도구

변수'로 사용했다. 다시 말해 19세기 유럽인의 사망률이 높은 지역은 현재에도 매우 낮은 소득을 올리고 있다는 사실에 주목했다. 19세기에 유럽인의 사망률이 높았던 것은 지금은 거의 문제가 되지 않는다. 왜냐하면 말라리아를 비롯한 치명적인 전염병에 대비(웅덩이에 대한 소독 등)가 되어 있고, 또 에어컨 시설을 완비해 얼마든지 노동생산성을 올릴 수 있기 때문이다.

그럼에도 19세기의 유럽인 사망률이 현재의 소득 수준과 연관을 맺고 있다는 것은 결국 유럽인의 정착 여부가 제도에 영향을 미치고, 이것이 다시 현재의 소득에 영향을 미쳤다는 것이 아세모글루 등의 주장이다. 물론 이 과정에서 2단계 최소자승법2SLS이라는 통계 기법을 이용하지만 이 부분의 설명은 생략한다.

_ 감수자 주

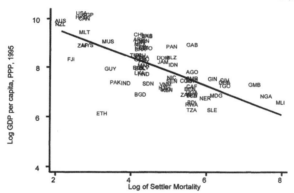

FIGURE 1. REDUCED-FORM RELATIONSHIP BETWEEN INCOME AND SETTLER MORTALITY

그림 설명: 세로축은 1995년 기준 1인당 GDP(PPP 기준), 가로축은 유럽인의 사망률을 나타내는데 19세기의 유럽인 사망률이 낮았던 나라(뉴질랜드, 호주, 미국 등)의 1인당 소득이 압도적으로 높은 것을 알 수 있다.
출처: Daron Acemoglu, Simon Johnson, and James A. Robinson, 『The Colonial Origins of Comparative Development: An Empirical Investigation』, the American Economic Review Vol. 91 No. 5 December 2001.

〈그림〉 19세기 유럽인의 사망률과 1995년 기준 1인당 국민소득의 관계

말해 통계적으로 내생성을 조절함으로써 그동안 굳게 믿어왔던 경영 효과에 관한 법칙이 실은 겉으로 보기에만 그러했다는 사실을 밝혀낸 것이다.

조절
효과

이번에는 조금 더 복잡한 인과관계를 반영한 경영 효과 분석 사례를 소개하겠다.

툴레인 대학의 더글라스 밀러는 2006년 '사업의 다각화는 기업 가치에 긍정적인 효과를 미치는가'라는 주제의 논문[*]을 발표했다.

〈그림2〉는 밀러가 제시한 가설을 간략하게 정리한 것이다.

최근 경영학자 사이에서는 '풍부한 지적 자산을 사업에 활용할 수 있는 기업은 사업의 다각화를 통해 시장 가치를 높일 수 있다'는 법칙에 대한 공감대가 형성되고 있다.

다시 말해 다각화가 기업 가치에 미치는 경영 효과(화살표 A) 자체가 '지적 자산'이라는 다른 요인의 영향을 받고 있다는 것이다.

이처럼 어떤 변수가 다른 변수에 미치는 효과(화살표 A)의 정도가 다시 다른 변수(지적 자산)에 의해 좌우되는 것을 '조절효과'라고 한다.

---

[*] Miller, Douglas J. 2006. "Technological Diversity, Related Diversification, and Firm Performance." Strategic Management Journal 27(7): 601-619.

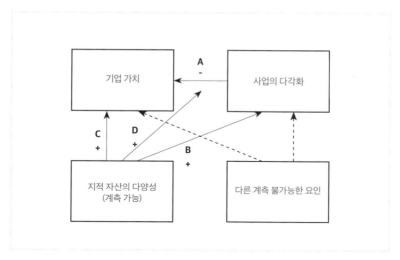

〔그림2〕 사업의 다각화가 기업 가치에 미치는 영향

그림에서는 화살표 D가 조절효과를 나타낸다. 만약 화살표 D가
'플러스' 값을 갖는다면 '다양한 지적 자산을 보유한 기업일수록 다각
화가 기업 가치에 긍정적인 영향을 미친다(=다각화가 기업 가치에 긍정
적인 영향을 미치는 조건 중 하나는 다양한 지적 자산을 보유하고 있는 것이다)'
라고 이해할 수 있다.

한편 사업의 다각화 자체는 전략적 의사결정이므로 앞에서 살펴본
쉐이버의 사례와 마찬가지로 이 의사결정에 영향을 미치는 다른 요인
이 존재할 것이다.

다시 말해 다양한 지적 자산을 보유한 기업은 그것을 활용하기 위
해 다각화를 추진하고자 할 것이므로 이러한 인과관계(화살표 B)도 고
려해야 한다. 물론 지적 자산이 기업 가치에 직접 영향을 미치는 경우

도 생각할 수 있다.(화살표 C) 또한 그 밖에 계측 불가능한 요인도 다각화 및 기업 가치에 영향을 미칠 수 있다.(점선 화살표)

밀러는 〈그림2〉에 표시된 관계를 검증하기 위해 미국의 747개 기업에서 유효 데이터를 입수하여 분석을 실시했다.

그중에서도 특히 주목해야 할 기업의 지적 자산은 각 기업의 특허 관련 데이터를 바탕으로 지적 자산의 대리변수를 만들어 분석에 적용했다.(특허 관련 데이터로 '기업의 지식'을 계측하는 문제는 7장을 참고) 또한 그 밖에 계측이 불가능한 요인에 의한 내생성 문제를 방지하기 위해 앞에서 이야기한 쉐이버와 비슷한 분석 방법을 이용했다.

이렇게 하여 밀러가 도출한 결과는 무척 흥미로웠다. 먼저 화살표 B는 '플러스(+)' 값으로 나타났다. 즉 다양한 지적 자산을 가진 기업 일수록 다각화를 추진하는 경향이 강했다. 화살표 C 역시 '플러스' 값으로 나타났다. 이는 다양한 지적 자산을 보유한 기업의 가치가 향상 되었음을 뜻한다.

그러나 보다 흥미롭게도 화살표 D는 예상대로 '플러스' 값으로 나타난 반면 화살표 A는 '마이너스(-)' 값으로 나타난 것이었다.

화살표 D가 '플러스'라는 결과는 '기업이 다각화를 통해 높은 실적을 얻을 수 있는 것은 그 기업이 다양한 지적 자산을 가지고 있는 경우에 한한다'는 조절효과를 뒷받침하는 것이다.

한편 화살표 A가 '마이너스'라는 것은 '다양한 지적 자산을 보유하고 있지 않으면 다각화는 오히려 실적에 악영향을 끼친다'는 것을 의미한다. 다각화가 기업 가치에 미치는 경영 효과는 지적 자산의 다양성에 의해 좌우된다는 결과가 나온 것이다. 이는 '경영전략의 효과를 분석할 때는 그것이 여러 다른 조건 하에서도 일관된 효과를 발휘하는지 신중히 살펴볼 필요가 있다'는 것을 의미한다.

밀러의 연구처럼 기업이 특정 조건을 충족시켰을 때만 경영전략의 효과가 나타나는 경우는 어렵지 않게 찾아볼 수 있다. 이러한 조절효과를 간과하면 마치 해당 경영전략이 모든 기업에서 효과를 나타낼 것 같은 착각을 불러일으키는 것이다.

경영 효과는 대체로
과대평가되었을 가능성이 크다

지금까지 살펴본 내용은 과연 무엇을 시사하는 것일까?

비즈니스 서적에서 '어떤 경영 방침을 취한 기업의 실적이 20%나 향상되었다'라는 내용을 읽거나 경영전략과 실적의 상관관계를 나타낸 그래프를 제시받았을 때 우리는 그것을 곧이곧대로 믿어야 할까?

물론 그렇지 않다.

어지간히 정확한 통계분석 방법을 사용하지 않는 한 '경영 효과'에 관한 많은 분석은 내생성과 조절효과가 고려되지 않았을 가능성이 높기 때문이다. 어떠한 경영전략이 실적 향상에 기여하는 것처럼 보일지라도 실제로는 제3의 요인이 작용하고 있을지도 모른다. 이런 내생성 문제를 간과하고 있다는 것은 곧 경영 효과가 과대평가될 가능성

역시 간과하고 있다는 뜻이기도 하다.

벤치마크 조사도 마찬가지다. 우리는 종종 '업계 1위인 회사는 ○○전략을 취해 실적이 향상되었다'는 벤치마크 조사 결과를 접하곤 한다. 그런데 혹시 '그 전략은 그 회사에서나 가능한 것이지, 우리 회사의 실정과는 맞지 않는다'는 생각을 해본 적은 없는가?

대부분의 경우 이런 생각은 옳을 확률이 높다. 해당 회사는 그만의 특별한 이유가 있기 때문에 그런 전략을 택했을 뿐만 아니라, 바로 그 특별한 이유 때문에 실적이 향상되었는지도 모르기 때문이다. 실제로 많은 벤치마크 조사가 내생성을 고려하지 않은 채 이루어지고 있다. 한편 그 회사만의 특수한 경영 자산 때문에 경영 효과가 발휘되었을 가능성도 있다. 이 경우는 조절효과를 고려하지 않은 것이다.

앞에서도 말했지만 나는 결코 비즈니스 서적의 내용이나 컨설턴트의 말을 믿지 말라고 말하는 것이 아니다.

나의 요점은 전략과 실적의 관계를 보여주는 데이터를 앞세운 경영 효과는 어쩌면 내생성이나 조절효과를 고려하지 않은 '그럴 듯한 경영 효과'일 수도 있다는 점을 항상 염두에 두어야 한다는 것이다. 다른 기업을 벤치마크할 때는 대상 기업의 전략과 실적을 안이하게 연결시키기보다는 그러한 전략을 선택하게 된 배경을 철저히 분석하여 혹시라도 다른 요인이 실적에 영향을 미치고 있지는 않은지 의심해봐야 한다. 또한 조건을 달리해도 해당 경영 효과가 항상 성립하는지도 살펴봐야 한다.

K마트가
문을 닫은 이유

'그럴 듯한 경영 효과'에 대한 의심 없이 그저 실적이 좋은 경쟁 기업의 흉내 내기에만 급급한 사례는 쉽게 찾아볼 수 있다.

대표적인 사례는 2000년대 초반 미국 할인점업계를 제패한 월마트에 도전장을 내밀었던 K마트의 몰락이다.

월마트의 성공 이유 중 하나가 철저한 저가 전략이라는 것은 업계 관계자라면 모두가 알고 있는 사실이었다. 또한 월마트가 이러한 저가 전략을 실현하기 위해 IT 시스템 구축에 거액을 투자했다는 것 또한 많은 사람이 알고 있었다. 이에 오랫동안 업계 1위 자리를 월마트에 내주어야만 했던 K마트는 찰스 코너웨이 회장의 지휘 아래 적극적인 IT 투자를 실시하고 과감한 저가 전략을 취하는 등 월마트와 맞서는 대항에 나섰다.

이 두 기업의 사례는 비즈니스 스쿨의 강의에 자주 인용되는데, 사실 월마트가 저가 전략을 실현할 수 있었던 배경에는 복잡하게 얽힌 인과관계가 깔려 있었다.

먼저 월마트가 대규모 IT 시스템을 구축하게 된 데에는 이를 통해 탄탄한 물류망을 관리함으로써 운영 효율을 획기적으로 끌어올리겠다는 계산이 깔려 있었다. 또한 월마트는 도시 근교를 중심으로 출점하는 K마트와는 달리 교외를 중심으로 점포를 늘려 나감으로써 타사

Chapter 06 · '그럴 듯한 경영 효과'에 넘어가지 않으려면?

와의 경쟁을 수월하게 피할 수 있었다. 나아가 소비자에게 'Everyday Low Price(상시 저가 판매)'라는 슬로건을 각인시킴으로써 광고비 지출을 줄일 수 있었다. 이러한 전략은 단순한 경비 절약에만 그치지 않았는데, 판촉 활동을 줄여 매출 변동폭을 제한하자 IT 시스템을 활용한 판매 예측의 정확도가 향상되는 동반 효과도 얻을 수 있었다.

이렇듯 월마트의 저가 전략은 여타 다양한 요인이 서로 긴밀한 영향을 주고받음으로써 성과를 거둘 수 있었다. 이러한 복잡한 인과관계의 이해 없이 저가 정책이나 IT 시스템 같은 일부 전략만을 무작정 따라한다고 해서 좋은 결과를 얻을 리 만무하다.

결국 K마트는 매출 부진과 자금난에 시달리다 2002년 연방파산법 11조를 신청하고 문을 닫아야 했다.

'그럴 듯한 경영 효과'에 현혹되지 않으려면

이처럼 우리가 평소 자주 접하는 '경영 효과'는 과대평가되어 있는 경우가 많다. 따라서 그럴 듯한 경영 효과에 현혹되지 않도록 주의해야 한다.

그러나 일반인이 내생성과 조절효과를 고려한 회귀분석을 활용해 가며 경영 효과를 일일이 검증하는 것은 현실적으로 쉽지 않다. 그렇다면 무언가 좋은 방법은 없을까?

지금부터 누구나 할 수 있으면서도 비교적 효과적인 두 가지 방법을 소개하겠다. 단 이는 어디까지나 개인적인 제안일 뿐 전체 경영학자의 의견은 아니라는 점을 밝혀둔다.

첫 번째 방법은 경영 효과 관련 데이터를 무조건 수용하기보다 스스로 인과관계를 나타내는 그림을 그려보는 것이다. 예컨대 앞서 나온 〈그림1, 2〉처럼 경영전략과 실적의 관계(화살표 A)뿐만 아니라 겉으로 보이지 않는 효과(화살표 B, C)는 없는지 면밀히 검토하여 그림으로 나타내는 것이다.

물론 현실 속 인과관계는 이 책의 그림보다 훨씬 더 복잡하다. 그래도 전략상 중요한 요소와 실적의 인과관계를 그림으로 정리해보면 해당 전략이 정말 실적에 영향을 미치는지, 또 비즈니스 서적이나 외부 전문가의 주장이 과연 옳은지를 보다 정확하게 검토할 수 있다.

두 번째 방법은 벤치마크 조사를 할 때 실적 1위의 기업만 조사하는 것이 아니라 실적이 좋지 않은 기업도 조사 대상에 포함시키는 것이다.

내 경험에 비추어볼 때 벤치마크 조사는 대부분 업계 1위를 비롯해 잘나가는 기업만을 분석 대상으로 삼는 경우가 많다. 그러나 지금까지 살펴본 바와 같이 이런 식의 벤치마크 조사는 내생성 문제를 간과할 수 있기 때문에 실적이 좋은 기업의 전략이 무조건 높은 평가를 받을 우려가 있다.

그러므로 실적이 안 좋은 기업도 조사 대상에 포함시켜 실적이 저조한 이유까지 살펴본다면 그럴 듯한 경영 효과를 배제하는 데에 매우 효과적이다.

또한 내생성 문제로 실적이 좋지 않은 기업의 전략은 오히려 과소평가되기 쉽다는 점에서도 실적이 좋은 기업과 그렇지 않은 기업을 비교함으로써 보다 객관적인 분석을 할 수 있다. 예컨대 실적이 좋지 않은 B기업이 실적 1위인 A기업과 같은 전략을 취한다면 어떻게 될지, 어째서 B기업은 A기업과 같은 전략을 취할 수 없는 것인지 등을 검토한다면 그럴 듯한 경영 효과를 배제할 수 있어 진정한 경영 효과에 한 발 더 다가설 수 있을 것이다.

지금까지 경영전략 연구의 방법론을 토대로 경영 효과를 검토할 때 주의해야 할 점을 알아보았다.

chapter

07

혁신의 필수 요건
'양손잡이 경영'

| 혁신을 연구하는 경영학자가 해결해야 할 과제 |

경영학에서 '혁신'만큼 흔하면서도 중요한 주제는 없다. '기업이 어떻게 하면 혁신을 일으킬 수 있는가'라는 물음에 답하기 위해 전 세계의 경영학자는 그동안 수많은 연구를 거듭해왔다. 그만큼 논문과 서적도 많이 발표되었는데 그중에서도 가장 유명한 서적은 클레이튼 크리스텐슨이 쓴 〈혁신기업의 딜레마The Innovator's Dilemma〉*이다.

혁신에 관한 연구 주제는 너무도 광범위하여 이 책에서 모든 것을 설명할 수는 없다. 그러나 세계의 경영학자가 중요하게 생각하는 '양

---

* 클레이튼 M. 크리스텐슨 〈혁신기업의 딜레마: 미래를 준비하는 기업들의 파괴적 혁신 전략〉(세종서적, 2009)

손잡이 경영'이라는 주제만큼은 그냥 지나칠 수 없다.

'양손잡이 경영'이란 말 그대로 오른손과 왼손을 모두 자유롭게 사용하는 사람처럼 기업을 경영한다는 뜻이다.

그런데 정확한 이유는 알 수 없으나 〈혁신기업의 딜레마〉만이 주목받고 '양손잡이 경영'이라는 개념은 잘 알려지지 않았다. 그러나 이 두 개념은 서로 깊은 관련이 있을 뿐더러 혁신과 관련하여 세계의 경영학자 사이에서 보다 많은 연구가 이루어지고 있는 주제는 오히려 '양손잡이 경영'이다. 바로 지금 하루가 다르게 연구가 진전되고 있는 주제이니만큼 비즈니스에 고민하고 있는 사람이라면 시사하는 바가 큰 영역이다.

그렇다면 '양손잡이 경영'이란 대체 무엇일까? 이것은 왜 중요하고, 어떻게 이를 실현할 수 있을까?

이 물음에 답하기에 앞서 지금까지 세계의 경영학자 사이에서 논의되어 온 혁신 연구의 기본부터 알아보자.

지식은 지식과 지식의 조합을 통해 탄생한다

기업 혁신이란 '기업이 혁신적인 기술이나 제품, 혹은 비즈니스 모델을 만들어내는 것'을 말한다. 그렇다면 혁신의 조건은 무엇일까?

이 단순하고도 심오한 질문에 세계의 경영학자가 합의를 이룬 대답이 하나 있다. 그것은 '혁신을 만들어내는 방법 중 하나는 이미 존재하는 지식과 지식을 조합하는 것'이다.

생각해보면 이는 아주 당연한 이야기다. 인간은 재료가 되는 지식이 전혀 존재하지 않는 상태에서는 새로운 지식을 만들어낼 수 없다. 마찬가지로 조직도 이미 존재하는 다양한 지식을 조합함으로써 새로운 지식을 창출할 수 있다는 것이다.

혁신이라는 개념을 처음으로 만들어낸 조지프 슘페터는 그의 저서에서 다음과 같이 말했다.

> "To Produce other things, or the same things by a different method, means to combine these materials and forces differently... Development in our sense is then defined by the carrying out of new combinations."
> (Schumpeter 1934, pp. 65-66)[*]
>
> "다른 것을 창조하는 것 또는 같은 것을 다른 방법으로 창조하는 것은 그 구성 소재나 영향을 미치는 요소를 다른 방식으로 조합하는 것이다. 흔히 말하는 개발이란 새로운 조합을 시도하는 것과 다르지 않다."

---

[*] Schumpeter. Joseph Alois. The Theory of Economic Development: An Inquiry into Profits, Capital, Credit, Interest, and the Business Cycle. Transaction Publishers,1934.

슘페터가 제시한 혁신의 보편적 전제 중 하나가 바로 이 '새로운 조합New Combination'이라는 개념이다.

아마 여러분도 '그동안 A서비스에 활용하던 비즈니스 모델을 B서비스에도 응용해보면 어떨까'라는 식으로 기존의 비즈니스 모델을 조합하거나 응용함으로써 새로운 아이디어를 구상해본 적이 있을 것이다.

이와 관련하여 가장 먼저 떠오르는 예는 기저귀 제조 방식의 개발 사례다. 뛰어난 성능을 자랑하는 일회용 기저귀는 흡수력을 높이기 위해 종이에 미세한 구멍을 뚫어 가공한 소재를 사용한다. 이러한 특수 가공에 사용되는 기술로는 워터 제트water jet(초고압수를 칼처럼 이용하는 공법)라는 공법이 있는데, 이는 본래 항공우주 산업에서 스테인리스나 티타늄을 절단하기 위해 사용되던 기술이었다. 즉 항공우주 산업에서 사용되던 기술이 그와는 전혀 무관한 기저귀 가공에 응용되어 (=지식과 지식이 하나로 합쳐져) '탁월한 흡수력을 자랑하는 기저귀'라는 혁신을 탄생시킨 것이다.

지식의 폭은
무조건 넓어야 할까?

지식과 지식의 조합이 혁신의 본질 중 하나라는 것을 알고 나니, 이로써 혁신을 일으키는 조직이 되기 위한 조건 중 하나는 명쾌해진 듯하다.

바로 조직이 폭넓은 지식을 보유해야 한다는 것이다. 폭넓은 지식에 접근할 수 있어야 그만큼 다양한 지식의 조합을 시험할 수 있고, 결과적으로 새로운 지식을 창출할 확률도 높아지기 때문이다.

그러나 여기에서 주의해야 할 점은 지나치게 많은 지식을 보유하고 있으면 오히려 방해가 될 수 있다는 사실이다. 조직의 수용 능력에도 한계가 있기 때문에 지나치게 폭넓은 지식을 수용하여 한계치를 초과하면 오히려 효율이 떨어진다. 따라서 지나치게 광범위한 지식을 탐내기보다는 적당히 폭넓은 지식을 유지하는 편이 혁신을 일으키는 데에 더 도움이 된다.

기업이 보유하는 '지식의 범위'가 혁신에 미치는 영향을 분석한 대표적인 연구로는 스탠퍼드 대학의 리타 카틸라와 미시간 대학의 가우탐 아후자가 2002년에 발표한 논문*을 꼽을 수 있다.

이 논문이 경영학자에게 지대한 영향을 미친 이유 중 하나는 기업의 특허 인용 데이터를 바탕으로 기업이 보유하고 있는 '지식의 범위'를 계측했기 때문이다.

기업이 지적 재산인 특허를 출원할 때는 일반적으로 해당 아이디어의 개발에 참고가 된 다른 특허를 인용하여 기재하도록 되어 있다.

특허 출원에 인용된 특허가 많을수록 그만큼 새로운 지식을 폭넓게 참고했다는 것을 의미한다. 따라서 이러한 특허 인용 정보를 기업 단위로 집계하면 해당 기업이 새로운 지식을 개척하는 데에 얼마나

* Katila, Riitta, and Gautam Ahuja. 2002. "Something Old, Something New: A Longitudinal Study of Search Behavior and New Product Introduction." Academy of Management Journal 45(6): 1183-1194.

적극적인지 측정할 수 있다.

카틸라와 아후자는 전 세계 124개 로봇 제조업체의 데이터를 바탕으로 각 기업이 보유하고 있는 '지식의 범위'를 계산했다. 그리고 각 기업이 새로운 특성을 추가한 로봇 제품을 만들어내는 빈도를 혁신의 대리 지표로 삼아 지식의 범위와의 관계를 분석했다.

그 결과 기업이 보유하고 있는 지식의 폭이 넓을수록 새로운 특성이 추가된 제품을 만들어내는 빈도는 높아지지만, 지식의 폭이 극단적으로 넓어지면 오히려 부정적인 영향을 끼친다는 사실을 확인할 수 있었다. 적당히 폭넓은 지식을 가진 기업이 보다 혁신적인 성과를 낼 수 있다는 사실을 알았다.

오픈 이노베이션의
본질

여기까지의 내용을 보고 나니, 이번에는 어떻게 하면 지식의 폭을 '적당히' 넓힐 수 있을까 하는 의문이 생긴다.

이 역시 혁신의 중요한 연구 주제 중 하나지만 전체 내용을 설명하기가 어려우므로 이 장에서는 그중에서도 활발하게 연구되고 있는 오픈 이노베이션 전략만을 소개한다.

최근 기업과 기업 간의 제휴를 통해 공동으로 연구개발을 추진하거나 기술을 대여하는 등의 오픈 이노베이션이 전 세계적으로 활기를 띠고 있다. 시스코, 인텔 등 세계적인 테크놀로지 기업이 적극적인 기술 제휴 전략에 나서고 있다는 사실은 여러분도 잘 알 것이다.

기업 간 제휴에 의한 오픈 이노베이션 전략과 그 효과에 관해서는 그동안 셀 수 없을 만큼 많은 연구가 이루어졌다. 현재 가장 활발한 연구가 이루어지고 있는 주제 중 하나가 바로 이 혁신과 관련된 것이기 때문이다.

오픈 이노베이션 전략의 본질 또한 지식의 범위를 넓히는 것이다. 여러 기업이 제휴를 통해 지식의 범위를 적절히 넓힘으로써 새로운 지식을 창출한다.

이와 관련하여 메릴랜드 대학의 레이첼 샘슨이 2007년에 발표한 논문[*]을 소개한다.

이 연구에서 샘슨은 34개국의 437개 정보통신 장비업체의 특허 인용 데이터를 바탕으로 연구개발 제휴를 맺은 기업 사이에 조합된 지식의 범위를 나타내는 지수를 산출했다. 앞서 카틸라와 아후자가 개별 기업이 보유한 지식의 폭을 계산했다면, 샘슨은 여러 기업 간의 '조합에 의해 확대된 지식의 폭'을 계산한 것이다.

그리고 제휴를 통해 확대된 지식의 폭이 기업의 혁신에 미치는 영향을 분석한 결과 역시 '적당한 지식의 확대'가 가장 바람직하다는 결과가 나왔다.

---

[*] Sampson, Rachelle C. 2007. "R&D Alliances and Firm Performance: The Impact of Technological Diversity and Alliance Organization on Innovation." Academy of Management Journal 50(2): 364-386.

즉 기업이 다른 기업과 제휴를 맺어 다양한 지식을 획득하는 것은 기본적으로 혁신을 촉진하지만 지나치게 광범위한 지식은 오히려 방해가 된다는 것이다. 이러한 결과는 오픈 이노베이션의 제휴 파트너를 선택할 때 자사와 상대 기업이 가지고 있는 지식의 범위를 신중하게 검토할 필요가 있음을 시사한다.

베스트셀러를
낳는 방법

조직은 이 밖에도 다양한 방법으로 지식의 폭을 넓힐 수 있다.

대표적인 방법은 인재의 다양화다. 조직 내에 다양한 경험을 가지고 있는 사람이 모여 있으면 서로 지식을 공유하고 조합함으로써 새로운 지식을 창출할 수 있어 결과적으로 혁신 상품 및 서비스를 만들어낼 가능성도 높다.

최근에 발표된 흥미로운 연구로는 다트머스 대학의 알바 테일러와 인시아드INSEAD에 재직 중인 헨리히 그레버가 2006년에 게재한 만화 산업에 관한 연구*가 있다.

미국 출판업계에서는 만화책 제작에 여러 명의 만화 작가가 팀을

---

* Taylor, Alva, and Henrich R. Greve. 2006. "Superman or the Fantastic Four: Knowledge Combination and Experience in Innovative Teams." Academy of Management Journal 49(4): 723-740.

구성하여 참여하는 것이 일반적이다. 테일러와 그레버는 팀을 구성하는 만화 작가 개개인이 과거에 작업했던 만화의 장르를 통계분석한 결과 '경험한 장르가 다양할수록 대작 또는 졸작을 낳을 가능성이 높다'는 사실을 알았다.

팀을 구성하는 만화 작가가 다양한 배경에 기초한 지식을 서로 공유한다면 혁신적인 작품을 만들어낼 수 있는 것이다.

그리고 바로 그 혁신성 때문에 리스크도 높아지지만 동시에 베스트셀러가 될 가능성 또한 높아진다. 한편 출판사의 비즈니스 모델은 일부 베스트셀러의 수익이 나머지 책으로 인한 손실을 메우는 구조로 되어 있기 때문에 인재의 다양화가 베스트셀러를 낳는다면 그것은 의미를 가질 수 있는 것이다.

이미 형성되어 있는 조직 내에서 인재의 다양화를 촉진하는 방법 중 하나는 일정 비율로 인재를 교환하는 것이다. 노스웨스턴 대학의 리 톰슨과 성균관대학의 최훈석은 2005년에 발표한 논문*에서 인재를 교체한 그룹이 그렇지 않은 그룹보다 다양한 아이디어를 낳는다는 사실을 실험을 통해 밝혀냈다.

그렇다고 해서 인재의 다양화가 반드시 조직의 성과 향상으로 이어지는 것은 아니다. 인재의 다양화가 오히려 조직의 성과에 악영향을 끼칠 수 있다고 주장하는 연구도 많다.

---

* Choi, Hoon-Seok, and Leigh Thompson. 2005. "Old wine in a new bottle: Impact of membership change on group creativity" Organizational Behavior and Human Decision Processes 98(2): 121-132.

인재의 다양화는 조직의 지식을 넓히는 데에 도움이 되지만, 한편으로는 구성원 간의 의사소통을 어렵게 할 가능성도 있다. 원활한 의사소통과 브레인스토밍이 이루어지지 못하면 지식을 창조적으로 조합하기가 쉽지 않기 때문이다.

이처럼 인재의 다양화와 혁신 성과의 관계는 무척이나 복잡하기 때문에 단순히 지식의 조합뿐만 아니라 그 과정에 더욱 주목할 필요가 있다. 이런 과정을 연구하는 것도 중요한 주제지만 이쯤에서 마무리하고 본격적으로 '양손잡이 경영'을 논의하겠다.

지식의 탐색 및
지식의 심화

지금까지 살펴본 바와 같이 기업이 지식의 폭을 넓히기 위해 새로운 지식을 추구하는 행동을 가리켜 경영학에서는 탐색Exploration이라고 하는데, 이 책에서는 '지식의 탐색'이라는 표현을 사용하겠다.

그런데 기업은 지식의 탐색에만 매달려 있을 수 없다.

일단 지식을 습득했다면 그것을 심화시켜 비즈니스에 활용함으로써 수익을 창출해야 하기 때문이다.

이를 위해 기업은 새로운 지식을 탐색할 뿐만 아니라 현재 가지고 있는 지식을 개량하고 동질의 지식을 축적함으로써 그것을 유용하게 활용하기 위해 노력한다.

이는 매우 중요한 행동이다. 기업이 혁신 성과를 지속하려면 두 가지 노력을 동시에 균형 있게 해나가야 한다. 지식의 폭을 넓히기 위한 '탐색'과 이를 심화시켜 '활용'하는 노력을 동시에 기울여야 하는 것이다.

전자를 탐색Exploration이라고 부른 반면 후자는 활용Exploitation이라고 하는데, 이 책에서는 '지식의 심화'라는 표현을 사용한다.

바로 이 '지식의 탐색'과 '지식의 심화'라는 개념을 명확히 하고 기업의 혁신 성과를 지속하기 위해서는 둘 사이의 균형을 유지하는 것이 중요하다고 주장한 사람이 스탠퍼드 대학의 제임스 마치이다.

그가 1991년에 발표한 논문*은 혁신 연구에 지대한 영향을 미쳤다. 이를 계기로 지식의 탐색과 심화의 관계가 혁신에 미치는 영향을 분석하는 것이 현대 경영학의 중요한 연구 주제가 되었다.

경쟁력의
함정

마치는 1991년에 발표한 논문에서 또 하나의 중요한 점을 지적했다. 기업은 시간이 흐를수록 '지식의 심화'에 치우쳐 '지식의 탐색'을 소홀히 하는 경향을 보인다는 것이다.

지식의 탐색은 결코 쉽지 않은 작업이다. 기업이 새로운 지식을 탐

---

* March, James G. 1991. "Exploration and Exploitation in Organizational Learning." Organization Science 2(1): 71-87.

구하기 위해서는 사업 영역과 전문 영역 밖으로 시야를 넓힐 필요가 있는데 그 부담은 이만저만한 것이 아니다. 오픈 이노베이션을 지향하는 기업은 제휴 파트너의 선정부터 계약 체결, 공동 연구에 이르기까지 막대한 비용과 시간을 투자해야 한다. 그리고 인재를 다양화하는 경우에도 앞에서 언급한 의사소통 문제를 극복해야 한다.

또한 이처럼 어렵게 새로운 지식을 습득했다 하더라도 그것이 과연 사업으로 이어져 수익을 가져다줄지는 미지수다. 지식의 탐색은 과정의 어려움에 비해 그 성과가 불확실하기만 하다.

따라서 기업은 본질적으로 지식의 탐색에 소극적일 수밖에 없으며 이미 가지고 있는 지식만을 활용하려는 경향을 보인다. 경영학에서는 이것을 '지식의 근시화'라고 한다.

이러한 경향은 특히 실적이 좋을 때 더욱 강하게 나타난다. 만약 기업이 어떤 기술을 통해 히트 상품을 만들어 높은 수익을 올렸다면 그 기술을 더욱 개량하고 개선함으로써 보다 안정된 수익을 얻고자 할 것이다. 그러면 당연히 조직의 체제나 규정도 그러한 방향으로 바뀌어갈 것이다. 만일 이렇게 하여 수익이 더욱 오른다면 기업은 점점 더 지식의 심화를 중시하는 방향으로 체질을 변화시키게 되고, 결국 지식의 탐색에는 소극적인 태도를 취할 수밖에 없다.

'현재 진행 중인 사업이 큰 성공을 거둘수록 지식의 탐색을 게을리하게 되어 결과적으로 중장기적인 혁신이 정체되는 리스크'가 기업이라는 조직에는 본질적으로 내재되어 있는 것이다. 이것이 바로 '경쟁력의 함정'이라는 명제다.

정체의 원인은
경영자일까 조직일까

혁신 경영을 잘 아는 사람이 지금까지의 내용을 읽는다면 '뭐야, 경쟁력의 함정은 결국 크리스텐슨이 말하는 혁신의 딜레마와 같은 거잖아' 하고 생각할지도 모른다.

'혁신의 딜레마'의 중심 명제는 '경쟁 환경을 급변시키는 파괴적인 혁신이 발생했을 때 성공한 기업의 경영진은 경영 환경의 변화를 제대로 인식하지 못해 이에 대응하지 못한다'는 것이다. '성공한 기업일수록 혁신을 일으키기 어렵다'는 점에서는 '경쟁력의 함정'의 논지와 비슷한 것처럼 보인다.

그러나 혁신 연구 분야의 저명한 학자이자 현재 하버드 대학에 재직 중인 레베카 헨더슨은 2006년에 발표한 논문*에서 '혁신의 딜레마'는 문제의 본질을 기업 경영진의 인식으로 파악하고 있는 반면, '경쟁력의 함정'은 그 본질을 조직의 문제에서 찾고 있다고 지적했다.

'혁신의 딜레마'와 비슷한 주장을 펼치고 있는 연구로는 하버드 대학의 메리 트립서스와 지오반니 가베티가 2000년에 발표한 사례 연구**를 들 수 있다.

---

* Henderson , Rebecca. 2006. "The Innovator's Dilema as a Problem of Organizational Competence." Journal of Product Innovation Management 23(1): 5-11.

** Tripsas. Mary, and Giovanni Gavetti 2000. "Capabilities, Cognitioin,   and Interia: Evidence from Digtal Imaging." Strategic Management Journal 21(11): 1147-1161.

그들은 폴라로이드사가 오래전부터 디지털 기술에 막대한 투자를 해왔음에도 1990년대에 이루어진 디지털 기술 혁명에 제대로 대응하지 못했던 이유를 분석했다.

이 연구에서 그는 하드웨어(카메라 제품 자체) 사업으로는 더 이상 수익을 창출할 수 없을 것이라는 경영진의 '지레짐작'이 디지털 카메라의 상품화를 늦추는 요인이 되었다고 지적했다.

반면 헨더슨은 '경쟁력의 함정'을 지지하는 경영학자는 혁신이 정체되는 문제의 본질을 조직에서 찾고 있다고 주장한다.

앞에서 이야기했듯이 성공한 기업의 경우 지식의 심화를 중시하고 지식의 탐색을 소홀히 여기는 경향이 조직의 본질로 자리 잡고 있기 때문에 사업 환경에 대한 인식 능력이 부족하다는 이유로 경영진에게 책임을 전가하는 것은 합당하지 않다는 것이다.

물론 크리스텐슨도 경영진의 인식 능력 부족뿐만 아니라 조직의 문제를 기술하고 있지만, 헨더슨은 크리스텐슨이 끝까지 어느 쪽이 진짜 원인인지 밝히지 않은 채 논의를 펼치고 있다고 비판했다. 이와 관련해 제목이 〈The Innovator's Dilemma〉라는 점에서 확실히 조직보다는 '사람'에 초점을 맞추고 있다는 인상을 준다.*

하지만 실제로 비즈니스에 종사하는 사람들은 '문제의 본질이 조직에 있는지 경영진에 있는지를 따지는 것이 무슨 의미가 있는가? 결

---

* 헨더슨은 이 논문에서 크리스텐슨이 그 후 마이클 레이너와 공동으로 펴낸 〈성장과 혁신〉(세종서적, 2005년)에서는 그의 입장이 조직의 문제에 조금 더 무게를 싣는 쪽으로 바뀌었다고 밝혔다.

국 양쪽 모두가 원인일 텐데'라고 생각하지 않을까.

나도 같은 생각이다. 그러나 만약 혁신이 정체되는 이유가 경영진의 인식 문제 때문이라면 그들이 시야를 넓히는 것이 문제의 해결책이 될 수 있다.

반대로 문제의 본질이 조직에 있다면 조직의 시스템이나 규정을 바꿈으로써 지식의 탐색과 지식의 심화를 균형 있게 추진할 수 있다.

이처럼 조직 차원에서 '경쟁력의 함정'에 빠지는 것을 경계하는 개념이 바로 '양손잡이 경영Ambidexterity'이다.

양손잡이 경영은
혁신을 촉진한다

먼저 지금까지 살펴본 내용을 정리해보자.

- 혁신의 본질 중 하나는 지식과 지식의 조합을 통해 새로운 지식을 창출하는 것이다. 이를 위해 기업은 지식의 폭을 '적당히' 넓힐 필요가 있다.
- 새로운 지식을 추구하는 활동을 '지식의 탐색', 기존의 지식을 개량하는 것을 '지식의 심화'라고 한다.
- 기업은 본질적으로 지식의 심화에 치우치는 경향이 있어 지식의 탐색을 소홀히 하기 쉽다. 성공한 기업일수록 이러한 경향이 강하며, 이를 '경쟁력의 함정'이라고 한다.

- '경쟁력의 함정'과 '혁신의 딜레마'는 혁신이 정체되는 이유에 비슷한 논지를 펼치고 있지만, 문제의 본질이 조직에 내재되어 있다고 주장하는 '경쟁력의 함정'이 세계의 경영학자 사이에서 주로 연구되는 주제다.
- 혁신이 정체되지 않도록 하려면 기업은 조직 차원에서 지식의 탐색과 심화의 균형을 유지하여 '경쟁력의 함정'을 회피하는 전략, 체제, 규칙을 만들어야 한다.

이 가운데 마지막 항목이 바로 '양손잡이 경영'의 핵심 내용이다.

지금까지 연구를 통해 밝혀낸 바에 따르면, 혁신을 위한 중요한 요건은 오른손과 왼손 모두를 자유자재로 사용하는 사람처럼 기업도 지식의 탐색과 지식의 심화 모두를 높은 수준으로 균형 있게 실현해야 한다는 것이다.

이제 카틸라와 아후자의 논문의 결론을 말하겠다.

두 사람은 특허 인용 정보를 바탕으로 기업이 가진 지식의 '폭'뿐만 아니라 '깊이'도 함께 계측했다. 그 결과 기업이 보유한 지식의 폭에 따른 혁신의 효과와 지식의 깊이에 따른 혁신의 효과는 서로 보완 관계에 있다는 사실을 알았다. 지식의 폭을 넓히는 동시에 특정 지식의 심화를 실현한 기업이 가장 혁신적인 성과를 거둘 수 있다는 것을 분석을 통해 밝혀낸 것이다. 이것은 양손잡이 경영의 효용성을 보여준 결과라고 할 수 있다.

'지식의 포트폴리오'를
파악하라

제임스 마치, 그리고 카틸라와 아후자의 연구 이후 세계의 경영학자의 관심은 혁신과 관련하여 어떻게 하면 양손잡이 경영에 능숙한 조직을 만들고 전략을 세울 수 있을 것인가 하는 문제에 집중되었다.

이는 그야말로 최신 연구 주제이기 때문에 아직까지 충분한 연구가 이루어지지 않은 상태다. 여기에서는 그나마 가장 최근에 발표된 유명한 연구를 소개한다.

최근 들어 오픈 이노베이션과 관련하여 '양손잡이 경영'을 어떻게 이해하면 좋을지에 관한 연구가 조금씩 성과를 거두고 있다. 이런 연구가 공통적으로 지적하는 것은 기업이 제휴를 맺는 형태를 '지식의 탐색형' 및 '지식의 심화형'으로 나눌 수 있으며, 기업은 이 두 가지 제휴 형태를 균형 있게 안배할 필요가 있다는 것이다.

조지아 공과대학의 프랭크 로사멜과 케이스웨스턴리저브 대학의 데이비드 디즈는 2004년에 발표한 논문*에서 의약 산업의 기업 간 제휴에 기초 연구 등 개발의 상류 부문은 탐색형으로, 임상시험 등 실용화에 가까운 하류 부문은 심화형으로 구분하고 기업이 둘 사이의 균

---

* Rothaermel, Frank T., and David L. Deeds. 2004. "Exploration and Exploitation Alliances in Biotechnology: A System of New Product Development." Strategic Management Journal 25(3): 201-221.

형을 어떻게 유지하는지를 분석했다.

또한 현재 이스라엘 문과대학에 재직 중인 도베브 라비와 펜실베이니아 대학의 로리 로젠코프는 2006년에 발표한 논문[*]에서 새로운 기업과 신규 제휴를 맺는 것은 탐색형으로, 동일 기업과 반복하여 협력하는 것은 심화형으로 구분했다.

이러한 연구가 공통적으로 시사하는 것은 기업이 '지식의 포트폴리오'를 통해 자사가 맺고 있는 제휴의 전체상을 정확하게 파악하여 지식의 탐색과 심화 사이의 균형을 유지하는 것이 중요하다는 점이다.

최근에는 일본 기업도 오픈 이노베이션을 적극적으로 활용하는 경우가 많아졌다. 하지만 책임 권한을 가진 상급 직원이 지식의 포트폴리오를 통해 그 전체상을 제대로 파악하고 있는 기업이 과연 얼마나 될지는 의문이다. 기업이 오픈 이노베이션 전략을 추진하기 위해서는 담당자 및 담당 부서가 이러한 전체상을 체계적으로 파악하는 것이 중요하다.

양손잡이 기업 문화를 만들자

한편 전체 직원의 의식 수준을 높

---

[*] Lavie, Dovev, and Lori Rosenkopf. 2006. "Balancing Exploration and Exploitation in Alliance Formation. Academy of Management Journal 49(4): 798-818.

임으로써 구성원 개개인이 양손잡이 경영을 항상 의식하는 기업 문화를 만드는 것도 훌륭한 방법이 될 수 있다.

런던 경영대학원의 줄리안 버킨쇼와 캘리포니아 대학 얼바인 캠퍼스의 크리스티나 깁슨은 그들의 논문*에서 전 세계 41개 업종의 종사자 4,195명을 대상으로 설문조사를 실시하여 그 결과를 분석했다. 그 결과 업무 시간 배분 등 직원들이 항상 양손잡이 경영을 의식하는 환경 및 문화를 가지고 있는 기업이 좋은 성과를 낳는다는 사실을 밝혀냈다.

'양손잡이 기업 문화'를 잘 구축한 대표적인 사례로는 미국의 3M과 IDEO를 들 수 있다. 두 기업 모두 혁신의 대표 주자로 알려져 있다.

3M의 경우는 '15% 규칙'이라는 경영 방침으로 유명하다. 이는 업무 시간의 15%를 일상 업무와 상관없는 활동에 할애하도록 하는 제도다. 직원들은 이 시간을 활용하여 평소에는 할 수 없었던 '지식 탐색형' 활동을 추구한다.

디자인 컨설팅 기업인 IDEO는 브레인스토밍을 잘 활용하는 것으로 유명하다. IDEO의 직원들은 다양한 고객과 관계를 형성하는 과정에서 풍부한 식견을 가지게 되는 경우가 많다. 이에 회사는 브레인스토밍을 통해 개개인이 보유하고 있는 지식을 한데 모아 창의적인 아이디어를 제시하도록 권장한다. 이를 위해 'Encourage wild ideas(엉뚱한 아이디어를 격려하자)', 'Build on the ideas of others(다

---

*   Gibson, Cristina B., and Julian Birkinshaw. 2004. "The Antecedents, Consequences, and Mediating Role of Organizational Ambidexterity." Academy of Management Journal 47(2): 209-226.

른 사람의 아이디어를 바탕으로 새로운 아이디어를 만들자)'를 비롯한 7가지 규칙을 만들기도 했다.

이렇듯 혁신적인 성과를 거두는 기업은 다양한 아이디어를 조직 내부로 끌어들이기 위해 노력한다. 경영학의 관점에서 볼 때 이러한 시도는 '경쟁력의 함정'을 피하고 균형 잡힌 양손잡이 경영을 실현하는 데에 도움이 된다고 할 수 있다.

일본에서도 유행했던
지식 탐색 활동이란

일본 기업의 상황은 어떨까? 최근 일본의 대형 제조업체 등은 좀처럼 혁신 성과를 내지 못하고 있다는 지적을 받고 있다. 일본의 기업은 그동안 양손잡이 경영이나 지식의 탐색을 촉진하는 조직 구성에 관심이 없었던 것일까?

예전에는 일본 기업에도 3M의 '15% 규칙'처럼 정규 업무에 얽매이지 않고 지식을 탐색할 수 있는 환경이 조성되어 있었다.

예컨대 '야미켄' 같은 기업 문화가 바로 여기에 해당한다.

과거 일본의 제조 기업에서는 정규 업무가 끝난 심야 시간에 개발자들이 상사 몰래 제품을 개발하는 경우가 많았는데 이를 '야미켄(어둠 속의 연구)'이라고 불렀다. 일본의 히트 상품 중에는 바로 이 야미켄을 통해 탄생한 제품이 많다.

1995년에 출시된 히트 상품으로 디지털카메라 붐을 선도한 카시

오의 'QV-10'도 야미켄을 통해 개발된 것이다.

카시오에서는 당시 전자스틸카메라 개발의 연이은 실패로 '디지털카메라 개발은 부질없는 일'이라는 분위기가 사내에 팽배했다. 하지만 그런 와중에도 디지털카메라의 개발을 포기할 수 없었던 기술자들이 정규 업무가 끝난 후 연구실에 남아 개발에 매진한 결과 엄청난 히트작을 탄생시킨 것이다. 또한 나카무라 슈지(현 캘리포니아 대학 산타바바라 캠퍼스 교수)가 니치아 화학에 재직하던 당시 개발한 파란색 LED 전구도 회사가 해당 연구를 금지하고 있는 상황에서 개발된 것이다. 이 또한 야미켄에 의한 작품이라고 할 수 있다.

야미켄은 '지식의 탐색'에 해당하는 활동이다. 비밀리에 연구개발을 수행하는 야미켄은 기존 업무나 현재의 히트 상품에 얽매이지 않고 새로운 지식을 마음껏 탐구하는 활동이었기 때문이다.

그러나 이는 어디까지나 정규 업무의 범위를 벗어난 활동이었기에 잔업 수당도 나오지 않을 뿐더러 회사로부터 개발 지원을 받을 수도 없었다. 그럼에도 과거 일본 기업에는 이러한 활동을 너그럽게 포용하는 분위기가 형성되어 있었던 것도 사실이다. 3M처럼 명시적인 규칙을 마련하지는 않았어도 비공식적인 지식의 탐색을 허용하고 격려하는 분위기는 일본 기업이 지닌 강점 중 하나였다.

그러나 최근에는 기업의 투명성 및 준법 경영 등의 요구가 높아지면서 야미켄을 통한 제품 개발은 사실상 불가능해졌다.

어쩌면 이런 변화 때문에 일본의 기업이 지식 탐색 활동에 제한을 받고 '경쟁력의 함정'에 빠져 혁신 성과를 내지 못하고 있는 것인지도 모른다. 만일 그렇다면 야미켄과 같은 비공식적인 활동을 대체하는 시책으로서 적극적인 지식의 탐색을 촉진하기 위한 조직, 규칙, 전략 등을 만들어나가는 것이 오늘날 일본 기업이 뛰어넘어야 할 과제가 아닐까.

지금까지 세계의 경영학자가 추진하고 있는 혁신 연구의 기초부터 '양손잡이 경영'에 이르는 최신 연구 주제를 살펴보았다.

기업이 혁신 성과를 내지 못하는 책임이 경영진의 인식 부족에 있다고 보는 '혁신의 딜레마'와 달리 '양손잡이 경영'은 기업이 조직, 규칙, 전략 체제 등을 잘 디자인하면 경쟁력의 함정에 빠지는 것을 막을 수 있다고 주장한다.

일본의 대형 제조사는 혁신 성과를 내지 못하고 있다는 지적을 받은 지 오래다. 나는 그 원인 중 하나가 많은 기업이 경쟁력의 함정에 빠져 있기 때문이라고 생각한다. 중요한 것은 이러한 상황의 책임을 경영진에게만 전가할 것이 아니라, 균형 잡힌 양손잡이 경영이 가능한 조직과 규칙 만들기에 더욱 힘을 기울여야 한다는 점이다.

chapter 08

경영학에서 말하는 세 가지 '소셜' ❶

| 세계 경영학의 일대 조류 네트워크 이론 |

최근 사회 전반에서 '소셜'이라는 말이 자주 사용되고 있다.

일본에서 많이 이용하는 소셜 네트워크 서비스로는 페이스북, 트위터, DeNA의 모바게(DeNA사에서 제공하는 모바일 게임 플랫폼), GREE 등이 제공하는 블로그 서비스 등이 있다.

또한 사회 공헌을 목적으로 하는 기업을 세우겠다는 꿈을 꾸는 청년이 늘고 있는데, 이들을 '사회적 기업가(소셜 안트러프러너)'라고 부른다. 최근에는 '사회적 자본(소셜 캐피털)'이라는 말도 널리 사용되고 있다.

이처럼 우리가 일상에서 사용하는 '소셜'이라는 말은 정확한 정의가 내려지지 않은 채 사람과 사람의 관계, 사회성, 혹은 타인에게 도움이 된다는 등의 막연한 의미로 사용되고 있다고 생각한다.

최근 세계의 경영학자 사이에서는 바로 이 '소셜'이 매우 중요한 연구 주제로 부상하고 있다. 그중에서도 거시조직론이라는 분야의 실력파 연구자는 대부분 '소셜을 과학적으로 분석하는' 기본 지식을 갖추고 있다.

3장에서 살펴보았듯이 경영학 이론은 크게 세 가지 유파로 나뉘는데, 소셜은 이 가운데 사회학 유파에 바탕을 두고 있다. 경영학자는 사회학에서 발전시켜 온 이론을 바탕으로 사람과 사람 또는 조직과 조직의 사회적 관계를 통계분석이나 컴퓨터 시뮬레이션을 통해 과학적으로 분석한다.

그리고 지금까지 이루어진 연구를 통해 사회적 관계가 개인과 기업의 성공에 지대한 영향을 미친다는 사실이 속속 밝혀지고 있다. 이러한 성과를 통해 인간관계와 비즈니스에 대한 다양한 시사점을 발견할 수 있을 것이다.

8장과 9장에서는 세계의 경영학에 일대 파란을 일으킨 소셜 연구의 기초부터 최신 주제까지 한번에 살펴본다.

세 가지
'소셜'

세계의 경영학자는 '소셜'을 크게 세 가지 프레임으로 분류하여 분석한다. 물론 이 밖에도 다양한 개념이 있지만 다음 세 가지가 가장 기본적이고도 대표적인 개념이라고 할 수 있으며, 이들 세 가지 개념은 서로 상관관계에 있다.

① 사회적 자본
② 관계성의 소셜 네트워크
③ 구조적 소셜 네트워크

이 세 가지 개념은 모두 현재 경영학계에서 중요하게 다루고 있는 연구 주제다.

사회적 자본

사회적 자본Social Capital이라는 말은 이미 널리 사용되고 있으므로 한 번쯤은 들어보았을 것이다.

사회적 자본이란 '사람과 사람이 서로 관계를 맺음으로써 생성되는 편익' 정도로 이해하면 된다.

'자본'이라고 하면 가장 먼저 주식과 같은 금융 자본이나 인재의 능력 및 자질을 가리키는 인적 자본 등의 단어를 떠올릴 것이다. 그러나 '사회적 자본'은 이와는 조금 다른 개념으로, 사람과 사람이 관계를 맺는 것 자체가 자본이 될 수 있다는 생각이다.

이 장에서 소개하는 소셜의 세 가지 프레임에는 각 개념을 확립한 고전이라 불러 마땅한 중요한 논문들이 있다.

사회적 자본을 연구하는 사람이라면 반드시 읽어야 할 논문으로는 시카고 대학의 제임스 콜먼이 1988년에 발표한 것을 꼽을 수 있다. 이 논문*에서 콜먼은 '사회적 자본'이라는 개념을 최초로 명시하고 그 의의를 설명했다.

콜먼에 따르면 사회적 자본의 정의에는 두 가지 조건이 있다. 첫째는 사람과 사람의 관계에서 비롯되어야 한다는 것이며, 둘째는 그 관계성이 인간의 행동에 영향을 미쳐야 한다는 것이다. 이 두 가지 조건을 충족하는 사회적 자본은 개인과 조직에 도움이 된다고 콜먼은 주장한다.

그러나 이러한 추상적인 개념으로는 이해가 쉽지 않으므로 콜먼이 논문에서 인용한 사례를 바탕으로 사회적 자본을 보다 자세히 살펴보자.

예 ① 콜먼이 가장 먼저 예로 든 것은 다이아몬드 거래에서 나타나는 사회적 자본이다. 다이아몬드를 거래할 때는 판매업자가 구매업자에게 다이아몬드가 가득 들어 있는 가방을 통째로 맡기면 구매업자가 아무도 보지 않는 곳에서 가방에 든 다이아몬드의 품질을 확인한다고 한다. 이는 다이아몬드 거래에서 빼놓을 수 없는 중요한 과정이다. 그렇다 하더라도

---

* Coleman, James S. 1988 "Social Capital in the Creation of Human Capital." American Journal of Sociology 94:95-120.

다이아몬드가 가득 든 가방을 통째로 맡기는 것은 판매업자에게 있어 매우 위험한 행동처럼 보인다. 만약 구매업자가 아무도 없는 곳에서 그 다이아몬드를 싸구려 모조품으로 바꿔치기하더라도 판매업자로서는 알 길이 없으니 말이다.

그러나 실제 다이아몬드업계에서는 판매업자와 구매업자 사이에 깊은 신뢰 관계가 형성되어 있기 때문에 판매업자는 다이아몬드가 들어 있는 가방을 거리낌 없이 전달하고, 구매업자 또한 절대로 다이아몬드를 바꿔치기하는 일 따위는 하지 않는다고 한다. 이때 판매업자와 구매업자 사이의 신뢰 관계는 '다이아몬드 거래의 성립'이라는 편익을 제공하고 있다는 점에서 '사회적 자본'이라고 할 수 있다.

예 ② 지금도 남미나 아시아의 일부 지역에는 '계'라는 금융 시스템이 남아 있다. 이러한 지역은 대체로 가구 소득이 낮아 자동차와 같은 고가의 물품을 구매할 여력이 없는 경우가 많다. 예컨대 자동차 구입을 위한 계를 운영하는 경우라면 마을의 각 가구가 정기적으로 일정 금액을 추렴하여 자동차를 구입할 만한 목돈을 만든 다음 추첨 등의 방식으로 한 가구에 곗돈 전액을 몰아주는 것이다.

이러한 계 모임 역시 참가자 사이에 깊은 신뢰 관계가 구축되어 있지 않으면 아무도 참여하려 하지 않을 것이다. 마을 주민들 사이에 사회적 자본이 존재하기 때문에 '특정 가구만이 이익을 가져가는' 시스템이 성립할 수 있는 것이다.

예③ 이른바 '이웃사촌'도 훌륭한 사회적 자본이라고 할 수 있다. 최근 도시에
서는 이웃과 돈독한 관계를 맺는 경우가 점점 줄어들고 있지만, 지역에
따라서는 지금도 매일같이 얼굴을 마주하며 이웃 간의 끈끈한 유대를
이어가는 곳이 있다. 이들은 유대가 깊을수록 서로의 일에 많은 관심을
가지게 되고 시간이 흐를수록 '서로 의지하는' 관계로 발전한다.

이러한 관계가 성립되면 가령 자녀가 혼자서 밖에 나가 놀더라도 이웃
이 내 아이를 지켜봐줄 것이라는 믿음을 가지고 안심하며 자녀를 내보
낼 수 있다. 이웃사촌이라는 사회적 자본 덕분에 자녀의 안전이라는 편
익을 얻을 수 있는 것이다.

단 이때의 '신뢰 관계'란 '인간은 본래 아무런 대가를 바라지 않고
타인을 믿는다'고 주장하는 성선설에 바탕을 두는 것이 아니다. 오히
려 그 반대로 친밀한 인간관계에서는 '자신이 타인에게 좋은 일을 베
풀면 언젠가 어떤 형태로든 그것이 되돌아올 것'이라는 기대감 때문
에 상대편을 합리적으로 신뢰하는 것이다.

뒤집어 생각하면 상대를 배신하면 자신에게 보복이 되돌아올 수
있다는 것이 바로 사회적 자본이다.

예컨대 계 모임의 경우 어떤 사람이 자기 몫만 받아 챙기고는 더
이상 곗돈을 내지 않는다면 아마 마을 구성원들로부터 제재를 당할
것이다.

마을 사람은 이웃을 배신하면 좋지 않은 결과가 기다리고 있다는
것을 잘 알고 있기 때문에 신뢰 관계를 무너뜨리지 않기 위해 계속해

서 겟돈을 낸다.*

사회적 자본은 아이들의 성적 향상에 도움이 될까?

이처럼 콜먼이 제창한 사회적 자본은 사람과 사람이 친밀한 관계를 형성함으로써 얻을 수 있는 혜택이라고 이해할 수 있다. 그리고 경영학자는 이러한 사회적 자본을 기업 경영 및 조직 운영에 관한 연구에 응용해왔다.

그간 이루어진 많은 연구를 통해 사람 사이의 유대가 개인과 조직의 성과를 높일 수 있다는 사실이 입증되었다. 이에 관한 연구는 워낙 방대하여 여기서 모든 것을 다룰 수 없다. 그래서 대표적인 예로써 피츠버그 대학의 플리츠 필과 캐리 리아나가 2009년에 발표한 연구**를 소개한다.

이 연구는 '교사의 사회적 자본은 학생의 성적을 올리는 데 도움이 되는가'라는 매우 흥미로운 주제를 다루고 있다.

필과 리아나는 미국의 어느 지역 내에 위치한 1,990개 공립 초등학교의 교사 1,013명과 4~5학년생 24,187명을 대상으로 분석을 실시했다.

---

* 이는 경제학에서 이야기하는 게임이론의 전형적인 사고방식과 무척 닮아 있다. 사회학자인 콜먼이 만들어낸 '사회적 자본'이라는 개념은 현재 경제학자들에 의해서도 체계적인 이론화가 이루어지고 있다. 그리고 이 책에서는 다루고 있지 않지만, 앞서 잠시 언급한 '인간은 어느 정도의 이해득실을 따져가며 상대를 신뢰하는 것인지, 아니면 언제나 아무런 대가를 바라지 않고 타인을 신뢰하는 것인지'에 대한 의문도 경영학의 중요한 연구 주제 중 하나다.

** Pil, Frits K. and Carrie Leana. 2009. "Applying Organizational Research to Public School Reform: The Effects of Teacher Human and Social Capital on Student Performance" Academy of Management Journal 52(6): 1101-1124.

두 사람은 '아이들의 성적은 교사 개인의 능력(인적 자본)뿐만 아니라 해당 교사가 동료 및 윗사람과 친밀한 관계를 맺고 있는 정도(사회적 자본)에도 영향을 받을 것'이라고 생각했다.

그리하여 1,013명의 교사를 대상으로 각 교사가 동료 및 상사(주로 교장)와 얼마나 친밀하게 학생이나 교육에 관한 이야기를 나누는지 조사했다.

그리고 '교사의 사회적 자본'이 담당 학생의 수학 시험 결과에 미치는 영향을 통계분석했다. 그 결과는 다음과 같았다.

결과①   교사가 풍부한 교육 경험을 가지고 있거나 수학 교육에 높은 자신감을 가지고 있을수록 담당 학생의 시험 결과도 좋았다. 교사 개인의 능력(인적 자본)이 학생의 성적에 영향을 미치는 것을 확인할 수 있었다.

결과②   이 지역에는 각 학교마다 교사들이 그룹을 만들어 정보를 교환하는 관례가 있는데, 그룹 내 다른 교사와 친밀한 관계를 맺고 있는 교사일수록 담당 학생의 시험 결과가 좋다는 사실을 확인했다. 이러한 결과는 교사 간의 사회적 자본이 학생의 성적을 향상시킨다는 것을 나타낸다.

결과③   교사가 교장과 친밀한 관계를 맺고 있을수록 담당 학생의 시험 결과가 좋다는 사실도 밝혀졌다. 교사와 교장 사이의 사회적 자본도 학생의 성적을 끌어올리는 효과를 발휘하는 것이다.

이러한 결과는 학생의 성적을 높이는 데에는 교사 개인의 능력뿐만 아니라 그가 주위 사람과 관계를 맺는 정도에 따라 형성되는 사회적 자본도 중요한 역할을 한다는 것을 실증적으로 보여준다.

'관계성'의
소셜 네트워크

지금까지 살펴본 콜먼의 사회적 자본론은 사람과 사람 사이의 돈독한 관계가 이익을 가져다준다고 주장하는 개념이다.

그런데 인간관계는 항상 돈독해야만 하는 것일까?

예컨대 '친한 친구'와 '그냥 아는 사람' 중에는 언제나 '친한 친구'만이 도움이 될까?

'관계성의 소셜 네트워크' 분야의 연구자들은 반드시 그렇지만은 않으며, 인간관계는 그렇게 단순한 것이 아니라고 주장하면서 이에 관한 실증 연구를 거듭해왔다.

이 분야의 초석을 마련한 연구자는 스탠퍼드 대학의 마크 그라노베터이다. 그가 1973년에 발표한 논문*은 앞에 나온 콜먼의 논문과 다음 장에서 소개할 버트의 논문과 더불어 네트워크 연구자의 필독서라 할 만큼 유명하다.

그라노베터의 논문 제목은 'Strength of Weak Ties'이다. 그가 말

---

*   Granovetter, Mark. 1973. "The Strength of Weak Ties." American Journal of Sociology 78(6): 1360-
    1380.

하는 '약한 유대관계의 힘'이란 무엇을 뜻할까?

이 논문에서 그라노베터는 미국 청년층의 구직 활동에 주목했다.

그라노베터가 연구를 실시한 1970년대에는 인터넷이 존재하지 않았기 때문에 구직 활동에 필요한 모든 정보는 오로지 입소문을 통해서만 얻을 수 있었다. 그라노베터는 보스턴에서 취업에 성공한 청년 54명을 대상으로 그들에게 일자리 정보를 알려준 상대와 얼마나 가까운 사이인지 조사했다.

그 결과는 무척 흥미로웠다. 조사 대상 가운데 취업에 도움이 된 정보를 알려준 상대가 친구나 부모처럼 평소 자주 만나는 사람이라고 응답한 비율은 불과 17%에 지나지 않았다. 나머지 83%는 평소 자주 만날 일이 없는 '그냥 아는 사람'을 통해 취업 정보를 얻었다고 응답했다.

즉 취업에 도움이 된 정보는 대체로 '깊고 강한 유대관계'가 아닌 '약한 유대관계'를 통해 얻을 수 있다는 사실을 안 것이다.

약한
유대관계의 힘

왜 이런 일이 벌어진 걸까? 그라노베터는 그 이유를 '유대관계가 약한 네트워크가 유대관계가 강한 네트워크보다 정보를 효율적으로 전달할 수 있기 때문'이라고 설명한다.

조금은 뜬금없는 등장인물이지만 철수, 영희, 민수 세 사람의 관계를 통해 그라노베터의 주장을 살펴보도록 하겠다.

먼저 철수는 영희, 민수와 각각 절친한 사이라고 가정해보자. 이때 영희와 민수는 서로 직접적인 친분이 없다 하더라도 철수라는 연결고리를 통해 자연스럽게 가까워질 가능성이 높다.

즉 철수가 영희, 민수와 각각 '강한 유대관계'를 맺고 있으면 결국 세 사람 사이가 모두 가까워져 이른바 '삼각형 네트워크'를 형성할 확률이 높다.(〈그림1〉 참조)

그라노베터는 이러한 삼각형 네트워크는 정보 전달의 효율이 낮다고 지적한다.

민수가 중요한 정보를 전달하려고 할 때 그것이 영희에게 전달되는 경로는 본래 철수를 경유하여 전달되는 경로(〈그림1〉의 A)뿐이었지

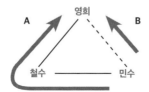

철수가 영희, 민수 두 사람과 강한 유대관계를 맺고 있으면 영희와 민수의 사이도 가까워질 가능성이 있으므로 '닫힌 삼각형'이 완성될 가능성 또한 높아진다.

결과적으로 민수에게서 나오는 정보가 영희에게 전달되는 경로는 철수를 경유하는 경로(화살표 A)와 영희에게 직접 전달되는 경로(화살표 B) 두 가지가 만들어진다.

〔그림1〕 강한 유대관계

만, 삼각형 네트워크가 완성되면 민수로부터 영희에게 직접 전달되는 경로(〈그림1〉의 B)가 추가된다. 전달되는 정보는 하나뿐인데 경로가 두 가지나 되는 것은 네트워크 전체로서는 비효율적이라는 것이다.

그렇다면 철수가 영희, 민수와 각각 그냥 알고 지내는 정도의 사이라면 어떨까? 즉 철수가 나머지 두 사람과 각각 '약한 유대관계'를 맺고 있는 경우다.

이 경우 영희와 민수가 서로 알게 될 가능성은 매우 희박하다. 영희가 그다지 친하지도 않은 철수의 그냥 아는 사람인 민수를 만날 가능성은 거의 없을 테니까 말이다. 이는 민수의 입장에서도 마찬가지다. 따라서 삼각형이 완성될 가능성도 매우 낮다.(〈그림2〉 참조)

이 경우 민수에게서 나오는 정보가 영희에게 전달되는 경로는 철수를 경유하는 길 하나뿐이기 때문에 네트워크의 전달 효율은 높다고

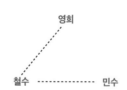

철수가 영희, 민수 두 사람과 각각 약한 유대관계만을 맺고 있으면 영희와 민수가 서로 알게 될 가능성이 낮아 '닫힌 삼각형'은 완성되지 않는다.

따라서 민수에게서 나오는 정보가 영희에게 전달되는 경로는 철수를 경유하는 경로 한 가지뿐이다.

〔그림2〕 약한 유대관계

할 수 있다.

그래도 아직 이해가 되지 않는 사람을 위해 '강한 유대관계'와 '약한 유대관계'를 더 많은 인원으로 확장하면 어떻게 되는지 〈그림3〉으로 나타냈다.

이 그림을 보면 쉽게 이해할 수 있을 것이다. 강한 유대관계에 의한 네트워크를 나타낸 A의 경우는 구성원 간의 관계가 매우 복잡하게 얽혀 있다. 반면 B의 경우는 네트워크의 구조 자체는 엉성하지만 모든 구성원이 어떤 경로로든 서로 연결되어 있다.

만약 A, B 양쪽 네트워크에 동일한 정보를 퍼뜨리면 어떻게 될까? 당연히 B의 정보 전달 효율이 훨씬 좋을 것이다. 정보라는 비유가 잘

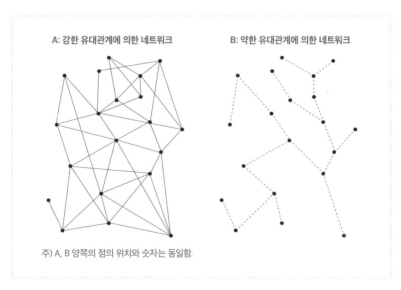

주) A, B 양쪽의 점의 위치와 숫자는 동일함.

〔그림3〕 강한 유대관계에 의한 네트워크 vs. 약한 유대관계에 의한 네트워크

와닿지 않는다면 이 네트워크를 수도관이라고 생각해보면 어떨까? 양쪽에 같은 양의 물을 흘려보낸다면 A처럼 복잡하게 연결된 수도관 보다는 B처럼 간결한 구조로 되어 있으면서도 모든 사람에게 물이 골 고루 흘러가는 수도관이 더 효율적일 것이다.

창조성을 촉진하는
네트워크란

그리고 또 한 가지. 약한 유대관계 는 강한 유대관계보다 쉽게 형성할 수 있다는 장점이 있다. 누군가와 깊은 우정을 나누는 것은 어려워도 명함을 교환하며 일단 아는 사이 가 되는 것은 그리 어려운 일이 아니다. 이는 강한 유대관계보다 약한 유대관계 쪽이 폭넓은 네트워크를 만드는 데에 더 유리하다는 뜻이기 도 하다.

폭넓은 네트워크가 형성되면 그만큼 다양한 배경을 지닌 구성원이 존재할 것이므로 보다 다양한 정보를 손에 넣을 수 있다. 나아가 이러 한 다양한 정보는 효율적인 네트워크를 통해 보다 멀리까지 전파될 수도 있다.

이에 비해 강한 유대관계로 이어진 네트워크는 효율이 떨어진다. 강한 유대관계는 쉽게 형성할 수 없을 뿐더러 비슷한 성향을 가진 구 성원만 모이는 경향이 있다. 따라서 이러한 네트워크에서 얻을 수 있 는 정보는 다양성이 부족하고 멀리 전파되는 데에도 한계가 있다.

이것이 바로 그라노베터가 말하는 '약한 유대관계의 힘Strength of Weak Ties'이다. 보다 다양한 정보를 효율적으로 멀리까지 전파하려면 약한 유대관계로 이루어진 네트워크가 더 유리하다는 것이다.

앞에 나온 구직 활동의 예가 바로 여기에 해당한다. 일자리를 얻으려면 무엇보다 다양한 산업과 기업의 정보를 수집하는 것이 중요한데, 친구나 부모 등 가까운 사람보다는 그냥 아는 사람으로 이루어진 '약한 유대관계'의 네트워크에서 더 효율적인 정보 수집이 가능한 것이다.

그라노베터 이후 많은 경영학자가 약한 유대관계를 통해 다양한 정보와 지식을 수집함으로써 얻을 수 있는 효과에 관한 연구를 추진해왔다. 여기에서는 그 최신 연구 중 하나인 에모리 대학의 질 페리-스미스가 2006년에 발표한 연구[*]를 살펴본다.

페리-스미스가 이 연구에서 주목한 것은 인간의 독창성이다. 인간의 독창성이 기업 및 조직의 혁신에 있어 중요한 원천이 된다는 것은 굳이 설명하지 않아도 될 것이다. 7장에서도 언급했지만 개인이나 조직이 새로운 지식을 창출하기 위해서는 다양한 정보와 지식을 접하는 것이 무엇보다 중요하다.

개인이 독창성을 발휘하는 데에는 '강한 유대관계'와 '약한 유대관계' 중 어느 쪽이 더 유리할까? 답은 이미 알고 있을 것이다. 앞에서

---

[*] Perry-Smith, Jill E. 2006. "Social Yet Creative: The Role of Social Relationships in Facilitating Individual Creativity." Academy of Management Journal 49(1): 85-101.

살펴본 바와 같이 약한 유대관계의 네트워크가 폭넓은 지식을 습득하는 데에 더욱 유리하다.

이를 검증하기 위해 페리-스미스는 미국의 한 연구소를 분석 대상으로 삼았다. 그는 연구소에서 일하는 97명의 연구원을 대상으로 다른 멤버와의 교류 빈도를 조사했다. 그리하여 아주 가끔씩 이야기를 나누는 경우는 '약한 유대관계', 자주 만나 이야기를 나누는 경우는 '강한 유대관계'로 분류한 다음 연구원 개개인의 연구소 내 인간 관계 네트워크를 계측했다.

한편 부서의 책임자에게는 각 연구원이 얼마나 새롭고 혁신적인 아이디어를 창출했는지, 즉 얼마나 독창적인 성과를 보여주었는지 평가해달라고 부탁했다.

이렇게 각 연구원이 관련 네트워크와 창의적 성과의 관계를 분석한 결과 약한 유대관계를 주로 형성하는 사람일수록 창의적인 성과를 더 많이 만들어낸다는 사실이 밝혀졌다.

어떤 유대관계가
더 도움이 될까?

이쯤에서 한 가지 의문이 떠오를 것이다. 앞에 소개한 콜먼의 사회적 자본은 강한 유대관계의 효능을 설명하는 것이었다. 그런데 그라노베터는 오히려 약한 유대관계 쪽이 효과적이라고 주장하고 있다. 한편 필과 리아나는 콜먼을 지지하는 분석 결과를, 페리-스미스는 그라노베터를 지지하는 분석 결과를 내놓았다.

그렇다면 강한 유대관계와 약한 유대관계 중 과연 어느 쪽이 여러분에게 결과적으로 더 유용한 것일까? 콜먼과 그라노베터 중 누가 옳은 것일까?

이에 대해서는 다음 장에서 설명하겠다.

경영학에서 말하는
세 가지 '소셜' ❷

| 세계 경영학의 일대 조류 네트워크 이론 |

8장에서는 세계의 경영학자 사이에서 연구가 이루어지고 있는 세 가지 '소셜' 가운데 두 가지를 이야기했다.

- 콜먼이 제창한 사회적 자본은 사람 사이의 강한 유대관계에서 비롯되는 편익을 말하는 것이다.
- 그라노베터가 제창한 '약한 유대관계의 힘'이란 약한 유대관계의 네트워크가 다양한 정보를 보다 효율적으로 전파할 수 있다는 뜻이다.

그런데 이렇게 보면 '강한 유대관계'와 '약한 유대관계' 모두 도움이 되는 것처럼 보인다. 과연 우리에게 정말 도움이 되는 네트워크는 어느 쪽일까?

대답은 '그때그때 달라요'이다.

이것은 매우 중요한 포인트이다. 사회적 관계의 유용성은 조건에 따라 크게 바뀐다. 조건을 충족하지 못하면 아무리 열심히 사회적 관계를 구축한다 해도 아무런 이득을 취하지 못할 수 있다는 뜻이다.

이 장에서는 이와 관련하여 경영학계에서 논의되고 있는 중요한 조건 세 가지를 소개한다.

사회적 관계가 기능을 발휘하는 조건

첫 번째 조건은 사회적 관계를 활용하는 목적이다. 앞에서 소개한 필과 리아나의 연구를 예로 들면, 교사가 학생의 성적을 끌어올리기 위한 요건 중 하나는 학생 개개인의 학습 능력 및 세부적인 지도 방법 등의 '깊이 있는 정보'라고 할 수 있다. 교사들 사이에 돈독한 신뢰 관계가 구축되어 있다면 이러한 깊이 있는 정보를 손쉽게 자주 교환할 수 있을 것이다.

반면 페리-스미스의 연구에서 살펴본 바와 같이 독창성을 높이는 데에 유용한 것은 약한 유대관계다. 그 이유는 약한 유대관계의 네트워크가 지식의 다양화를 촉진하기 때문이다. 반대로 강한 유대관계의 네트워크는 지식을 동질화하는 경향이 있기 때문에 독창성 향상에 그다지 도움이 되지 않는다.

하나의 주제에 깊이 있는 정보를 얻는 데는 강한 유대관계가, 반대로 다양한 정보를 효율적으로 수집하는 데는 약한 유대관계가 더욱 효과적이다.

두 번째 조건은 사회적 관계를 통해 얻고자 하는 지식과 정보의 질이다.

이와 관련하여 하버드 대학의 모르텐 한센이 1999년에 발표한 연구[*]를 소개한다.

이 연구에서 한센은 대형 전기업체의 주임급 사원이 주도한 41개 부문의 연구개발 프로젝트를 조사했다. 그는 다른 부서 내 동급 사원과의 기술 정보 교환이 해당 프로젝트의 성공에 기여하고 있다는 사실을 알았다. 이에 주임급 사원끼리 교환하는 지식이 '얼마나 문서화하기 어려운 것인지'를 조사하기로 했다.

히토쓰바시 대학의 노나카 이쿠지로 명예교수의 연구를 통해 세상에 알려진 '암묵지暗默知'라는 단어를 들어봤을 것이다.

'암묵지'란 구두나 문서로는 전달하기 어려운, 개인 안에 내재되어 있는 지식을 말한다. 특성상 외부로 유출되기 어려운 암묵지는 제대로만 활용한다면 기업 혁신의 원천이 될 수도 있다. 그러나 암묵지는 말로 표현하기 어렵다는 점에서 사내 동료에게도 전달하기가 쉽지 않다는 문제를 가지고 있다.

---

[*] Hansen, Morten T. 1999. "The Search-Transfer Problem: The Role of Weak Ties in Sharing Knowledge across Organization Subunits." Administrative Science Quarterly 44(1): 82-111.

한센은 다음과 같은 가설을 세웠다. 첫 번째 가설은 8장에서 살펴본 페리-스미스의 주장과 같은 맥락이다. "프로젝트 담당자가 '약한 유대관계'를 통해 정보를 수집한다면 다양한 지식을 효율적으로 습득할 수 있을 것이므로 그가 주도하는 프로젝트는 성공할 확률이 높다"는 것이다.

두 번째 가설은 "그러나 그들이 주고받아야 하는 지식이 언어화하기 어려운 '암묵지'라면 약한 유대관계는 오히려 프로젝트의 성공에 방해가 될 수도 있다"는 것이었다.

암묵지는 그 특성상 친밀한 교류가 없는 사람에게는 전달하기 어렵다. 그럼에도 약한 유대관계에 기대어 암묵지를 얻으려는 담당자는 프로젝트를 성공시키기 어려울 것이라고 한센은 생각한 것이다. 그는 조사를 통해 얻은 데이터를 바탕으로 통계분석을 실시하여 이러한 가설을 뒷받침하는 결과를 얻었다.

한센의 연구 결과는, 사회적 인간관계의 유용성은 그것을 통해 얻고자 하는 것이 무엇인가에 따라 달라진다는 사실을 보여준다. 그러므로 사회적 관계의 유용성을 따지기 전에 그러한 관계를 통해 얻고자 하는 것이 과연 무엇인지, 그것이 다양한 정보인지, 혹은 암묵지인지를 먼저 생각해볼 필요가 있다.

산업에 따라
유대관계의 효과도 달라진다

유대관계의 강도에 따른 효과에 중요한 영향을 미치는 세 번째 조건은 사업 환경이다.

지금까지 '개인'의 사회적 관계를 살펴보았는데, 경영학계에서는 '조직'의 사회적 관계 연구도 활발히 이루어지고 있다.

그중에서도 세계의 경영학자가 주목하는 것은 업무 제휴를 통한 기업의 사회적 관계다. 업무 제휴는 기업과 기업의 '유대관계' 그 자체라고도 할 수 있으므로 그 사회적 특성이 사업에 어떤 영향을 미치는지 살펴보는 것은 매우 흥미로운 주제가 아닐 수 없다.

토론토 대학의 팀 롤리와 딘 베런스, 그리고 네트워크 연구의 일인자인 카네기멜론 대학의 데이비드 크래커트가 2000년에 발표한 논문*은 그 대표적인 예다.

이 논문에서 연구팀은 1990년대에 반도체와 철강업계에서 이루어진 기업 간 업무 제휴에 주목했다.

이들의 연구가 흥미로운 이유는 업무 제휴에도 다양한 형태가 있다는 사실에 주목하고, 이를 '강한 유대관계'와 '약한 유대관계'로 분류했다는 점이다.

---

* Rowley, Tim, Dean Behrens, and David Krackhardt. 2000. "Redundant Governance Structures: An Analysis of Structural and Relational Embeddedness in the Steel and Semiconductor Industries." Strategic Management Journal, 21(3): 369-386.

예컨대 합작 투자, 자본 제휴, 공동 연구개발 등은 막대한 비용과 많은 인력을 할애해야 하는 제휴 형태다. 이러한 업무 제휴는 기업 간에 복잡한 조정이 필요하기 때문에 각 기업의 대표가 얼굴을 마주할 기회가 많다. 이러한 점에서 위와 같은 업무 제휴는 '강한 유대관계'에 가깝다고 할 수 있다.

이에 비해 기업 간 공동 마케팅이나 라이센싱 등은 비교적 적은 비용과 시간이 소요되며 기업 간의 조정도 덜 복잡한 편이다. 따라서 이러한 업무 제휴는 '약한 유대관계'에 가깝다고 할 수 있다.

이에 연구팀은 반도체 산업과 철강 산업에서 이루어지는 기업 간 업무 제휴의 데이터를 수집한 다음, 이를 '강한 유대관계'와 '약한 유대관계'로 구분하여 기업의 실적과 연관 관계가 있는지 분석했다. 그결과 반도체 산업에서는 '약한 유대관계'에 기초한 업무 제휴를 주로 실시하는 기업의 이익률이 향상되는 반면, 철강 산업에서는 '강한 유대관계'에 기초한 업무 제휴를 주로 실시하는 기업의 이익률이 향상된다는 사실을 알았다.

어째서 두 산업에서 기업 간 유대관계의 효과가 반대로 나타난 것일까?

네트워크, 그리고 지식의 탐색 및 심화

여기에서 주목해야 할 점은 반도

체 산업과 철강 산업은 사업 환경이 전혀 다르다는 사실이다.

반도체는 불확실성이 높은 사업이다. 기술 혁신의 속도가 빨라 기존의 기술은 금세 진부한 기술이 되어 버린다. 또한 시장 상황의 변동이 심한 것도 특징이다. 반면 철강은 성숙 산업에 가깝다. 기술 혁신이 전혀 일어나지 않는 것은 아니지만 반도체와 비교하면 속도가 아주 느린 편이다. 반도체에 비해 불확실성이 낮은 산업이라고 할 수 있다.

이쯤에서 7장에서 살펴본 혁신에 관한 논의를 떠올릴 필요가 있다.

반도체처럼 기술 혁신의 속도가 빠르고 불확실성이 높은 환경에서는 기업이 적극적으로 혁신을 일으킬 필요가 있기 때문에 '지식의 탐색'이 중요하다. 지식의 탐색 및 다양화가 혁신의 원천이 된다는 것은 7장에서 충분히 다루었다.

그리고 8장에서 살펴본 페리-스미스의 연구 결과처럼 지식의 탐색에 유용한 쪽은 강한 유대관계가 아닌 약한 유대관계다. 따라서 기업이 다양한 지식을 습득하여 실적을 향상시키려면 약한 유대관계에 기초한 제휴 네트워크를 활용하는 편이 유리하다.

반면 철강 산업처럼 비교적 안정된 사업 환경에서는 새로운 기술을 탐색하기보다 현재 가지고 있는 기술을 더욱 발전시키는 것이 더 큰 효과를 낼 수 있다.

7장에서 소개한 '지식의 심화'를 더욱 중시할 필요가 있는 것이다. 그러기 위해서는 다른 기업과 강한 유대관계에 기초한 제휴를 맺어 보다 깊이 있는 지식을 교환하는 것이 중요하다.

롤리 등이 진행한 연구는 기업이 업무 제휴 전략을 세울 때 사업 환경의 불확실성을 충분히 고려한 다음 가장 적합한 형태를 선택해야 한다는 점을 시사한다.

동일본대지진 당시 트위터의 역할이 컸던 이유

다음으로 인터넷 소셜 네트워크 서비스SNS를 생각해보자. 2011년 동일본대지진이 발생했을 당시 나는 SNS의 활약에 깊은 인상을 받았다. 그중에서도 특히 트위터는 지진 발생 직후 신속한 정보 전달에 큰 도움이 되었다.

대지진의 공황 속에서도 사람들은 트위터를 통해 서로의 안부를 확인할 수 있었는데, 각지의 피해 상황과 피난 정보 등을 비롯해 실시간으로 업데이트되는 다양한 소식은 많은 사람에게 도움이 되었다고 한다. 당시 미국에서 지진 뉴스를 접하고 큰 충격을 받았던 나 또한 트위터에 중요한 피난 정보가 올라올 때마다 그것을 리트윗(게시물을 복사하여 퍼뜨리는 것)했던 기억이 있다.

그런데 여기에서 주목해야 할 점은 트위터가 다른 SNS에 비해 '약한 유대관계'의 성격을 가지고 있다는 사실이다.

트위터에서는 상대편의 허락을 받지 않아도 그 사람을 '팔로우(다른 사람의 게시물을 받아 보는 것)'할 수 있다. 즉 친한 사이가 아니거나 전혀 모르는 사람이라 하더라도 일방통행이긴 하지만 관계를 형성할 수 있는 것이다.

반면 일본의 대표적 SNS인 '믹시mixi(우리나라의 싸이월드 미니홈피와 비슷한 개념의 SNS-옮긴이)'에서는 다른 사람과 '마이 믹시(싸이월드의 '일촌'에 해당하는 관계)'를 맺으려면 상대편의 허락을 받아야 한다. 따라서 믹시에서는 실제로 친분이 있는 사람과 마이 믹시를 맺는 경우가 많다. 따라서 믹시에서 형성하는 사회적 관계는 '강한 유대관계'에 가깝다고 할 수 있다. 실제로 믹시는 경쟁 SNS와의 차별화를 꾀하기 위해 '강한 유대관계'를 강조하는 전략을 취하고 있다.

하지만 대지진처럼 불확실성이 극단적으로 높은 상황이 벌어졌을 때 보다 유용한 쪽은 트위터였다.

앞에서 롤리 등이 사업 환경에 따른 업무 제휴 형태의 차이를 발견한 것처럼 불확실성이 높은 상황에서는 폭넓은 정보를 수집하는 것이 무엇보다 중요한데, 이러한 점에서 다양한 정보를 멀리까지 효율적으로 전파할 수 있는 '약한 유대관계'에 기초한 트위터가 더 큰 효과를 발휘할 수 있었던 것이다. 물론 지진이라는 특수한 상황을 감안했을 때 트위터가 다른 SNS에 비해 스마트폰으로 접속하기 쉽다는 점도 영향을 미쳤겠지만, 나는 트위터의 활약이 뛰어났던 가장 큰 이유는 다름 아닌 '약한 유대관계의 힘'의 본질을 발휘했기 때문이라고 생각한다.

그렇다면 또 다른 유력 SNS인 페이스북Facebook은 어떨까?

주위 사람이 페이스북을 이용하는 형태를 보면 어떤 사람은 트위터처럼 상대를 가리지 않고 관계를 맺는 형태로 사용하기도 하고, 또 어떤 사람은 믹시처럼 가까운 친구 사이로 공개 범위를 한정한 형태로 사용하기도 한다.

그리고 2011년 초 아랍에서 일어난 민주화 운동, 이른바 '아랍의 봄' 당시에는 불안정한 정세 속에서 일반 시민이 정보를 수집하는 데에 페이스북이 큰 도움이 되었다고 들었다. 이것만 보면 페이스북도 경우에 따라서는 '약한 유대관계의 힘'을 발휘하는 것으로 생각된다. 실제로 사용하고 있는 여러분의 생각은 어떤가?

'구조적'
소셜 네트워크

이제 '소셜'의 세 가지 부류 중 마지막에 해당하는 '구조적 소셜 네트워크'를 이야기해보자.

구조적 소셜 네트워크는 이름에서도 알 수 있듯이 네트워크의 전체 구조에 주목하는 개념이다. 그러므로 지금까지 살펴본 '강한 유대

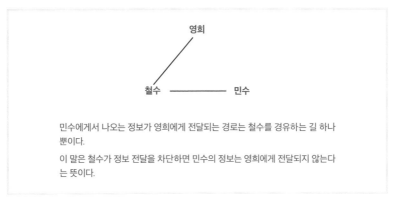

영희

철수 ———— 민수

민수에게서 나오는 정보가 영희에게 전달되는 경로는 철수를 경유하는 길 하나뿐이다.
이 말은 철수가 정보 전달을 차단하면 민수의 정보는 영희에게 전달되지 않는다는 뜻이다.

〔그림1〕구조적 공백의 기초

관계'니 '약한 유대관계'니 하는 이야기는 잠시 접어두겠다.

대신 앞에서 예로 들었던 철수, 영희, 민수를 다시 불러보겠다.

앞 페이지의 〈그림1〉을 보자. 이것은 156쪽의 〈그림2〉와 같은 관계를 나타내고 있다. 철수는 영희, 민수와 각각 연결되어 있고,(여기에서는 이들의 사이가 가까운지 그렇지 않은지는 따지지 않아도 된다) 영희와 민수는 직접 연결되어 있지 않다. 즉 삼각형의 한 변이 빠진 상태다.

민수에게서 나오는 정보가 영희에게 전달되는 경로는 철수를 경유하는 길 하나뿐이다. 철수가 정보 전달을 차단하면 민수의 정보는 영희에게 전달되지 않는 것이다.

〈그림1〉에서 구조적 소셜 네트워크를 생각할 때 우리가 주목해야 할 것은 '세 사람 중 가장 유리한 위치에 있는 사람은 누구인가' 하는 점이다.

가장 유리한 위치에 있는 사람은 누구인가? 네트워크 연구자가 생각하는 정답은 바로 '철수'다. 왜냐하면 철수는 세 사람 가운데 유일하게 다른 두 사람과 직접 연결되어 있기 때문이다. 따라서 오직 철수만이 다른 두 사람에게서 나오는 정보를 직접 손에 넣을 수 있다.

그렇다면 영희는 어떨까? 영희도 분명 철수와 민수에게서 나오는 정보를 모두 입수할 가능성이 있다. 민수와 직접 연결되어 있는 것은 아니지만 철수를 통해 민수의 정보를 입수할 수 있기 때문이다.

그런데 만약 철수가 민수에게서 나오는 정보를 영희에게 전달하지 않으면 어떻게 될까?

영희는 민수와 직접 연결되어 있는 것이 아니기 때문에 애초에 민수에게서 정보가 나왔다는 사실조차 알 수 없을 것이다. 이러한 상황에서 유일한 정보 전달 경로인 철수가 정보를 차단하면 민수의 정보는 절대로 영희에게 전달될 수 없다. 이는 영희의 정보가 민수에게 전달될 때도 마찬가지다.

이러한 가정은 그라노베터의 생각과 큰 차이가 있다. 그라노베터는 정보란 마치 수도관을 흐르는 물처럼 사회적 관계를 통해 막힘없이 흘러간다고 생각했다. 그리하여 다양한 정보가 멀리까지 전파될 수 있다고 말이다.

반면 구조적 네트워크는 수도관의 한 지점에서 물을 막아 고이게 하듯 네트워크상의 정보를 가둬두고 독점하려는 사람이 생겨날 것이라는 생각을 전제로 한다.

〈그림1〉의 경우 철수가 바로 여기에 해당한다. 철수는 영희가 모르는 민수의 정보와 민수가 모르는 영희의 정보를 독점할 수 있으므로 이를 이용하여 이익을 취할 수 있다.

예컨대 민수는 자동차를 팔고 싶어 하고, 영희는 자동차를 사고 싶어 한다고 가정해보자. 민수와 영희는 서로의 생각을 알 수 없지만 양쪽의 생각을 모두 알고 있는 철수가 나서면 두 사람 간의 매매가 성사될 수도 있다. 결국 중개 역할을 할 수 있는 철수가 이익을 얻을 수 있는 것이다.

이것이 구조적 소셜 네트워크의 기본 개념이다. 구조적 소셜 네트워크라는 발상으로 소셜 네트워크 연구에 지대한 영향을 미친 사람은 시카고 대학에 재직 중인 로널드 버트이다.

이러한 상황은 이들의 네트워크가 한 변이 빠진 불완전한 삼각형을 형성하기 때문에 발생한다.

즉 삼각형에 존재하는 공백으로 인해 철수가 이익을 얻는 것이다. 버트는 이것을 '구조적 공백Structural Hole'이라고 명명했다.

구조적 공백을
활용하자

버트가 제창한 구조적 공백이라는 개념은 오늘날 소셜 네트워크 연구에서 중요한 위치를 차지한다. 버트에

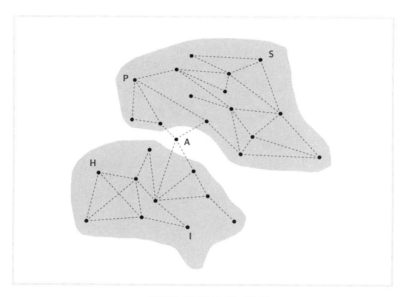

〔그림2〕 확장된 구조적 네트워크

따르면 구조적 공백의 우위를 차지한 사람은 네트워크에서 오가는 정보와 지식을 제어할 수 있기 때문에 이를 이용하여 이익을 얻을 수 있다.

〈그림2〉는 앞에서 살펴본 세 사람의 네트워크를 조금 확장시킨 것이다. 〈그림2〉에 표시된 모든 사람은 어떤 식으로든 서로 연결되어 있다. 하지만 H와 I의 정보가 P와 S에게 전달되려면 반드시 A를 거쳐야 한다. 반대의 경우도 마찬가지다. 이때 A는 구조적 공백의 혜택을 누리는 위치에 있다고 이야기할 수 있다.

그러면 이번에는 A를 분기점으로 H, I가 속한 네트워크 영역과 P, S가 속한 네트워크 영역을 각각 독립된 국가라고 가정해보자. 이 경우 A가 양국 사이에서 교역을 담당할 것이라는 정도의 상상은 쉽게 할 수 있다. 이처럼 구조적 공백은 비즈니스에 있어 기본 중의 기본이라고 할 수 있다.

아주 오래전 동서양을 오가던 실크로드의 상인들부터 제조업체와 소매업자를 이어주는 도매업자, 그리고 국가 간의 교역을 담당하는 무역회사에 이르기까지 모두가 구조적 공백의 우위성을 이용하여 이익을 취하는 예라고 할 수 있다. 구조적 공백 때문에 정보, 물자, 자원, 자금 등을 '전달하는' 역할이 필요하게 되고, 더 나아가 이러한 거래를 제어하여 막대한 이익을 얻을 수도 있는 것이다.

이러한 구조적 공백을 이용하는 사업자가 가장 두려워하는 것은 구조적 공백이 메워지는 것이다. 만약 〈그림1〉에서 영희와 민수가 어떤 계기를 통해 서로 아는 사이가 된다면(삼각형이 완성된다면), 두 사람이 직접 거래할 수 있으므로 더 이상 철수의 역할은 필요치 않을 것이다.

최근에는 규제 완화와 정보 기술의 발전으로 제조업체가 도매업자를 거치지 않고 소매업자에게 직접 물품을 제공하거나 서로 멀리 떨어진 판매자와 구매자가 직거래하는 일이 가능해졌다. 이러한 변화 때문에 경영난을 겪는 유통업체도 많다고 하는데 이 모두가 구조적 공백이 메워짐으로써 발생하는 현상이라고 할 수 있다.

구조적 공백은
연봉을 높인다?

세계의 경영학은 이제 개인과 조직의 유대관계 데이터를 이용하여 구조적 공백을 계측하는 단계에 이르렀다. 여러분도 특정 프로그램만 있으면 '누가 누구와 연결되어 있는지'를 나타내는 네트워크 데이터를 입력하는 것으로 자신의 구조적 공백 지수를 계산할 수 있다. 실제로 그동안 이루어진 많은 연구를 통해 구조적 공백의 우위를 차지한 개인과 조직이 그렇지 않은 경우보다 더 많은 이익을 얻을 수 있다는 사실이 입증되었다.

그중에서도 흥미로운 것은 앞에 나온 로널드 버트와 시카고 대학의 로빈 호가스, 그리고 인시아드INSEAD의 클로드 미쇼가 2009년에 발표한 연구[*]다.

---

[*] Burt, Ronald S. Robin M. Hogarth, and Claude Michaud. 2000. "The Social Capital of French and American Managers." Organization Science 11(2): 123-147.

이들은 '직장인의 출세 및 급여와 구조적 공백의 관계'라는 재미있는 주제로 연구를 실시했다.

지금은 네트워크 관련 연구가 전 세계적으로 이루어지고 있지만, 이 논문이 발표되기 전까지는 대부분의 연구가 미국의 데이터에 국한된 것이었다.

그래서 연구팀은 미국 이외의 국가에서도 구조적 공백의 우위성이 개인에게 영향을 미치는지 검증하기 위해 미국과 프랑스의 데이터를 비교하기로 했다. 미국에 비해 프랑스의 기업은 관료주의적이고 보수적인 색채가 남아 있는 경우가 많다.

10장에서는 비즈니스와 관련된 국민성 지표를 소개하고 있는데 프랑스인은 미국인에 비해 권력의 격차를 중시하고 리스크를 회피하려는 경향이 강한 것으로 나타난다.

이러한 국민성의 차이는 비즈니스에서 사회적 관계를 활용하는 방식에도 영향을 미친다.

이를 검증하기 위해 연구팀은 미국과 프랑스의 대기업에 근무하는 중간관리직(차장 및 과장급) 230명을 대상으로 이들 개개인이 회사 안팎에서 어떤 사람과 인맥을 쌓고 교류를 이어왔는지 조사했다. 그런 다음 이런 인맥 데이터를 바탕으로 중간관리직 개개인의 구조적 공백을 계산했다.

그 결과 미국뿐 아니라 프랑스 기업의 중간관리직도 구조적 공백의 우위를 차지한 사람일수록 연간 수입이 높다는 사실을 확인할 수 있었다.

이처럼 구조적 공백의 우위성이 이익을 가져다준다는 연구 결과는 경영학자 사이에서 공감대를 형성하고 있으며, 나아가 이것이 특정 국가에만 국한되는 것이 아니라는 점 또한 명확해졌다.

나의 사회적 관계를 돌아보자

지금까지 세계의 경영학자 사이에서 선풍적인 열풍을 일으키고 있는 '소셜'에 관한 연구를 살펴보았다. 개인의 인간관계와 기업의 업무 제휴라는 사회적 관계의 메커니즘과 효과가 경영학자의 연구를 통해 점차 밝혀지고 있는 것이다.

인간관계를 잘 활용하는 것이 중요하다는 것은 막연하게나마 알고 있어도 그것이 '왜' 중요한지, 또 어떤 형태의 관계가 어떤 상황에서 도움이 되는지 진지하게 생각해본 적은 그리 많지 않을 것이다. 이러한 점에서 여러분이 앞으로 경영학 지식을 활용한다면 보다 효과적으로 사회적 관계를 활용할 수 있을 것이다.

내가 아는 각국의 비즈니스 스쿨 교수들은 학생들에게 자신이 형성하고 있는 네트워크를 그림으로 나타내는 연습을 시키곤 한다. 그 배경에는 바로 이러한 네트워크 이론이 존재한다.

최근에는 페이스북 등의 SNS를 통해 맺은 인간관계를 소셜 그래프와 같은 시각적 자료로도 확인할 수 있다. 또한 업계 연구 관련 서적에서도 기업 간의 제휴와 자본 관계 등을 그림으로 나타내는 경우를 쉽게 찾아볼 수 있다. 이 책의 내용을 바탕으로 이러한 사회적 관계도를 새로운 시각으로 바라보는 것도 도움이 될 것이다.

집단주의 성향이
비즈니스에 미치는 영향

| 글로벌 경영에서 국민성 지수가 갖는 의미 |

여러분도 해외에서 비즈니스를 전개하거나 여행을 하거나 국내에 체
류하는 외국인과 교류할 기회가 있었다면 나라마다 사고방식이나 습
관과 같은 국민성에 차이가 있다는 것을 실감했을 것이다. 특히 해외
주재원들과 이야기를 나누다 보면 "이곳 사람들은 비즈니스에 대한
사고방식이 우리나라와 달라서 힘들다"며 고충을 토로하는 경우가 종
종 있다.

그런데 이 '국민성'이라는 개념이 지나치게 추상적인 것 같다는 생
각을 해본 적은 없는가? 일본 사람은 '일본인은 집단주의 성향이 강
하고 미국인은 개인주의 성향이 강하다'는 식의 막연한 이미지를 가
지고 있는데 이를 뒷받침할 만한 명확한 근거는 사실 어디에도 없다.

이 장에서는 국제경영론 분야에서 그동안 많은 연구가 이루어져왔고 지금도 이루어지고 있는 '국민성의 차이와 비즈니스'라는 주제를 살펴보고자 한다.

'일본인은 집단주의 성향이 강하다'라는 말은 과연 사실일까? 만일 사실이라면 이러한 성향은 비즈니스에 어떤 영향을 미칠까?

세계의 경영학자는 이와 관련한 연구 주제를 'National Culture'라는 용어로 표현한다. 이 말을 그대로 옮기면 '국가 문화'라고 해야겠지만, 이 책에서는 보다 직관적으로 와닿는 '국민성'이라는 용어를 사용하겠다.

해외 진출에 잠재된 4가지 리스크

기업의 비즈니스 전략 수립에서 '국민성의 차이'는 자주 등한시된다.

예컨대 기업이 해외 시장에 진출하려는 계획을 세울 때는 진출 대상 국가의 시장 규모나 성장성 등에 철저한 조사를 실시하는 것이 보통이다. 그러나 해당 국가의 국민성이 자국과 어떻게 다른지, 그것이 현지에서 전개할 사업에 어떤 영향을 미칠지에 대해서는 그다지 심각하게 생각하지 않는 듯하다. 이러한 문제는 대부분의 경우 분석 리포트의 마지막 장에 '리스크 요인으로써 검토할 필요가 있음'과 같은 짤막한 표현으로 대신하곤 하기 때문이다.

하버드 대학의 판카즈 게마와트가 2001년에 발표한 논문[*]은 바로 이러한 점을 지적한다. 게마와트는 기업이 신규 진출 국가를 선택할 때 시장 규모와 성장성만을 중시하여, 경제 지표만으로 파악하기 어려운 요인은 신중히 검토하지 않기 때문에 실패하는 경우가 많다고 주장한다.

이에 게마와트는 'CAGE'라는 4가지 실용적인 분석 기준을 마련했다. 그는 기업이 해외에서 비즈니스를 전개하기 전에 이 4가지 항목을 기준으로 진출 대상국과 자국 사이의 '거리'를 최대한 정량화하여 리스크 요인으로 분석할 것을 제안했다.

CAGE란 (1)국민성의 거리Cultural, (2)행정상의 거리Administrative, (3)지리적 거리Geographic, (4)소득 격차의 거리Economic 등 4가지 항목의 머리글자를 모은 것이다. 즉 문화적, 행정적, 지역적, 경제적 거리를 말한다.

진출 대상국의 분석에 이런 항목을 리스크 요인으로 반영한다면 시장 성장성이 높다 하더라도 그에 못지않게 리스크가 커서 결코 매력적인 진출처가 아니라는 사실을 깨달을 수 있고, 반대로 시장 규모는 그리 크지 않더라도 리스크가 낮다는 점에서 매력적인 시장으로 다가오는 경우가 생겨날 것이다.

---

[*] Ghemawat, Pankaj. 2001. "Distance Still Matters: The Hard Reality of Global Expansion." Harvard Business Review 79(8): 137-147.

국민성을
수치화하다

|||

　　　　　　　　　　　　게마와트의 주장대로 진출하려는 나
라의 국민성을 경영 환경 분석에 반영한다면 분명 큰 도움이 될 것이다.

　　게마와트의 CAGE 가운데 (3)지리적 거리와 (4)소득 격차의 거리
는 비교적 수치화하기 쉬운 항목이다. 또한 (2)행정상의 거리는 수치
화하기는 어렵지만 기업이 해외에 진출할 때 상대국의 법 제도와 행
정 절차를 숙지하는 것은 당연한 일로 여겨진다.

　　그러나 (1)국민성의 거리는 나머지 항목에 비하면 모호한 개념이
아닐 수 없다. 아무리 생각해도 '국민성'이라는 말은 막연하게만 느껴
진다. 예컨대 시장 규모라면 '어느 나라의 어느 상품 시장이 몇 년에
는 몇 억 달러 규모로 성장할 것'이라는 식으로 계산할 수 있지만, 국
민성처럼 수치화가 불가능한 요소는 의사결정에 반영하기가 쉽지 않
을 것이다.

　　하지만 각국의 국민성을 수치화할 수 있다면 이야기는 달라진다.
국제경영론 분야에서는 이에 관한 많은 연구가 이루어져 왔다. 세계
의 경영학자가 국민성을 수치화하기 위해 노력한 결과 다양한 종류
의 국민성 지수가 발표되었다.

---

* 실제로 경영학에서는 '행정제도의 차이'를 정량화하는 연구도 많이 이루어지고 있지만 이 장에서는 국민
　성이라는 주제에 초점을 맞추겠다.

홉스테드
지수

그중에서도 가장 유명한 지표는 마
스트리흐트 대학 명예교수 헤르트 홉스테드^{Geert Hofstede}가 고안한 '홉스
테드 지수'다. 이를 모르는 경영학자가 없을 정도로 유명한 지수다.

1970년대 후반 홉스테드는 거대 다국적기업인 IBM의 전 세계 40
개국 직원 11만 명에게 질문지를 보낸 다음 그 응답 데이터를 바탕으
로 각국의 국민성을 분석했다. IBM이라는 특정 기업의 정보만 가지고
국민성을 분석하는 것이 과연 타당한지 의문을 제기하는 사람도 있겠
지만, 분석 대상을 하나의 기업으로 한정함으로써 기업별로 차이가 있
을 수 있는 '기업 문화'의 영향을 배제할 수 있다는 이점도 있다.

이 통계분석을 통해 4가지 차원에서 국민성을 분석할 수 있다는
결론을 얻은 홉스테드는 1980년 자신의 연구 결과를 책으로 펴냈다.
그 요지는 다음과 같다.

- Individualism↔Collectivism : 그 나라 국민이 개인을 중시하는지(개인주의),
  아니면 집단의 정체성을 중시하는지(집단주의)를 나타내는 지표
- Power Distance : 그 나라 국민이 권력의 불평등을 수용하는지 나타내는 지표
- Uncertainty Avoidance : 그 나라 국민이 불확실성을 회피하려는 경향이 있는
  지 나타내는 지표
- Masculinity : 그 나라 국민이 경쟁 및 자기주장을 중시하는 등 '남성적인' 특징

을 가지고 있는지 나타내는 지표*

일본인은 정말
집단주의 성향이 강할까?

              1980년에 처음으로 발표된 홉스테드 지수는 이후 여러 차례에 걸쳐 개정되었으며 대상국도 늘어나 현재는 발표 당시보다 내용이 더욱 충실해졌다. 홉스테드 지수는 인터넷 홈페이지**에서 쉽게 확인할 수 있다. 이 책에서는 홉스테드의 개인 홈페이지에 게재되어 있는 수치를 가져와 몇몇 나라의 데이터를 정리했다.

    다음의 〈표1〉에 나와 있는 일본의 국민성 데이터를 보자.

    이 장에서는 '개인주의(vs집단주의)'에 주목하겠다. 일본의 개인주의 지수는 46으로, 69개국 가운데 32번째로 개인주의 성향이 강한 것으로 나타났다. 참으로 흥미로운 결과이지 않는가. 일본 사람은 스스로 '세계에서 집단주의 성향이 가장 강한 국민 중 하나'라고 생각한다. 그러나 홉스테드의 분석 결과에 따르면 69개국 가운데 일본인의 집단주의 성향이 특별히 강하다고 보기는 어렵다.

---

* 이 책에서는 홉스테드가 1980년에 처음 발표했을 때 제안한 4가지 지수만을 소개하고 있다. 이후 1991년에 Long Term Orientation(그 국민이 장기적 관점을 가지고 있는가)라는 지수가, 그리고 2011년에는 Rentraint=Indulgence(그 국민이 자기 제어적인가)라는 지수가 추가되었다.

** http://www.geerthofstede.nl/

	코굿=싱 지수 (일본을 기준으로 한 거리)	순위	남성성	순위	리스크 회피성	순위	권력 격차	순위	개인주의	순위
일본	-	-	95	2	92	10	54	44	46	32
폴란드	0.86	2	64	17	93	9	68	24	60	19
이탈리아	0.97	3	70	8	75	29	50	45	76	8
멕시코	0.99	4	69	9	82	24	81	9	30	44
아르헨티나	1.10	5	56	27	86	14	49	47	46	33
그리스	1.27	7	57	25	112	1	60	36	35	41
독일	1.29	8	66	13	65	39	35	58	67	16
남아프리카	1.72	17	63	19	49	53	49	46	65	17
브라질	1.74	18	49	37	76	28	69	22	38	37
아랍 연합	1.92	22	52	32	68	37	80	11	38	38
스페인	2.01	24	42	50	86	17	57	41	51	28
프랑스	2.29	28	43	47	86	16	68	23	71	12
인도	2.55	36	56	28	40	59	77	16	48	29
호주	2.58	38	61	21	51	51	36	56	90	2
한국	2.59	39	39	55	85	22	60	37	18	58
미국	2.70	41	62	20	46	57	40	51	91	1
캐나다	2.79	44	52	33	48	55	39	54	80	6
중국	2.96	47	66	12	30	63	80	12	20	55
영국	3.04	49	66	14	35	62	35	57	89	3
포르투갈	3.14	51	31	61	104	2	63	33	27	46
러시아	3.23	53	36	59	95	6	93	6	39	35
인도네시아	3.30	54	46	41	48	56	78	14	14	64
말레이시아	4.26	61	50	35	36	60	104	2	26	48
싱가포르	5.23	64	48	38	8	69	74	18	20	54
네덜란드	5.93	65	14	67	53	48	38	55	80	4
스웨덴	8.02	68	5	69	29	66	31	62	71	11

▼코굿=싱 지수의 계산식

$$KS_i = \sum_{k=1}^{4} \{(I_{ki} - I_{kj})^2 / V_k\}/4$$

여기에서 KS_i는 일본과 i국 간의 거리.(코굿&싱 지수) I_{ki}는 i국의 k차원 국민성 지수, I_{kj}는 일본(j)의 k차원 국민성 지수, V_k는 k차원 국민성 지수 대상국 전체의 분산을 나타냄.

[표1] 국민성의 거리

일본 사람이 스스로 집단주의 성향이 강하다고 믿는 이유 중 하나는 비교 대상이 미국인 또는 유럽인이기 때문일 것이다. 개인주의 지수를 보면 미국이 1위, 영국, 네덜란드, 캐나다, 이탈리아 등 유럽 각국이 비슷한 수치로 10위권 안에 집중되어 있으니 이들 국민에 비하면 일본인은 분명 집단주의 성향이 강하다고 할 수도 있다. 그러나 아시아의 중국(55위), 한국(57위), 인도네시아(64위) 등과 비교하면 일본인은 오히려 개인주의 성향이 강한 것으로 나타난다.

물론 이는 어디까지나 한 가지 분석 결과에 지나지 않으므로 이 지표만으로 일본인이 집단주의적이지 않다고 단언하기는 어렵다. 그렇지만 '일본인은 집단주의 성향이 강하다'는 막연한 이미지를 기정사실로 받아들이는 일은 경계할 필요가 있다.

국민성의 거리를
측정하다

현재 컬럼비아 대학에 재직 중인 브루스 코굿[Bruce Kogut]과 펜실베이니아 대학의 하비어 싱[Harbir Singh]이 1988년에 발표한 논문*은 홉스테드 지수를 분석에 반영한 획기적인 연구라 할 수 있다.

---

* Kogut, Bruce, and Harbir Singh. "The Effect Of National Culture On The Choice Of Entry Mode" Journal of International Business Studies 19(3):411-432.

코굿과 싱은 4가지 차원에서 국민성을 분석한 홉스테드 지수를 바탕으로 각국의 국민성이 얼마나 차이 나는지를 '거리'로 나타냈다.(〈표1〉의 아래쪽 계산식 참고)

이 방법으로 일본과 세계 각국 간의 '국민성 거리'를 계산했다. 표의 가장 왼쪽 열에 결과를 기재했으니 참고하기 바란다. 이 결과 또한 무척 흥미롭지 않은가.

먼저 표에 제시된 나라 가운데 일본과 국민성 거리가 가장 가까운 나라는 폴란드(69개국 중 두 번째)였다. 또한 표에는 나와 있지 않지만 실제로 일본과 국민성이 가장 비슷한 나라는 헝가리였다. 동유럽의 두 나라가 일본과 가장 비슷한 국민성을 가지고 있다는 사실이 무척 흥미롭게 다가왔다.

반대로 일본과 국민성 거리가 가장 먼 나라는 네덜란드와 스웨덴이었다. 한편 같은 아시아권에 속해 있는 싱가포르나 말레이시아 등이 일본과 국민성 거리가 멀다는 것 또한 무척 재미있는 대목이다. 지리적으로 가장 가까운 한국이나 중국도 일본과 국민성 거리가 그리 가까운 편은 아닌 듯 보인다.

코굿과 싱은 1988년에 발표한 이 논문에서 '진출 대상국과 자국의 국민성 거리가 멀수록 기업의 해외 진출 리스크도 커지므로 자국과 국민성 거리가 먼 나라에 진출하려는 기업은 인수와 합병 중 투자비용이 적은(=리스크가 작은) 합병을 선택해야 한다'는 가설을 세웠다. 그리고 미국계 기업 506개사의 해외 진출 데이터를 바탕으로 통계분석을 실시하여 이러한 가설을 뒷받침하는 결과를 얻었다.

두 사람의 논문을 계기로 세계의 경영학자는 국민성 거리가 비즈니스에 미치는 영향을 연구한 결과를 잇달아 발표했으며 지금도 연구는 계속되고 있다.

GLOBE
지수

그런데 혹시 홉스테드 지수를 살펴보는 동안 그 신뢰성에 의심이 들지는 않았는가? 만일 그렇다면 당연한 의문을 품은 것이다.

먼저 홉스테드 지수는 특정 기업[IBM]의 직원만을 대상으로 한 것이라는 사실을 다시 떠올리자. 앞에서도 이야기한 것처럼 이는 '기업 문화 차이'를 배제할 수 있다는 점에서는 바람직하지만 동시에 IBM만의 특수성이 반영되었을 가능성도 부정할 수 없다. 다음으로 의문을 가질 수밖에 없는 또 하나의 이유는 홉스테드 지수의 바탕이 된 데이터가 1970년대에 수집되었다는 점이다. 이후 꾸준히 업데이트가 이루어지고 있다고는 해도 국민성이 시대에 따라 변화하는 것이라면 홉스테드 지수가 그것을 얼마나 반영하고 있을지도 의문이다.

물론 경영학자들이 이러한 의문을 품지 않았을 리 없다. 홉스테드 지수가 발표된 이후에도 많은 연구자가 여기에 만족하지 않고 보다 정확한 지표를 만들기 위해 연구에 매진했다. 그 결과 지금까지 다양한 국민성 지표가 발표되었다.

그중에서도 홉스테드 지수와 더불어 최근 경영학계에서 가장 널리 사용되고 있는 지표는 'GLOBE 지수'이다.

펜실베이니아 대학의 로버트 하우스는 1991년 새로운 국민성 지표를 만드는 프로젝트에 착수했다. 하우스는 전 세계에서 170명의 공동 연구자를 모집하여 62개 국가와 지역의 951개 기업에 근무하는 관리직 사원을 대상으로 국민성에 관한 설문조사를 실시했다. 이는 홉스테드 혼자서 IBM이라는 특정 기업만을 대상으로 조사 및 분석을 실시하고 결과를 정리한 것과 대조를 이룬다.

하우스는 이러한 대규모 연구 끝에 GLOBE Global Leadership and Organizational Behavior Effectiveness라는 지수를 만들어 2004년 800쪽이 넘는 책으로 출간했다.

GLOBE 지수는 조사 대상을 특정 기업에 국한하지 않고 170명이나 되는 연구자를 동원하여 분석을 실시했다는 점에서 커다란 반향을 불러일으켰다. 또한 GLOBE 지수의 등장 이후 홉스테드 지수와 비교하며 어느 쪽이 더욱 쓸 만한 지표인지를 평가하는 작업 또한 활발히 진행되었다.

GLOBE 지수의 특징 중 하나는 국민성을 9가지 차원에서 분석할 수 있다는 주장이다. 그리고 각각의 차원은 다시 '우리 회사는 ××하다'라는 실증적 가치관과 '우리 회사는 ××해야 한다'라는 규범적 가치관으로 구분되므로 결과적으로 18가지(=9X2) 차원을 제시하고 있는 셈이다. 이 또한 홉스테드가 국민성을 단 4가지 차원으로 구분하여 분석한 것과 비교되는 부분이다.

홉스테드의
비판

GLOBE 지수를 제일 먼저 트집 잡은 사람은 다름 아닌 홉스테드였다.

그는 2006년에 발표한 논문*에서 GLOBE 지수 작성에 기울인 노고를 높이 평가한다고 하면서도 몇 가지 날카로운 비판을 던졌다.

홉스테드가 특히 문제삼은 것은 부적절한 설문조사 방식 때문에 GLOBE가 실증적 가치관과 규범적 가치관을 혼동하고 있다는 점과 국민성을 무려 18가지 차원으로 구분하여 오히려 활용도가 떨어진다는 점이었다.

또한 그는 GLOBE의 데이터를 인자분석이라는 방법으로 재분석하면 18개 차원을 5가지로 간추릴 수 있으며, 더구나 그 결과는 홉스테드 지수와 크게 다르지 않다고 주장했다.

이것은 마치 "무려 170명의 연구자를 동원하여 엄청난 수고를 기울였지만 결과를 들여다보면 나 혼자 분석한 것과 별반 다르지 않다!"라고 주장하는 듯하다.

지금도 경영학자들은 홉스테드 지수와 GLOBE 지수 중 어느 쪽이 더 믿을 만한지, 국민성 분석에 어떤 지표를 활용해야 할지를 두고 고

---

* Hofstede, Geert. 2006. "What Did GLOBE Really Measure? Researchers' Minds Versus Respondents' Minds. Journal of International Business Studies 37(6): 882-896

민하고 있다.

2010년에는 〈Journal of International Business Studies〉지가 홉스테드 지수와 GLOBE 지수를 비교하는 특집[*]을 발간하기도 했다.

집단주의는
비즈니스에 도움이 될까?

다시 한 번 '개인주의'와 '집단주의'에 주목해보자. 186쪽의 〈표1〉에서 보듯이 홉스테드 지수에 의하면 개인주의 성향이 가장 강한 나라는 미국이다. 따라서 일본인은 적어도 미국인보다는 집단주의 성향이 강하다고 할 수 있다. 그러나 다른 아시아 국가에 비하면 오히려 집단주의 성향이 약한 편이다.

그렇다면 이 결과가 옳다는 전제 아래 일본인이 미국인과 비즈니스를 할 때 그들보다 집단주의 성향이 강하다는 특성은 장점으로 작용할까, 아니면 그 반대일까?

브리검영 대학의 레너드 허프와 하와이 대학의 레인 캘리는 2002년에 발표한 논문[**]을 통해 이런 의문에 하나의 관점을 제시하는 흥미로운 연구를 발표했다.

허프와 캘리는 이 논문에서 일본인 학자의 연구를 여러 차례 인용

[*] Journal of International Business Studies 41(8).

[**] Huff, Lenard, and Lane Kelley. 2003. "Levels of Organizational Trust in Individualist Versus Collectivist Societies: A Seven-Nation Study." Organization Science 14(1): 81-90.

했다. 그 주인공은 저명한 사회심리학자인 홋카이도 대학의 야마기시 도시오 명예교수다. 사회심리학계에서 눈부신 업적을 쌓은 야마기시의 연구가 경영학에까지 영향을 미치고 있는 것이다.

두 사람은 야마기시가 1988년에 발표한 논문*과 1998년에 발표한 논문**에 주목했다.

혹시 '집단주의 성향이 강한 사람은 집단을 중시하므로 다른 나라 국민과도 잘 융합하고 협조적일 것'이라고 생각하는가?

이에 대해 야마기시는 '협력의 상대가 자신과 같은 집단의 구성원인지, 집단 밖의 인물인지를 구분하는 것이 중요하다'고 지적한다.

집단주의는 그룹의 이익을 중시하고 구성원 간의 결속력이 강한 것이 특징이다. 이를 뒤집어 생각하면 그룹 밖의 사람과 협력관계를 맺는 것에는 심리적인 부담을 느낄 가능성이 있다는 뜻이기도 하다.

이러한 주장은 매우 설득력 있게 보인다. 집단주의라고 하면 언뜻 모든 사람과 사이좋게 지낼 것 같은 느낌이 들지만, 실은 외부인과의 협력이 성향에 맞지 않을 수도 있다. 반대로 개인주의 성향이 강한 사람은 자신이 속한 그룹에 얽매이지 않으므로 외부인과도 거리낌 없이 협력할 수 있는 것이다.

이러한 생각을 바탕으로 허프와 캘리는 일본, 한국, 중국, 대만, 홍

---

* Yamagishi, Toshio. 1988. "The Provision of a Sanctioning System in the United States and Japan." Social Psychology Quarterly 51(3): 265-271.

** Yamagishi, Toshio, Karen S. Cook, and Motoki Watabe. 1988. "Uncertainty, Trust, and Commitment Formation in the United States and Japan." American Journal of Sociology 104(1): 165-194.

콩, 말레이시아, 미국 등 6개국 국민을 대상으로 '비즈니스 파트너를 얼마나 신뢰하고 있는지'를 검증하기로 했다. 협력적 비즈니스 관계를 구축하는 데 있어 상대를 신뢰하는 것이 얼마나 중요한지는 굳이 설명하지 않아도 될 것이다.

허프와 캘리는 6개국의 은행 관리직 1,282명을 대상으로 설문조사를 실시한 결과 외부인을 가장 쉽게 신뢰하는 국민은 개인주의 성향이 가장 강한 미국인이라는 사실을 알았다. 반면 아시아인은 미국인에 비해 외부인을 잘 믿지 못한다는 결과가 나왔다. 그중에서도 특히 한국인, 중국인, 일본인이 외부인에 대한 신뢰도가 낮은 것으로 나타났다.

나는 우리의 성향을 왈가왈부하려는 것이 아니다.

다만 미국이나 유럽 사람과 협력 사업을 추진하면서 "그들은 개인주의 성향이 강해서 전체의 조화를 흐트러뜨린다"라고 불평하는 일만큼은 다시 생각해볼 필요가 있어 보인다. 허프와 캘리의 연구 결과가 사실이라면 신뢰 관계가 중요한 비즈니스에서 신뢰 구축에 방해가 되는 쪽은 미국이나 유럽 사람이 아니라 오히려 일본 사람인지도 모르기 때문이다.

반면 이러한 연구 결과는 일본인의 입장에서는 일본인보다 집단주의 성향이 강한 다른 아시아인과 비즈니스 관계를 맺을 때 어려움을 겪을 가능성을 시사하는 것이기도 하다. 향후 일본에 있어 아시아 각국이 지금보다 더욱 중요한 비즈니스 파트너가 되리라는 것은 명백하다. 그러나 집단주의 성향이 강한 그들과 '다소 집단주의적인' 일본

인이 서로 신뢰 관계를 구축하는 것은 생각보다 많은 노력이 필요할
수도 있다.

국민성에 관한 최신 연구 주제를 살펴보았다. 내용을 정리하면 다
음과 같다.

- 기업은 해외 진출을 검토할 때 시장 규모와 성장성 등 '기회' 요인은 중시하는
  반면 국민성의 차이 등 '위험' 요인은 경시하는 경향이 있다.
- 경영학계에서는 국민성이라는 모호한 개념을 수치화하여 비즈니스에 미치는
  영향을 분석하는 연구가 이루어지고 있다.
- 국민성을 측정하는 대표적인 지표로는 홉스테드 지수와 GLOBE 지수가 있다.
- 일본 국민의 집단주의 성향은 다른 나라에 비해 특히 강하다고 보기 어렵다.
- 일본 기업이 외국 기업과 협력 관계를 구축할 때는 일본인의 다소 집단주의적
  인 성향으로 인해 어려움을 겪을 가능성이 있다.

앞서 말한 대로 홉스테드 지수는 인터넷 검색으로 쉽게 찾아볼 수
있다. 해외에서 새로운 사업을 구상하거나 해외 출장을 나가기에 앞
서 홉스테드 지수를 통해 자국과 상대국의 국민성을 비교해보는 것도
도움이 될 것이다.

혁신기업은 어떻게
세계로 확산되나?

| 국제기업론에서 논의되고 있는 세계의 조류 |

현재 기업가정신Entrepreneurship 활동의 세계화가 진행되고 있다.

국내에서 새로운 사업을 시작하는 경우에는 자국민을 고객으로 설
정하고 국내에서 인재를 확보한 다음 국내 투자자에게서 자금을 모은
다. 반면 '국제기업가International Entrepreneur'로 불리는 사람들은 사업 초
기 단계부터 해외 시장에 상품과 서비스를 제공하거나 해외에 생산
거점을 설치하거나 해외 투자자에게서 자금을 모으는 등 외국과의 관
계를 전제로 비즈니스 모델을 구상한다.

이처럼 창업 초기부터 빠른 속도로 국제 비즈니스를 전개하는 스
타트업을 '글로벌 창업 기업Born Global Firm'이라고 부르기도 한다.

국제기업가와 글로벌 창업 기업이 두각을 나타내면서 세계의 경

영학자 사이에서는 글로벌 기업가정신이 새로운 연구 영역으로 주목 받기 시작했다. 2000년에는 〈Academy of management Journal〉, 2010년에는 〈Strategic entrepreneurship Journal〉이 글로벌 기업 가정신 특집을 발간했다. 〈Journal of Business Venturing〉도 조만 간 특집을 발간할 예정이라고 한다.

혁신기업가와 기업가정신 활동이 국제화되는 이유는 과연 무엇 일까?

이제부터 자세히 살펴보겠지만 이런 현상에는 매우 흥미로운 모순 이 내포되어 있다. 그 배경을 파헤쳐봄으로써 현재 국제화가 진행 중 인 새로운 비즈니스 조류를 생각해볼 수 있을 것이다. 새로운 비즈니 스 조류란 무엇일까?

이 장에서는 현재 진행 중인 기업가정신 활동의 국제화와 그 배경 에 있는 큰 흐름의 최신 연구를 소개한다.

글로벌 혁신기업가의 대두

아직 기업가정신 활동의 국제화에 포괄적 통계가 이루어지지는 않은 것으로 알고 있다. 그러나 내가 기 업가정신 활동이 전 세계적으로 나타나고 있다고 생각하게 된 근거는 다음과 같다.

사례 ①   1992년 슬로베니아에서 설립된 컴퓨터 장비 판매 기업 '스튜디오 모데르나'는 창업 5년 만에 동유럽 6개국으로 진출했고, 2006년에는 세계 20개국으로 진출할 만큼 급속도로 성장했다.

사례 ②   싱가포르를 본거지로 1997년에 설립된 '아시아 레널 케어'는 인공 투석 등 의료 서비스를 제공하는 기업으로, 2009년 현재 태국, 필리핀, 말레이시아, 한국, 일본 등에서 사업을 전개하고 있다.

사례 ③   2000년 인도 벵갈루루에서 설립된 통신 장비 제조 기업 '테자스'는 이미 전 세계에서 고객을 확보하고 있으며, '인텔 캐피털'과 '배터리 벤처스' 등 미국의 벤처캐피털 기업의 투자를 받고 있다.

사례 ④   일본의 경우 이른바 사회적기업Social Venture의 선두주자로 알려진 '마더 하우스'를 글로벌 창업 기업으로 볼 수 있을 것이다. 이 회사는 창업 초기부터 방글라데시 현지에서 황마 섬유를 이용한 손가방 등을 만들어 일본과 타이완 등지에서 판매하고 있다.

사례 ⑤   스타트업에 투자하는 벤처캐피털의 국제화도 진행 중이다. 미국 벤처캐피털의 국내 투자 대비 해외 투자 비율은 1980년대에는 0.5%에 지나지 않았으나 2000년대에는 20% 내외로 상승했다.* 미국의 대형 회계법인인 딜로이트 투쉬 토마츠의 조사에 따르면, 2009년 현재 미국 벤처캐피털 기업의 무려 52%가 한 차례 이상 해외 투자를 경험한 적이 있는 것으로 나타났다.

---

* 앞에 나온 Madhaven & Irlyama(2009)의 데이터를 참고했음.

혁신기업가는
어째서 특정 지역으로 모여드는가?

                    본론으로 들어가기 전에 기업가정
신 연구 분야에서 학자들의 합의가 이루어진 한 가지 사실을 살펴보
겠다. 그것은 혁신기업가와 벤처캐피털리스트는 특정 지역에 집중되
는 경향이 있다는 것이다.

그 전형적 예는 캘리포니아의 실리콘밸리이다. 실리콘밸리는 혁신
기업가와 그들을 후원하는 투자가가 밀집되어 있는 지역이다. 1990
년부터 2000년까지 11년 동안 실리콘밸리에서는 29,000여 개의 새
로운 기업이 탄생했다.

실리콘밸리에 가본 적이 있는 사람이라면 미국의 드넓은 국토에
비해 면적이 너무 좁다는 사실에 놀랐을 것이다. 실제로 벤처캐피털
기업이 밀집되어 있는 샌드힐 로드에는 세쿼이아와 KPCB 같은 유명
기업이 대부분 걸어서 이동할 수 있는 범위 안에 집중적으로 들어서
있다.

이 밖에도 미국의 보스턴이나 인도의 벵갈루루 같은 도시에서도
한정된 지역 안에 혁신기업가와 벤처캐피털 기업이 집중되는 경향이
나타난다.

이처럼 기업가정신 활동이 특정 지역에 집중되는 이유는 무엇일까?
이미 경제지리학 분야 등에서는 연구가 많이 이루어져 있지만, 여기서
는 경영학계에서 주목하는 두 가지 배경을 소개한다.

지식에는
발이 달려 있지 않다

첫 번째로는 혁신기업가들이 지리적으로 밀집해 있을 때 경영 자본을 획득하기 쉽기 때문이다.

비즈니스 파트너, 투자자, 종업원 등 사업에 반드시 필요한 인적 자원은 인간관계를 통해 획득하는 경우가 많기 때문에 한정된 지역에 많은 사람이 모여 있을수록 유리하다.

혁신기업가에게 중요한 또 하나의 자원은 사업 성공에 필요한 지식과 정보다.

최근에는 인터넷의 보급으로 세계 어디서든 손쉽게 정보를 입수할 수 있다. 그러나 비즈니스에 반드시 필요한 전문 지식이나 비공식 정보는 인터넷이 아닌 직접적인 커뮤니케이션을 통해서만 얻을 수 있는 경우가 많다. 이 때문에 혁신기업가는 사람이 갖고 있는 전문 지식이나 비공식 정보를 얻기 위해 특정 지역으로 모여든다.(네트워크를 통한 지식 획득은 8장과 9장을 참고)

현재 컬럼비아 대학에 재직 중인 브루스 코굿과 조지타운 대학에 재직 중인 폴 알메이다가 1999년에 발표한 논문*은 지식이 특정 지역으로 집중되는 현상을 밝혀낸 대표적인 연구다.

---

*   Paul Almeida and Bruce Kogut. 1999. "Localization of Knowledge and the Mobility of Engineers in Regional Networks" Management Science 45(7): 905-917.

이 논문에서 코굿과 알메이다는 특허 인용 데이터를 바탕으로 지식의 지역 집중 현상을 연구했다. 특허 신청 서류에는 해당 기술이나 지식을 개발하는 데에 참고가 된 다른 특허를 기재하도록 되어 있다. 만일 출원 특허와 그에 인용된 특허가 모두 같은 지역에서 신청된 것이라면, 이것은 서로 관련된 지식이 일정 지역에 집중되어 있음을 의미한다.

코굿과 알메이다는 미국 반도체 산업의 특허 데이터를 분석한 결과 반도체 관련 지식은 제한된 지역에 집중되는 경향이 있다는 사실을 밝혀냈다.

더욱 흥미로운 점은 이러한 경향이 미국에서도 일부 특정 지역, 즉 서부에서는 실리콘밸리를 중심으로 한 캘리포니아, 동부에서는 뉴욕, 뉴저지, 펜실베이니아 일대에 국한되어 있다는 사실이었다.

어째서 이 지역에만 미국의 반도체 관련 지식이 집중되는 것일까? 방금 말한 것처럼 코굿과 알메이다는 이를 설명하기 위해 '지식은 사람 안에 내재되어 있는 것'임을 강조한다.

사람 안에 내재되어 있는 지식이 집중되려면 풍부한 노동 시장이 형성되어야 한다고 코굿과 알메이다는 주장한다. 만일 노동 시장이 제대로 형성되어 있지 않다면 지식을 보유한 기술자가 전직을 원할 경우 다른 지역으로 이동할 수밖에 없고, 그렇게 되면 자연히 해당 기술자의 지식도 함께 이동할 것이기 때문이다.

국토가 넓은 미국에서도 반도체 및 IT 산업과 관련하여 두터운 노동 시장이 형성되어 있는 지역(=역내 전직이 용이한 지역)은 실리콘밸리와 뉴욕 인근으로 국한되어 있기 때문에 자연히 이들 지역으로 기술자가 모여들게 되고, 그 결과 집약된 지식을 얻기 위해 더 많은 기술자가 그곳을 찾는 것이다.

코굿과 알메이다는 이를 확인하기 위해 1974년부터 1994년까지 20년에 걸친 반도체 관련 특허 보유자 438명의 근무지 변경 내역을 수집했다. 이를 바탕으로 통계분석을 실시한 결과 특허 보유자의 이동이 역내에서 이루어는 지역에 지식이 집중되는 경향이 있다는 사실을 알 수 있었다.

이 논문은 (1)지식은 사람 안에 내재되어 있으며, (2)지식을 보유한 사람이 한곳에 머무를 수 있는 환경(풍부한 노동 시장 등)이 형성되어 있는 지역으로 지식이 집중된다는 사실을 보여준다. 즉 지식은 멀리까지 전파되지 않는 것이다.

이처럼 본질적으로 멀리까지 전파되지 않는 성질을 지닌 지식이나 정보를 얻기 위해 혁신기업가 또한 특정 지역으로 모여드는 것이라고 생각한다.

현재 예일 대학에 재직 중인 올라프 소렌슨은 2003년에 발표한 논문*에서 혁신기업가들이 특정 지역으로 모여드는 이유는 그곳에 집약되어 있는 정보와 인적 네트워크를 활용하기 위해서라고 주장했다.

또한 현재 토론토 대학에 재직 중인 리처드 플로리다는 2002년에

---

* Sorenson, Olav. 2003. "Social networks and industrial geography." Journal of Evolutionary Economics 13(5): 513-527.

발표한 논문[*]에서 혁신기업가를 포함한 소위 전문직 종사자는 해당 분야의 최신 정보를 얻기 위해 높은 생활비에도 불구하고 특정 지역으로 모여든다는 사실을 통계적으로 입증했다.

벤처캐피털도
멀리까지 확산되지 않는다

기업가정신 활동이 일정 지역에 집중되는 두 번째 이유는 벤처캐피털리스트가 지리적으로 가까운 스타트업에 투자할 확률이 높기 때문이다.

벤처캐피털리스트에게 지리적으로 가까운 기업에 투자하는 편이 유리한 이유는 여러 가지를 들 수 있다. 벤처캐피털리스트의 주요 업무 중 하나는 투자처를 상대로 경영에 필요한 조언을 하는 것Hands-on 이다. 그러려면 투자처의 경영자와 가능한 자주 만나야 한다. 거리가 가까우면 투자처를 자주 방문할 수 있어 투자처의 경영 상황을 파악하는 일이 보다 수월해질 것이기 때문이다.

저명한 벤처캐피털 연구자인 하버드 대학의 폴 곰퍼스와 조쉬 러너는 〈The Venture Capital Cycle〉이라는 책[**]에서 미국의 스타트업과 주요 투자자인 벤처캐피털 기업 사이의 평균 거리가 불과 59킬로

---

[*] Florida, Richard. 2002. "The Economic Geography of Talent." Annals of the Association of American Geographers 92(4): 743-755.

[**] Paul A. Gompers and Josh Lerner〈The Venture Capital Cycle〉MIT Press (1999)

미터에 지나지 않는다고 밝혔다. 미국의 광활한 국토 면적을 생각하면 이는 매우 가까운 거리라고 할 수 있다.

혁신기업가의 국제화는 모순?

그런데 지금까지 살펴본 내용은 '기업가정신 활동이 국제화되고 있는 현상'과 왠지 모순되는 것처럼 느껴지지 않는가?

기업가정신 활동의 본질은 좁은 지역에 집중되는 것인데, 최근 혁신 기업가와 벤처캐피털리스트가 국경을 넘어 활동하는, 즉 지리적으로 먼 곳까지 활동 범위를 넓혀 가고 있는 현상이 나타나고 있기 때문이다. 이는 마치 본질과 현상이 서로 정반대 방향으로 흐르고 있는 것처럼 보인다.

우리는 이러한 현상을 어떻게 이해해야 할까?

기업가정신 활동이 국제화되는 이유 중 하나는 통신과 교통수단의 발달이다. 특히 인터넷 기술의 발달 덕분에 지금은 전 세계 어디에서든 실시간으로 대화를 나눌 수 있다. 이렇듯 국가 간의 커뮤니케이션 장벽이 허물어짐으로써 해외 비즈니스를 전개하는 것이 수월해진 측면이 있다.

또한 세계무역기구WTO 등을 통해 국가 간 경제 제도의 격차가 줄어드는 등 과거에 비해 해외 비즈니스 환경이 나아진 것 또한 하나의 원인일 것이다.

국제기업론의 창시자라고 할 수 있는 조지아 주립대학의 벤자민 오비에트와 인디아 대학에 재직 중인 패트리사 맥두걸은 1994년에 발표한 논문*에서 이러한 배경으로 글로벌 창업 기업이 대두했을 가능성이 있다고 밝혔다.

그러나 이것만으로는 혁신기업가의 국제화를 설명하기에 충분하지 않다는 생각이 든다.

먼저 인터넷 기술의 발전과 경제 제도의 수렴이 원인이라면 이는 스타트업뿐만 아니라 대기업에도 영향을 미쳤어야 한다. 그러나 앞에서 살펴본 벤처캐피털 투자치를 보더라도 최근에는 대기업에 비해 스타트업의 국제화 속도가 더욱 빨라지고 있다.

그리고 앞서 살펴본 것처럼 혁신기업가는 본질적으로 특정 지역에 집중되는 성향이 있다. 그 이유는 사람이 갖고 있는 전문 지식과 비공식 정보를 얻기 위한 것인데 인터넷의 발달이 '거리로 인한 불이익'을 얼마나 해소해줄지는 알 수 없는 것이다.

더구나 최근 실리콘밸리의 인구가 줄었다는 이야기도 듣지 못했다. 줄어들기는커녕 오히려 실리콘밸리와 같은 특정 지역으로의 집중은 더욱 심화되고 있다는 느낌마저 든다.

그렇다면 어째서 지역화와 국제화가 동시에 일어나고 있는 것일까?

물론 여러 이유가 있을 수 있겠지만 여기에서는 최근 국제기업론

---

* Oviatt, Benjamin M., and Patricia Phillips McDougall. 1994. "Toward a Theory of International New ventures." Journal of International Business Studies 25(1): 45-64.

에서 주목하고 있는 흥미로운 흐름을 생각해보자.

초국가 커뮤니티의
출현

그 흐름이라는 것이 과연 무엇인지 설명하기 전에 먼저 두 사람의 혁신기업가를 소개하겠다.

타이완의 반도체 제조 대기업 '마크로닉스'의 CEO인 민 우 회장은 젊은 시절 미국으로 건너가 1976년 스탠퍼드 대학에서 공학박사 학위를 취득했다. 이후 인텔을 비롯한 미국의 여러 대기업에서 경력을 쌓아 실리콘밸리에서 'VLSI테크놀로지'라는 벤처기업을 설립하기도 했다. 1989년에 타이완으로 돌아온 우 회장은 스탠퍼드와 실리콘밸리에서 친분을 쌓은 친구들과 마크로닉스를 설립하기에 이른다.

현재 타이완에서 가장 큰 반도체 제조사 중 하나로 성장한 마크로닉스는 설립 당초부터 실리콘밸리와 밀접한 관계를 유지해왔다. 마크로닉스는 실리콘밸리에 디자인&기술 센터를 두고 있으며, 벤처캐피털을 설립하여 현지 기업에 투자 활동도 벌이고 있다.

최근에도 우 회장은 태평양을 사이에 둔 실리콘밸리와 타이완을 자주 왕래하며 비즈니스를 하고 있다.*

---

* 우 회장에 관한 내용은 Saxenian, AnnaLee, and Jinn-Yuh Hsu. 2001. "The Silicon Valley-Hsinchu Connection: Technical Communities and Industrial Upgrading." Industrial and Corporate Change 10(4):893-920의 기술(908-909)을 필자가 번역, 요약한 것이다.

앞서 인도의 글로벌 창업 기업인 '테자스'를 소개했다. 이 기업을 설립한 구루라즈 데쉬판데는 1980년대부터 미국에서 다수의 회사를 설립한 바 있는, 통신기기 업계를 대표하는 성공한 기업가다. 그가 인도 벵갈루루에서 테자스를 설립할 당시 미국 벤처캐피털 기업의 투자를 받을 수 있었던 것은 미국에서 쌓은 명성과 인맥 덕분이었다.

이렇듯 나라와 나라를 자주 오가며 국경을 초월한 활동을 펼치고 있는 혁신기업가는 이 두 사람 이외에도 많다. 정확한 통계는 아직 없지만 그 수가 늘어나고 있는 것만은 분명하다. 뿐만 아니라 최근에는 벤처캐피털리스트, 다국적기업의 종사자, 개발자, 대학의 연구자 등이 가세한 비공식 국제 커뮤니티도 형성되고 있다.

이러한 국제 커뮤니티에서는 상대 국가와 지역의 최신 비즈니스 동향, 기술 관련 전문 지식, 각종 비공식 정보 등 인터넷으로 입수하기 어려운 지식과 정보를 수시로 주고받을 수 있다. 기존에는 멀리까지 확산되기 어려웠던 고급 지식과 정보가 활발한 국제 활동을 하는 사람들의 커뮤니티를 통해 국경 너머로 전파되기 시작한 것이다.

이러한 흐름이 고급 지식과 정보를 필요로 하는 혁신기업가와 벤처캐피털리스트의 국제화를 용이하게 해준다는 것이 국제기업론에서 전개하는 가설 중 하나다. 이 책에서는 이러한 커뮤니티를 '초국가 커뮤니티Transnational Community'라고 부르겠다.

초국가 커뮤니티 안에는 우 회장처럼 미국에서 대학과 대학원을 졸업했거나 취업을 경험한 혁신기업가가 다수 포함되어 있다. 듀크 대학 엔지니어링 매니지먼트 프로그램의 조사에 따르면, 1995년부터 2005년까지 미국에서 설립된 기술 및 엔지니어링 관련 스타트업 가운데 25.3%가 이민자에 의해 설립된 기업이며, 실리콘밸리의 스타트업 중 52.4%는 설립 멤버 가운데 한 사람 이상의 이민자가 포함되어 있다.

이처럼 미국에서 교육을 받았거나 기업을 설립한 경험을 가진 사람이 자국으로 돌아가거나 양국을 왕래함으로써 국경을 초월한 비공식 커뮤니티를 형성하고 있는 것이다.

초국가 커뮤니티가
가져다준 것

사실 사회학에서는 예전부터 초국가 커뮤니티의 발전에 주목해왔다. 이를 배경으로 최근 경영학계에서도 연구가 이루어지기 시작한 것이다.

이 분야에서 단연 눈에 띄는 사회학자는 캘리포니아 대학 버클리 캠퍼스의 애너리 색스니언*일 것이다. 실리콘밸리와 타이완 사이에 형성된 혁신기업가 네트워크에 주목한 색스니언은 그동안 많은 연구 결과를 발표했다.

그중에서도 주목해야 할 부분은 초국가 커뮤니티에서 일방적인

---

* Saxenian, Annalee, 〈Regional Advantage: Culture and Competition in Silicon Valley and Route 128〉 Harvard University Press(1996)

'두뇌 유출^{Brain Drain}'이 아닌 '두뇌 순환^{Brain Circulation}'이 일어나고 있다는 주장이다.

미국에서 성공한 외국인이 자국으로 돌아가는 것은 미국에서 교육을 받은 우수한 인재가 해외로 유출되어 미국의 국익을 저해하는 것처럼 보일 수도 있다. 그러나 실제로는 자국으로 돌아간 외국인 인재의 대다수가 귀국 후에도 미국과의 관계를 유지함으로써 지식, 정보, 인재, 자본의 상호 교류가 계속된다고 색스니언은 주장한다. 앞에 나온 우 회장이 이끄는 마크로닉스가 벤처캐피털 펀드를 설립하여 실리콘밸리의 기업들을 대상으로 투자 활동을 벌이고 있는 것이 바로 여기에 해당한다.

토론토 대학의 아제이 아그라왈과 조지아 공과대학의 알렉산더 웨틀은 2008년에 발표한 논문[*]에서 국제 특허 인용 데이터를 바탕으로 국가 간 기술자와 지식의 이동을 분석했다.

이들은 어느 국가의 기업(미국의 마이크로소프트라고 가정하자)에 있던 기술자 한 사람이 다른 국가의 기업(인도의 IT 대기업 인포시스라고 가정하자)으로 이적함에 따라 미국에서 인포시스로 이전되는 지식(특허 인용 건수)이 3% 증가한다는 사실을 밝혀냈다.

그런데 이보다 더욱 흥미로운 점은 미국 마이크로소프트에서 인도 인포시스로 기술자가 이적함에 따라 인도에서 마이크로소프트로 이

---

* Oettl, Alexander, and Ajay Agrawal. 2008. "International Labor Mobility and Knowledge Flow Externalities." Journal of International Business Studies 39(8): 1242-1260.

전되는 지식도 4% 증가한다는 사실이었다.

즉 인적 이동에 따른 국가 간 지식의 이동은 정방향뿐만 아니라 역방향으로도 이루어진다. 한 방향으로 이루어지는 국가 간 기술 인력의 이동이 결과적으로는 지식의 양방향 이전 효과를 가져다준 것이다. 이는 국가 간의 인적 이동이 '두뇌 순환'을 일으킨다는 사실을 보여주는 결과다.

초국가 커뮤니티는 스타트업의 국제화에도 영향을 미칠 가능성이 있다. 영국 노팅엄 대학의 마이크 라이트, 런던 시립대학의 이고르 필라토체프, 러프버러 대학의 샤오후이 리우, 트레버 벅은 2009년에 공동 발표한 논문*에서 중국 중관춘사이언스파크에 입주해 있는 스타트업과 중소기업 711개사를 대상으로 설문조사를 실시하여 그 결과를 통계분석했다.

이를 통해 연구팀은 조사 대상 기업의 중국인 경영자가 유럽이나 미국 등 선진국에서 유학 또는 취업을 경험했거나 해외 인적 네트워크를 가지고 있을 때 해당 기업의 수출 지향도가 높아지고 수출에서도 만족할 만한 결과를 얻는다는 사실을 밝혀냈다.

한편 초국가 커뮤니티의 발전이 벤처캐피털 투자의 국제화를 촉진하고 있을 가능성을 보여준 것은 피츠버그 대학의 라비 마드하반과

---

* Filatotchev, Igor, Xiaohui Liu, Trevor Buck, and Mike Wright. 2009. "The Export Orientation and Export Performance of High-Technology SMEs in Emerging Markets: The Effects of Knowledge Transfer by Returnee Entrepreneurs." Journal of International Business Studies 40(6): 1005-1021.

내가 2009년에 발표한 논문[*]이다.

지금까지 살펴본 것처럼 그동안 특정 지역에만 머물러 있던 비공식 정보가 초국가 커뮤니티의 발전으로 국경 너머로 퍼져 나가기 시작했다. 이러한 정보는 벤처캐피털리스트의 해외 투자에 있어서도 투자 후보를 선정하거나 투자 대상에 대한 조언과 모니터링을 수월하게 하는 효과를 나타내는 것으로 보인다.

이 논문에서 마드하반과 나는 미국 이민자 네트워크가 잘 형성되어 있는 나라일수록 미국에게서 벤처캐피털 투자를 받을 확률이 높다는 것을 통계적으로 입증했다.

이렇듯 그동안 특정 지역에만 집중되는 경향을 보이던 기업가정신 활동의 국제화를 촉진하는 요인 중 하나가 '초국가 커뮤니티의 대두'라는 것이 현재 세계의 경영학자가 주목하고 있는 연구 주제다.

일본에서도 초국가 커뮤니티가
싹틀 수 있을까?

이 장의 논점을 정리해보자.

- 최근 기업가정신의 국제화가 주목받고 있다. 글로벌 창업 기업이 대두하는 한편 벤처캐피털리스트가 해외 스타트업에 투자하기 시작했다.

---

[*] Madhavan, Ravi, and Akie Iriyama. 2009. "Understanding Global Flows of Venture Capital: Human Networks as the "Carrier Wave" of Globalization." Journal of International Business Studies 40(8): 1241-1259.

- 기업가정신 활동은 본질적으로 특정 지역에 집중되는 경향이 있다.
- 특정 지역에 집중되는 본질을 지닌 기업가정신 활동이 국제화되는 것은 본질과 현상이 서로 모순되는 것처럼 보이기도 하지만, 그 배경에는 초국가 커뮤니티의 발전이 있다.
- 초국가 커뮤니티를 통해 사람이 갖고 있는 전문 지식과 비공식 정보가 국경을 넘어 순환하기 시작했다. 이러한 커뮤니티에 접근할 수 있는 기업은 국제화하는 경향이 있으며, 벤처캐피털의 해외 투자도 촉진될 가능성이 있다.

그렇다면 일본에서도 초국가 커뮤니티가 형성되고 있을까?

내가 받은 인상으로는 타이완이나 인도가 실리콘밸리와 구축하고 있는 대규모 비공식 네트워크와 같은 초국가 커뮤니티는 아직 일본에 존재하지 않는 듯하다.

그 이유 중 하나는 사회 제도 때문이 아닐까. 일본에서 미국으로 유학을 가는 경우는 기업 파견이나 국비 유학이 많기 때문에 대부분의 일본 유학생은 미국에 남아 출세를 꿈꾸기보다 학업을 마치는 대로 귀국하는 경향이 있다. 중국, 타이완, 인도의 유학생처럼 미국에서 끈질기게 버티며 취업하기 위해 노력하는 일본인은 그리 많지 않은 것 같다.

그러나 최근 들어 일본에서도 초국가 커뮤니티의 싹이 움트고 있다는 느낌은 받는다.

물론 과거에도 초국가 커뮤니티의 형성에 기여하는 활동을 하는 사람이 많았지만 최근 들어 그 층이 더욱 두터워지고 있고 그들의 활동 또한 주목받기 시작했다. 이에 대표적 사례이자 내가 알고 있는 세 사람을 소개한다.

- 가장 대표적인 인물은 선브릿지의 대표인 앨런 마이너이다. 일본 오라클의 대표를 역임한 그는 이후 실리콘밸리에 선브릿지를 설립하여 일본과 미국의 스타트업에 투자하는 등 양국의 혁신기업가를 지원하고 있다. 2009년도 〈포브스〉지가 선정한 '미다스 리스트Midas List'에서 세계 벤처캐피털리스트 40위에 오를 만큼 유명한 투자가인 마이너는 지금도 일본과 캘리포니아를 오가며 활발한 활동을 이어가고 있다.
- 다음은 실리콘밸리의 벤처캐피털 기업 DCM에서 몇 안 되는 일본인 파트너로 활약하고 있는 이사야마 겐이다. 그는 일본과 실리콘밸리를 왕래하며 일본의 혁신기업가를 지원하고 있다. 그 가운데에는 그의 도움으로 해외 비즈니스를 시작한 스타트업도 있다.
- 야기 히로시는 2001년 미쓰비시 화학을 조기 퇴직하고 실리콘밸리로 건너가 일본 스타트업의 제휴 업무와 해외 진출을 지원하는 IMAnet이라는 기업을 운영하고 있다. 최근에는 NPO 법인 JABI Japan America Business Initiatives를 공동 설립하여 실리콘밸리에 체류 중인 일본인 네트워크를 통한 지원 체제 구축에도 힘쏟고 있다. 이는 공공기관 주도로 이루어지던 기존 체제와는 구별되는 혁신기업가 지원 활동으로 주목받고 있다.

나는 일본에서 기업가정신 활동이 더욱 활성화되기를 바란다. 그러기 위해서는 해외의 기업가정신 활동 거점과 일본 사이에 국경을 초월한 커뮤니티가 형성될 필요가 있다. 위의 세 사람뿐 아니라 일본과 해외를 왕래하며 활발한 활동을 펼치고 있는 많은 혁신기업가가 희망의 씨앗이 될 수 있다.

chapter 12

불확실성 시대의 사업 계획은 어떻게 세워야 하나?

| 경영전략의 최신 이론, 리얼 옵션 |

그야말로 한 치 앞을 내다보기 어려운 것이 비즈니스의 세계다.

특히 사업을 처음 시작할 때는 불투명한 전망 속에서 계획을 세울 수밖에 없다. 향후 시장의 성장은 기대에 부응할 것인지, 시장 가격은 안정될 것인지, 거래처는 납기를 지켜줄 것인지…….

이처럼 미래의 전망이 불투명한 것을 가리켜 경영학에서는 '불확실성Uncertainty'이라고 한다. 현대는 불확실성의 시대다. 이러한 시대에도 우리는 기존과 같은 방법으로 사업 계획을 세워야 할까? 경영학은 과연 우리에게 유용한 관점을 제시할 수 있을까?

이 장에서는 요즘 같은 불확실성의 시대에 '사업 계획을 세우는 방법'과 관련하여 경영전략론의 기본 개념 및 최신 연구 주제를 소개하고 그것이 무엇을 시사하는지 생각해보자.

계획파의
경영전략론

세계, 특히 미국의 경영전략론 연구자는 크게 두 부류로 나눌 수 있다. 콘텐츠파와 계획파다.

콘텐츠파 연구자는 전략 그 자체, 즉 '기업은 어떤 전략을 세워야 하는가'를 연구한다. 저가 전략을 취할지, 어떤 시장에 진출해야 할지, 경쟁 기업을 인수할지 등 전략의 내용이 연구 대상이다.

한편 계획파 연구자는 '전략 및 사업 계획을 세우는 방법'을 연구한다. 내용보다는 계획을 수립하는 방법에 더욱 주목하는 것이다.

미국에서는 1970년대까지 계획파가 우위를 차지했다. 당시의 경영전략론은 '계획 수립' 그 자체였다고 해도 과언이 아닐 것이다.

이러한 판도를 완전히 뒤바꾼 것이 바로 마이클 포터와 그의 뒤를 잇는 콘텐츠파 연구자였다. 그들의 등장으로 콘텐츠파 연구가 급속하게 발전하면서 이제 경영전략론 분야는 콘텐츠파의 독무대가 되었다. 자연히 계획파는 뒷전으로 밀려났다. 이 책에서도 이 장을 제외하고는 모두 콘텐츠파의 연구 주제를 다루고 있다.

나도 콘텐츠파에 속하지만 개인적으로는 이러한 상황이 그리 바람직하다고 생각하지 않는다. 실제로 비즈니스 현장에서 뛰고 있는 사람들에게는 경영전략 및 사업 계획의 '수립 방법' 또한 매우 중요한 관심사일 것이다. 그럼에도 이에 관한 연구가 등한시되는 것은 무척 안타까운 현상이 아닐 수 없다.

　그러나 계획파가 뒷전으로 밀려난 데에는 이렇다 할 연구 성과를 내놓지 못하고 있는 연구자들의 책임도 크다. 기존 계획파 연구자들의 주장은 결국 두 가지 개념으로 요약할 수 있다.

계획인가, 학습인가

　　　　　　　　계획파의 첫 번째 주장은 사업을 하려면 가능한 사전에 치밀하게 계획을 세워야 한다는 것이다. 경영 전략의 아버지라고도 불리는 이고르 앤소프 등이 제창한 이 개념을 이 책에서는 '계획주의'라고 부르겠다.

　'PDCA 사이클'이라는 용어를 들어본 적이 있을 것이다. 사업을 시작하려면 먼저 면밀한 계획을 세우고Plan, 그것을 행동으로 옮긴 다음Do, 결과를 점검하고Check, 계획한 대로 되지 않은 부분을 수정하는 Action 사이클을 반복해야 한다는 것이다.

　앤소프를 비롯한 계획파 연구자의 생각도 이와 같다. 그들은 면밀한 계획을 세우고 그 결과를 점검하여 다음 계획에 반영하는 과정을 반복하는 것이 중요하다고 주장한다.

　그러나 현대는 불확실성의 시대다. 치열한 경쟁, 불투명한 시장, 신속한 기술 진보 등으로 사업 환경이 어지러울 정도로 빠르게 변화하고 있다.

따라서 불확실성이 높을 때는 사전에 면밀한 계획을 세우기가 어렵다. 계획을 세우기 위해서는 시장의 동향, 고객의 취향, 타사의 동향 등 미래를 예측해야 하는데 불확실성이 클 때는 이것이 쉽지 않기 때문이다. 이처럼 계획 수립 자체가 어려우면 사업을 추진하기도 곤란하다.

불확실성의 시대에는 '계획주의'가 통하지 않는다고 주장하는 것이 '학습주의'를 지지하는 학자들이다. 학습주의를 주장하는 대표적인 인물로는 다트머스 대학의 제임스 퀸과 맥길 대학에 재직 중인 저명한 경영학자 헨리 민츠버그를 꼽을 수 있다.

민츠버그는 1987년 〈하버드 비즈니스 리뷰〉에 발표한 '전략 만들기Crafting Strategy'라는 논문*에서 '불확실성이 높은 시대에는 사업을 추진하는 과정에서 사업의 목표와 계획이 저절로 수립된다'고 주장했다. 여러분도 사업을 추진하는 과정에서 그 내용이 당초의 계획과 크게 달라진 경험을 했을 것이다.

이와 관련하여 가장 먼저 떠오르는 사례는 '구글'이다.

세르게이 브린과 레리 페이지가 1990년 말에 구글을 설립할 당시의 사업 계획에는 현재 구글의 절대적 수익원인 광고 비즈니스 모델이 포함되어 있지 않았다. 그들이 처음 구상한 비즈니스 모델은 인터넷 포털 사이트에 자체 개발한 검색기술을 제공하는 것이었다. 그러

---

*   Mintzberg, Henry. 1987. "Crafting Strategy." Harvard Business Review 64(4): 66-75.

나 시간이 흐르면서 그것만으로는 수익을 내기 어렵다는 사실을 깨달은 그들은 보다 앞서 검색기술과 광고 사업을 연결하는 비즈니스를 전개하고 있던 '오버추어Overture'라는 기업의 방식을 모방함으로써 비로소 수익을 창출할 수 있었다. 이후 구글의 활약상은 우리가 알고 있는 바와 같다.

천하의 구글도 이런 경험을 하는 것이 현실이다. 사전에 아무리 면밀한 사업 계획을 세웠다 하더라도 그대로 되지 않는 경우가 허다하다. 요즘처럼 불확실성이 높은 시대에는 더욱 그러하다.

그럴 바에야 '생각하기 전에 먼저 행동하자'는 것이 학습파의 주장이다. 사업을 추진하다 보면 시장의 상황이나 고객의 취향도 알게 될 것이고, 그러다 보면 자연히 사업 계획의 구상도 떠오를 것이므로 불확실성이 높은 시대에는 먼저 부딪쳐 보아야 한다는 것이다.

여러분의 생각은 앤소프의 '계획주의'와 민츠버그의 '학습주의' 중 어느 쪽에 더 가까운가?

이 둘의 논쟁은 아직 끝나지 않았다. 엄밀히 말하면 결론이 나기도 전에 계획파 자체가 시들해지고 말았다고 할 수 있다.

그런데 최근 들어 계획주의와 학습주의를 절충한 새로운 개념이 주목을 끌고 있다. 바로 '리얼 옵션'이라는 개념이다. 지금부터는 경영전략론 분야의 최신 연구 주제로 주목받고 있는 사업 계획 방법인 '리얼 옵션'을 설명하겠다.

사실 리얼 옵션은 경영전략론에 앞서 재무 분야에서 파생된 개념이다. 이에 재무 분야에서 논의되고 있는 '사업 가치 평가 수단'으로써의 리얼 옵션을 먼저 설명한 다음, 경영전략론에서 말하는 '사업 계획의 수립 방법'으로써의 리얼 옵션을 살펴본다.

DCF와
불확실성

일본의 한 식품 회사가 현재 빠르게 성장하는 베트남 시장에서 부유층을 타깃으로 고급 베이커리 제품을 제조, 판매하겠다는 계획을 세우고 현지 공장 설립을 검토하고 있다고 가정해보자.

이러한 사업 계획을 세울 때는 가장 먼저 사업의 수익성을 평가하는 것이 일반적이다. 기업 재무 분야의 표준 교과서에서는 이러한 공장 건설의 타당성을 평가하는 방법으로 '현금흐름할인DCF: Discounted Cash Flow'이라는 방법을 제시한다.

DCF란 쉽게 말해 '해당 사업이 미래에 창출할 것으로 예측되는 현금 흐름의 합계에서 공장 건설비와 운영비 등 제반 비용의 합계를 차감하더라도 수익을 남길 수 있는지'를 평가하는 방법이다.

실제 비즈니스에서는 할인율 등 복잡한 요소가 추가되지만, 여기에서는 이러한 요소는 배제하고 되도록 간단히 설명하겠다. 현금 흐름과 비용의 차이가 양수(플러스)라면 해당 사업은 장기적으로 흑자를 낼 수 있다는 뜻이므로 베트남에 베이커리 공장을 세워도 되지만, 음수(마이너스)인 경우에는 손해를 볼 수 있으니 공장을 세워서는 안

된다는 뜻으로 이해할 수 있다.

그런데 이때 한 가지 문제가 되는 것이 불확실성이다.

DCF란 '해당 사업이 미래에 창출할 것으로 예상되는 현금 흐름'을 전제로 사업 가치를 평가하는 것이기 때문에 미래 사업 환경에 대한 예측의 영향을 크게 받는다.

예컨대 '베트남의 고급 베이커리 시장은 앞으로 5년 동안 평균 10% 성장할 것이다' 혹은 '베트남의 고급 베이커리 제품의 평균 시장 가격은 향후 3년 동안 개당 2만 동 선에서 추이를 보일 것이다' 등의 전망을 세운다 하더라도 이는 어디까지나 '가정'에 불과하다. 미래의 일은 아무도 알 수 없으니 당연하다.

그런데 만일 베트남 고급 베이커리 시장의 불확실성이 워낙 커서 향후 연평균 20% 성장도 가능한 반면 2% 성장에 그칠 가능성도 있 다면 어떨까? 20% 성장을 실현한다면 큰 수익을 얻겠지만 2% 성장 에 그친다면 막대한 적자를 떠안을 것이다.

현실에서는 이처럼 불확실성이 높은 사업 계획은 폐기될 가능성이 높다.

다음의 〈그림1〉에서 보듯 실제 사업 가치 평가에서는 20%와 2% 의 중간치인 10% 성장률을 전제로 평가를 실시한다. 혹은 성장률을 낮게 가정하는 편이 안전하다는 생각에서 이보다 더 낮은 7%의 성장 률을 전제로 할 수도 있을 것이다.

이러한 전제 아래 사업 가치 평가를 실시했을 때 미래의 현금 흐름 이 비용보다 낮다면 해당 사업을 시작하기는 어렵다. 지금 예로 들고 있는 경우라면 사업 가치 평가에 DCF를 사용하는 한 베트남에 베이커리 공장을 건설하는 일은 없을 것이다. 이는 불확실성이 높으면 사업 계획을 세울 수 없다는 계획주의의 생각과 일맥상통한다.

리얼 옵션과
불확실성

이제 본격적으로 사업 계획 방법으로써의 리얼 옵션을 알아보자. 복잡한 계산식은 생략하고 핵심만 설명하겠다.

그 핵심이란 '단계적 투자'라는 매우 단순한 개념이다. 베트남에 당

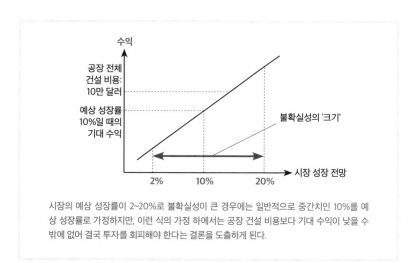

시장의 예상 성장률이 2~20%로 불확실성이 큰 경우에는 일반적으로 중간치인 10%를 예상 성장률로 가정하지만, 이런 식의 가정 하에서는 공장 건설 비용보다 기대 수익이 낮을 수밖에 없어 결국 투자를 회피해야 한다는 결론을 도출하게 된다.

[그림1] 기존의 사업 가치 평가 방법

초 계획보다 적은 비용이 드는 작은 규모의 공장을 먼저 세워 베이커리 제품의 제조 및 판매 가능성을 타진해보는 것이다.

예컨대 처음 3년 동안은 당초 구상했던 규모의 40%에 해당하는 작은 공장을 세워 베이커리 사업을 시작한 다음, 사업이 궤도에 오를 것이라는 확신이 서는 경우에만 옵션 항목이었던 나머지 60%를 증축하면 된다는 생각이다. 만일 3년 후에도 사업 전망이 밝지 않다면 철수하면 되는 것이고, 조금 더 지켜볼 필요가 있다고 판단되면(=여전히 불확실성이 높다면) 당분간 증축 없이 사업을 계속하면 되는 것이다.

〈그림2〉에서는 베이커리 공장 건설을 제1기(4만 달러)와 3년 후인 제2기(6만 달러)로 구분해놓았다. 이처럼 베이커리 공장 건설을 두 단계로 구분하면 세 가지 이점을 기대할 수 있다.

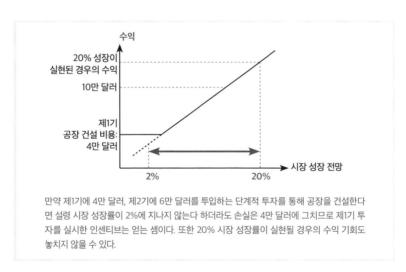

만약 제1기에 4만 달러, 제2기에 6만 달러를 투입하는 단계적 투자를 통해 공장을 건설한다면 설령 시장 성장률이 2%에 지나지 않는다 하더라도 손실은 4만 달러에 그치므로 제1기 투자를 실시한 인센티브는 얻는 셈이다. 또한 20% 시장 성장률이 실현될 경우의 수익 기회도 놓치지 않을 수 있다.

〔그림2〕 리얼 옵션을 활용한 사업 가치 평가 방법 (1)

첫째는 향후 시장 환경이 악화되었을 경우의 위험 부담을 줄일 수 있다는 점이다.

예컨대 제1기에 4만 달러를 투자하여 사업을 시작한 이후 베트남 고급 베이커리 시장의 성장률이 2%에 그쳤다고 가정해보자. 이 경우 회사는 제2기로 접어들기 전에 사업을 철수할 것인지 혹은 계속할 것인지를 선택할 수 있다.

또한 제1기 사업 활동을 통해 베트남의 시장 사정을 파악함으로써 2% 성장률이 일시적인 현상인지 아니면 당분간 지속될 것인지도 예측할 수 있을 것이다.(불확실성이 낮아지는 것이다) 만약 성장률 2%가 계속될 것으로 판단되어 베트남 시장에서 철수하더라도 손실은 4만 달러에 그친다.

보다 중요한 것은 두 번째 이점이다. 단계적 투자가 가능하다면 바람직한 시장 환경이 실현되었을 경우, 사업 기회를 놓치지 않을 수 있다.

향후 성장률 전망이 2~20%로 불확실성이 높은 시장의 경우, 기존 DCF법을 적용하면 미래 현금 흐름이 투자 비용보다 적을 수밖에 없어 제1기 투자조차 이루어지기 어렵다. 따라서 이후 고급 베이커리 시장이 20%의 성장률을 실현한다고 해도 눈앞에 뻔히 보이는 기회를 그대로 날려버릴 수밖에 없다. 제2기부터 부랴부랴 공장을 건설하기 시작한다 하더라도 때는 이미 늦은 다음일 테니 말이다.

하지만 4만 달러의 소규모 공장이라 하더라도 제1기부터 베트남에 투자한다면 급성장하는 고급 베이커리 시장의 기회를 놓치지 않을 수 있다.

게다가 이 경우에는 제2기로 넘어가기 전에 '생산 규모 확대'와 '현재 규모 유지'라는 두 가지 옵션 중 하나를 선택할 수도 있다. 만일 시장 성장률 20%가 당분간 계속될 것이라는 확신이 선다면(=바람직한 쪽으로 불확실성이 낮아졌다면), 제2기에는 6만 달러 규모의 공장을 증축하여 생산량을 늘리면 된다.

세 번째 이점은 앞에서도 언급했지만 작은 규모라도 일단 사업을 시작하면 베트남이라는 낯선 사업 환경에서 학습할 기회를 가질 수 있다는 것이다. 사업을 통해 베트남 소비자의 취향과 상관습 등을 파악한다면 사업 환경의 불확실성도 낮아질 것이다. 하지만 제1기에 아무 일도 하지 않는다면 학습할 기회를 가질 수 없기 때문에 이에 따라 불확실성도 낮아지지 않을 것이다.

이렇듯 리얼 옵션의 핵심은 불확실성이 높은 사업의 평가 및 계획에 단계적 투자를 적용하는 것이다.

불확실성은
기회다

여기까지 읽고는 '뭐야, 이미 다 아는 이야기잖아!' 하고 생각할지도 모르겠다. 그도 그럴 것이 기업의 단계적 투자는 흔히 볼 수 있는 일이며 실제로 여러분 역시 사업 계획을 세울 때 단계적 투자를 검토했을 수 있을 테니 말이다.

그렇다면 어째서 리얼 옵션이 최근 경영전략론 분야에서 주목받고 있는 것일까? 리얼 옵션은 기존의 '단계적 투자'와 어떻게 다를까? 가장 큰 차이점은 '높은 불확실성을 오히려 기회로 여긴다'는 점이 아닐까 생각한다.

앞에서 예로 든 베트남의 고급 베이커리 사업의 경우 향후 성장률이 20%가 될지 2%가 될지 알 수 없는 상황이라면, 일단 4만 달러 규모의 공장을 세워 사업을 시작해봐야 한다는 것이 리얼 옵션의 포인트였다.

그런데 이보다 불확실성이 더 큰 경우라면 어떨까? 예컨대 베트남 고급 베이커리 시장이 예상 성장률 최고 30%에서 최저 마이너스 10%(시장이 오히려 축소되는)의 매우 높은 불확실성을 지닌 시장이라면 말이다.(〈그림3〉 참조)

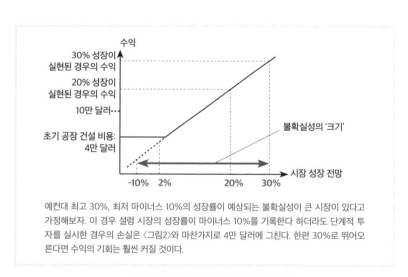

예컨대 최고 30%, 최저 마이너스 10%의 성장률이 예상되는 불확실성이 큰 시장이 있다고 가정해보자. 이 경우 설령 시장의 성장률이 마이너스 10%를 기록한다 하더라도 단계적 투자를 실시한 경우의 손실은 〈그림2〉와 마찬가지로 4만 달러에 그친다. 한편 30%로 뛰어오른다면 수익의 기회는 훨씬 커질 것이다.

〔그림3〕 리얼 옵션의 사업 평가 방법 (2)

앞서 살펴본 DCF법과 계획주의의 논리를 적용하면 이런 사업 계획은 무조건 폐기되어야 마땅하다. 하지만 리얼 옵션의 논리는 정반대로 작용한다. 왜냐하면 단계적 투자를 적용하면 시장의 예상 성장률이 2%든 마이너스 10%든 공장 건설로 인한 손실은 결국 4만 달러로 동일하기 때문이다.

반면 단계적 투자로 일단 사업을 시작한 이후에 성장률 30%가 실현된다면 성장률 20%의 경우보다 훨씬 높은 수익을 기대할 수 있을 것이다.

즉 리얼 옵션은 불확실성이 클수록 높은 수익을 얻을 기회도 커진다는 점에 주목하는 개념이다. 물론 수익 감소로 인한 리스크도 커지겠지만 단계적 투자를 실시하면 시장 상황이 아무리 악화되더라도 손실액에는 차이가 없다.(4만 달러로 동일) 그만큼 불확실성의 폭이 큰 쪽이 오히려 사업의 잠재적 기회도 크다고 할 수 있다. 전문용어로는 '불확실성이 클수록 사업의 옵션 가치 또한 커진다'고 한다.

이는 사업 계획을 세울 때 단계적 투자와 불확실성의 관계를 반영한 사업 가치 평가를 실시하는 것이 얼마나 중요한지 보여준다.

내가 아는 한 사업 계획을 세울 때 단계적 투자를 검토하는 경우는 많아도 사업 환경의 불확실성이 단계적 투자로 어떤 이점을 가져다줄 것인지 정량화하여 평가하는 경우는 많지 않았다.

이는 불확실성이 높은 상황에서도 기회를 포착하는 관점을 형성할 수 있다는 점에서 매우 중요하다. 많은 사람이 불확실성이 높은 상황에 대해 막연히 부정적인 이미지를 가지고 있다. 그 이유는 불확실성이라는 '리스크'에 주의를 빼앗기기 때문이다. 리얼 옵션이라는 관점은 단계적 투자와 불확실성의 관계를 사업 가치 평가에 적용함으로써 불확실성이 클수록 기회도 커진다는 사실을 일깨워준다.

재무에서 사용되는 '옵션 계산식'을 사업 평가에 그대로 응용하자는 뜻이 아니다. 기업 재무에 활용되는 사업 옵션 가치 계산에는 블랙 숄즈 공식을 비롯한 복잡한 계산식이 이용된다. 물론 이를 활용하는 기업도 있지만 본격적으로 옵션 계산식을 적용하면 사업 평가가 지나치게 수리적인 방향으로 치우칠 우려가 있다.*

내가 말하고 싶은 것은 복잡한 계산식을 사용하자는 것이 아니다. 불확실성이 높을 때는 단계적 투자를 도입하는 리얼 옵션에 의거한 사업 계획 및 평가를 실시하는 것이 중요하다는 것이다.

리얼 옵션 개념을
활용하고 있는 월마트

⫼

최근 경영학자는 많은 연구를 통해 불확실성이 높을 때는 리얼 옵션에 입각하여 투자하면 효과를 거둘 수 있다는 사실을 알아냈다.

---

* 2001년 〈Organization Science〉지에 발표된 펜실베이니아 대학의 에드워드 바우먼과 서던메소디스트 대학의 게리 모스코비츠의 논문에서는 미국의 대형 제약 기업인 '머크'가 R&D 투자에 옵션 가치 평가 방법을 도입했으나 부정적인 결과를 얻은 사례를 소개하고 있다. 참고: Bowman, Edward H., and Gary T. Moskowitz. 2001. "Real Options Analysis and Strategic Decision Making." Organization Science 12(6): 772-777.

특히 합작 사업을 '미래 합병 상대의 사업 인수를 위한 옵션'으로 파악하는 연구가 주목받고 있다. 현재 컬럼비아 대학에 재직 중인 브루스 코굿이 1991년에 발표한 논문[*] 이후 많은 연구자가 합작 사업이 옵션으로서의 가치를 지닐 수 있다는 점을 이론적으로 실증적으로 증명했다.

코굿의 주장을 현실로 구현한 기업 중 하나는 미국 최대 소매업체인 '월마트'이다.

1991년 멕시코에 진출한 월마트는 멕시코의 최대 소매업체인 '시프라'와 손잡고 합작회사를 설립했다. 이후 멕시코의 사업 전망이 밝다는 확신을 갖게 된 월마트는 시프라로 하여금 합작 회사의 나머지 주식을 모두 매입하도록 한 다음 시프라를 인수했다. 월마트는 또한 일본에 진출할 때도 유통 소매업인 '세이유'에 자본을 출자하는 형태로 시작한 다음 단계적으로 세이유의 지분을 늘려 2008년에는 완전히 자회사화했다.

소매업은 해외 진출이 특히 어려운 업종 중 하나다. 나라마다 소비자의 취향이나 상관습의 차이가 크기 때문이다. 따라서 소매업의 해외 진출은 불확실성이 매우 높을 수밖에 없다.

이처럼 불확실성이 높은 시장에 진출할 때는 처음부터 자회사를 설립하거나 현지 기업을 완전히 인수하는 것보다 월마트처럼 먼저 합

---

[*] Kogut, Bruce. 1991. "Joint Ventures and the Option to Expand and Acquire." Management Science 37(1): 19-33.

작이나 부분 출자 방식으로 진출한 다음 단계적으로 추가 인수를 실시하는 편이 리스크를 줄이면서도 잠재적인 기회를 놓치지 않는 방법이라고 코굿은 주장한다.[*]

한편 기업의 옵션 가치를 계산한 연구도 있다.

여기서는 자세히 다루지 않지만 재무 분야에서 사용되는 '경제적 부가가치EVA: Economic Value Added'라는 개념을 응용하면 기업의 옵션 가치를 계산할 수 있다. 현재 퍼듀 대학에 재직 중인 제프리 로이어와 콜로라도 대학 볼더 캠퍼스에 재직 중인 토니 통은 이와 관련한 다수의 논문을 발표했다.

이들은 텍사스 대학 달라스 캠퍼스의 마이크 펭과 함께 2008년에 발표한 논문^{**}에서 국제적인 합작 사업을 많이 추진하는 기업일수록 옵션 가치가 높아진다는 사실을 통계분석을 통해 밝혀냈다.

이는 코굿이 지적한 것처럼 불확실성이 높은 국제 비즈니스에서는 합작 사업이 옵션 가치를 높이는 효과를 가진다는 사실을 정량적으로 입증한 것이다.

---

* 실제 기업이 합작 사업을 시작할 때는 '3년 후 A사가 B사의 나머지 주식을 1주당 1,500원에 인수할 권리'와 같은 옵션 조항을 계약에 포함시키는 경우가 많다. 코굿은 여기서 더 나아가 '이러한 계약 조항이 없더라도 모든 합작 사업은 제1단계 및 인수를 검토하는 제2단계로 구분할 수 있으며, 단계적 투자라는 표현처럼 모든 합작 사업은 옵션과 같은 역할을 한다'고 지적했다.

** Tong, Tony W., and Jeffrey J. Reuer. Mike W. Peng. 2008. "International Joint Ventures and The Value of Growth Options." Academy of Management Journal 51(5): 1014-1029.

가정은
가정일 뿐

　　　　　　　　　　　지금부터는 리얼 옵션에 입각한
사업 계획 방법을 살펴보겠다. 여러분도 새로운 사업 계획을 세울 때
단계적 투자를 검토하는 경우가 있을 것이다. 최근 경영전략론 연구
자들은 이와 관련하여 유용한 관점을 제시한다.

이 장에서는 그중 두 가지 관점을 살펴보겠다.

먼저 '가정은 가정일 뿐이라는 것을 결코 잊지 말아야 한다'는 관
점이다.

이와 관련하여 사업 계획 수립에 있어 리얼 옵션 연구의 일인자로
꼽히는 컬럼비아 대학의 리타 맥그래스와 펜실베이니아 대학의 이안
맥밀란이 1995년에 발표한 논문*을 소개한다.

다시 한 번 말하지만 신규 사업은 불확실성이 매우 높기 때문에 미
래 사업 환경을 가정하고 사업 계획을 수립하게 된다. 연구팀은 이와
관련하여 '현실에서는 사업을 추진하다 보면 이러한 가정이 어느새
기정사실화되는 경우가 자주 발생한다'고 지적한다.

이들의 지적에 동의하는 사람도 있을 것이다.

이 논문에서는 '디즈니'가 프랑스에 '유로 디즈니랜드'를 개장한 직

---

* McGrath, Rita Gunther, and Ian C. MacMillan. 1995. "Discovery Driven Planning." Harvard Business Review 73(44): 44-54.

후에 맞닥뜨린 시련을 소개하고 있다. 유로 디즈니랜드가 출발부터 삐걱거린 이유는 개장 초기에 입장료를 너무 높게 설정했기 때문이다. 연구팀은 디즈니가 입장료를 높게 설정한 원인을 미국과 일본에서 성공을 거두었기 때문에 '입장료가 다소 비싸더라도 방문객이 찾아올 것'이라는 가정을 언젠가부터 기정사실로 받아들였기 때문이라고 지적한다. 결국 높은 입장료 때문에 입장객이 좀처럼 늘지 않자 디즈니는 입장료를 큰 폭으로 낮출 수밖에 없었고 그 결과 수익은 악화되었다.

연구팀은 이러한 사태를 막는 방법으로 리얼 옵션 개념을 도입한 신규 사업 계획법을 제안했다.

그것은 '가정 체크리스트'를 만드는 것이다.

사업 계획 수립 당시 불확실성에 따라 세웠던 가정을 사전에 리스트화해야 한다는 것이다. 그중에는 의도하지 않은, 즉 '암묵적으로 설정한 가정'이 포함되어 있을 수도 있다. 연구팀은 불확실성이 높은 때에 설정한 가정은 어디까지나 가정에 불과하다는 당연한 사실을 잊어서는 안 된다고 강조한다.

나아가 투자의 단계가 진전될 때마다 '이정표 분석'을 실시하여 처음에 설정한 가정의 타당성을 검증해야 한다고 주장한다.

그런데 현실에서는 이정표 분석을 해당 사업의 수익이 당초 설정한 목표에 도달했는지의 여부를 검증하는 데에만 사용하는 경우가 대부분이다. 그러나 애초에 그 목표라는 것 또한 가정을 바탕으로 설정된 것이므로 먼저 그 가정의 타당성부터 검증한 다음 목표 수익을 비롯한 사업의 전반적인 내용을 검토해나가는 것이 옳다는 것이다.

연구팀의 이러한 주장은 이 시대의 사업 계획 방법을 근본적으로 되돌아보게 한다. 불확실성이 높은 경우의 사업 계획이란 단순히 계획 그 자체만을 위한 것이 아니라 불확실성을 미리 찾아내어, 가정은 어디까지나 가정이라는 인식 아래 지속적으로 검토해나가기 위한 것이다.

내생적 불확실성, 외생적 불확실성

리얼 옵션에 입각한 사업 계획을 세우는 데에 중요한 두 번째 관점은 불확실성을 구분하는 것이다.

여기까지 읽고서 '그렇다고는 해도 현실에서 새로운 사업을 시작할 때는 불확실한 요소가 너무 많지 않나'라는 의문을 가질지도 모르겠다.

새로운 사업을 시작할 때는 시장의 성장성을 비롯해 시장 가격, 경쟁 기업의 동향, 거래처의 신뢰성 등 불확실한 요소가 수도 없이 많을 것이다. 따라서 이 모두를 가정 체크리스트에 넣어 일일이 검토하려면 끝이 없다.

그렇다면 이 많은 불확실성 가운데 반드시 검토해야 할 사항만을 골라낼 수는 없을까?

그간의 연구를 통해 불확실성에도 여러 종류가 있다는 사실이 밝혀졌다. 그중에서도 이 장에서는 '내생적 불확실성'과 '외생적 불확실성'의 구분에 중점을 두고 살펴보자.

내생적 불확실성이란 기업이 스스로 행동을 취함으로써 낮출 수 있는 불확실성을 말한다.

예컨대 일본의 식품업체가 베트남에서 고급 베이커리 제품을 판매하기 위해 현지 도매업자와 제휴를 맺기로 했다고 가정해보자. 이때 제휴 상대의 능력이 검증되지 않았다는 점은 중대한 불확실성에 해당한다.

이 경우 일본의 식품업체가 취할 수 있는 방법 중 하나는 상대 업체에 임원을 파견하여 경영 상태와 인재의 능력 등을 자세히 파악하는 것이다.

즉 리얼 옵션 개념처럼 가정을 세우고 불확실성이 낮아지는 것을 기다리는 것이 아니라, 오히려 적극적인 행동에 나섬으로써 불확실성을 낮출 수 있는 방법을 검토하는 것이다.

반면 외생적 불확실성이란 기업이 스스로 제어할 수 없는 불확실성을 말한다. 예컨대 '고급 베이커리 시장의 향후 10년간의 성장률'과 같은 불확실성은 일개 기업이 제어할 수 있는 사항이 아니다. 이렇듯 시장 성장률, 시장 가격, 진출국의 정치 상황 등은 기업의 행동을 통해 제어할 수 있는 사항이 아니므로 이런 종류의 불확실성이야말로 리얼 옵션의 관점에서 검토해야 한다.

이러한 구분의 중요성을 밝혀낸 것은 싱가포르 비즈니스 스쿨의 일리야 카이퍼스와 네덜란드 틸뷔르흐 대학의 사비에르 마르틴이다.

이들은 2010년에 발표한 논문[*]에서 합작 회사의 출자 비율은 외생적 불확실성의 영향을 받기 쉬운 반면, 내생적 불확실성의 영향은 받지 않는다는 사실을 리얼 옵션의 관점에서 밝혀냈다.

리얼 옵션은 사업 계획 방법의 새로운 희망이 될 수 있을까?

그러면 지금까지 살펴본 내용을 바탕으로 여러분의 사업 계획에 실제로 도움이 될 만한 내용을 간추려본다. 아래의 내용은 개인적 견해로 경영학자 전체의 의견이 아니다.

- 첫째, 사업 계획을 세우기 전에 불확실한 요소를 모두 적어보자. 불확실성은 곳곳에 숨어 있다. 그것을 가능한 많이 찾아내는 것이 중요하다.
- 둘째, 외생적 불확실성과 내생적 불확실성을 구분하는 것이 중요하다. 리얼 옵션을 적용한 사업 계획에서 중요한 것은 전자다. 후자에 관해서는 '어떻게 하면 내생적 불확실성을 적극적으로 없앨 수 있을지' 고민해야 한다.
- 셋째, 사업에 중요한 영향을 미치는 불확실성(외생적 불확실성)을 선별했다면, 낙관적인 경우와 비관적인 경우를 각각 상정하여 어떤 전략을 세울 수 있는지 검토하자. 단계적 투자를 고려하면 예전에는 생각지도 못했던 옵션이 생겨날

---

[*] Cuypers, Ilya R. P., and Xavier Martin. 2010. "What Makes and What Does Not Make a Real Option? A Study of Equity Shares in International Joint Ventures." Journal of International Business Studies 41(1): 47-69.

수도 있다.

- 넷째, 단계적 투자라는 전제 아래 사업 환경이 비관적인 경우와 낙관적인 경우의 사업 수익성을 각각 평가하자. 단계적 투자를 상정하면 기존 DCF법보다 '경우의 수'가 늘어나므로 수익성 평가가 다소 복잡해질 수 있다. 그러나 의사 결정의 질을 높이기 위해서라도 불확실성이 큰 사업 계획의 경우 이러한 계산을 실시할 필요가 있다. 특히 단계적 투자를 통해 낙관적인 경우의 기회를 놓치지 않도록 유념하자.

- 끝으로 사업이 시작된 이후에는 맥그래스의 주장처럼 불확실성이 낮아지는지를 꾸준히 체크하고, 실제로 낮아졌을 경우에는 어떠한 전략을 취해야 할지 검토하자.

나는 이처럼 사업 계획에 리얼 옵션을 도입하는 것이 계획주의와 학습주의를 절충하는 방안이 될 수 있다고 생각한다.

리얼 옵션에 의거한 접근 방법은 앤소프의 계획주의처럼 모든 사항을 사전에 치밀하게 결정하는 것보다 훨씬 유연한 방법이다.

앞서 말한 것처럼 불확실성이 높은 사업 환경에서는 앤소프가 주장하는 계획주의(그리고 DCF법)를 적용하는 한 무궁무진한 잠재적 기회를 내포하고 있는 사업에 투자하기 어렵다. 리얼 옵션은 단계적 투자라는 개념을 적용함으로써 '불확실성이 높을 때가 진정한 기회이므로 일부라도 투자해야 한다'는 것을 가르쳐준다. 이러한 의미에서 리얼 옵션은 '불확실성이 높은 때야말로 움직여야 할 시기'라고 주장하는 민츠버그 등의 학습주의와 일맥상통하는 면이 있다.

그러나 리얼 옵션은 학습주의가 주장하듯 '일단 행동하면 어떻게든 된다'는 식의 모호한 개념이 아니다. 사전에 불확실성을 철저히 파악하고 분류한 다음, 단계적 투자를 바탕으로 다양한 투자 시나리오를 세워 사업 계획에 반영한다는 의미에서 계획주의적인 요소도 함께 가지고 있다. 이러한 점에서 리얼 옵션은 오랫동안 침체되어 온 경영 전략론의 계획파가 부활하는 계기가 될 수 있을 것이다.

리얼 옵션은 지금 한창 연구가 이루어지고 있는 최신 연구 주제다. 앞으로 더 많은 연구를 통해 보다 실용적인 사업 계획 방법이 개발되기를 기대한다.

chapter
13

왜 경영자는
과도한 인수 금액을 지불할까?

| 재무 이론을 초월한 '주먹구구식' M&A 연구 |

최근 일본에서도 기업 간 인수합병M&A이 어엿한 경영 방법 중 하나로
자리잡았다. 2011년 한 해에만 무려 1,687건의 일본 기업의 M&A가
이루어졌다.[*]

이에 기업의 인수 금액에도 이목이 집중되고 있다. 특히 경영자나
주주에게 있어 큰 관심사가 아닐 수 없다. 만일 인수 금액이 크다면
그만큼 인수하는 쪽에게 부담이 되기 때문에 경영자는 주주와 이해관
계자에게 인수 금액의 타당성을 설명해야 한다.

일본에서는 2006년 '도시바'가 미국의 세계적 원자력발전 기업인

---

[*] 출처: 레코프(RECOF. 일본 최대 M&A 중개기업) 조사.

'웨스팅하우스'를 50억 달러에 인수하여 화제가 되었다. 당초 웨스팅하우스를 인수할 가능성이 가장 컸던 후보는 웨스팅하우스와 돈독한 관계를 맺어온 미쓰비시 중공업으로, 인수 금액은 20억 달러 정도가 될 것이라는 견해가 지배적이었다. 그런데 막상 뚜껑을 열어보니 미쓰비시 중공업이 아닌 도시바가 두 배 이상의 금액을 지불하고 웨스팅하우스를 차지한 것이다.

또한 2011년에는 마이크로소프트가 인터넷 전화 서비스 제공업체인 스카이프를 85억 달러에 인수하여 화제를 불러일으켰다. 실은 이미 2000년에 인터넷 경매 기업인 '이베이'가 26억 달러에 스카이프를 인수했으나 수익을 내지 못해 포기한 이력이 있었다. 그런 회사를 이번에는 마이크로소프트가 세 배 이상의 금액을 지불하고 인수했으니 많은 사람이 놀랄 만했다.

기업의 인수 금액을 결정하는 것은 어려운 일이다.

만약 양배추라면 채소 가게에 가서 이미 제시되어 있는 가격에 구입하면 된다. 물론 흥정을 통해 값을 더 깎을 수도 있다. 그럴 때는 비슷한 크기의 양배추를 팔고 있는 다른 가게의 가격을 흥정의 재료로 삼을 수 있다.

그러나 기업은 양배추와 사정이 다르다. 모든 기업은 규모, 비즈니스 모델, 경영 환경, 경영 자원 등이 다르다. 양배추처럼 옆 가게와 가격을 비교해가며 구입할 수는 없는 것이다.

그래서 재무 교과서에서는 DCF나 유사 기업 비교법과 같은 수단을 동원하여 기업의 가치를 산정하는 방법을 제시한다. 그리고 이렇게 산출된 기업 가치를 바탕으로 해당 기업을 인수했을 경우에 기대할 수 있는 시너지 효과 및 인수에 필요한 비용 등 여러 조건을 반영한 '인수 전체 가치'를 산정한다.

기업을 인수하는 입장에서는 인수 대상 기업과 협상을 벌임으로써 인수 전체 가치보다 낮은 금액을 지불하는 것이 가장 바람직한 결과일 것이다.

그러나 현실에서는 인수 전체 가치보다 높은 금액을 지불하는 경우가 많다.

그럴 경우 경영자는 주주를 상대로 시너지 효과니 가치 향상이니 비용 절감이니 하는 그럴 듯한 설명을 늘어놓으며 높은 인수 금액을 정당화하려 애쓰곤 한다. 물론 시너지 효과나 비용 절감 등은 M&A의 중요한 목적 중 하나이므로 높은 금액을 지불하는 이유가 될 수 있다. 하지만 지나치게 높은 인수 금액을 지불하는 데에 과연 이러한 경영 전략적인 이유만이 반영되어 있는 것일까?

경영학자들은 연구를 통해 그럴 듯한 경영전략적인 설명과는 별개의 이유로 경영자들이 거액의 인수 금액을 지불하는 경향이 있다는 사실을 밝혀냈다. 그것은 바로 경영자의 '우월감', '초조함', '자부심' 때문이었다.

이 장에서는 경영자가 어째서 불합리한 인수 금액을 지불하는지 최신 연구를 소개한다.

인수
프리미엄

기업 인수 금액의 기준이 되는 것은 '인수 프리미엄'이라는 지표다. 본론으로 넘어가기 전에 먼저 인수 프리미엄이 무엇인지 간단히 알아보자.

주식 시장에 상장되어 있는 기업을 인수할 때 사용되는 지표인 인수 프리미엄은 '인수 협상이 성립되는 시점의 인수 금액이 인수 대상 기업의 기존 시장 가치를 얼마나 상회하는지'를 나타내는 것이다.

2011년 8월 15일 구글이 미국의 대형 통신기기 업체인 모토로라 모빌리티를 인수한다고 발표했을 당시, 인수 금액은 총 125억 달러(1주당 40달러)였다. 그런데 3일 전인 8월 12일 기준으로 모토로라 모빌리티의 시장 가치는 78억 달러(1주당 약 25달러)에 불과했다.

125억 달러는 78억 달러의 1.6배에 달하는 금액이다. 구글은 3일 전 시장이 평가한 모토로라 모빌리티의 시장 가치에 60%의 프리미엄을 붙여 인수한 것이다.

시장 가치는 투자가의 주식 매매 결과를 통해 결정된다. 여기에 60%의 프리미엄을 붙였다는 것은 구글의 경영자가 '우리가 모토로라 모빌리티를 인수하면 시장이 평가한 가치보다 적어도 60% 이상은 끌어올릴 수 있다'고 선언한 것이나 다름없다. 그렇기 때문에 경영자는 주주에게 그 이유를 설명하기 위해 시너지 효과니 비용 절감이니 하는 말로 인수 금액을 정당화하려고 하는 것이다.

인수 프리미엄은 일반적으로 긍정적인 방향으로 작용한다. 왜냐하면 인수 대상 기업의 주주 입장에서는 자기 기업의 주가를 시장 가치보다 높게 평가해주지 않으면 주식을 팔 이유가 없기 때문이다.

또한 앞에서 말한 것처럼 일반적으로 인수 기업은 인수 대상 기업의 '기업 전체 가치'를 어떤 식으로든 미리 산정해본다. 그리고 이렇게 산정한 인수 가치가 인수 대상 기업의 현재 시장 가치보다 높을 때 (=인수 대상 기업의 잠재적인 가치를 현재 시장 가치보다 높게 평가하기 때문에) 비로소 인수에 착수한다.

이런 이유로 기업이 다른 기업을 인수할 때는 '인수 전체 가치'보다 낮고 '현재 시장 가치'보다 높은 금액을 지불하게 되는 것이다. 이렇듯 시장 가치보다 높은 금액을 지불하는 것은 인수 프리미엄이 긍정적인 방향으로 작용하기 때문이다.*

이외에도 프리미엄을 지불하는 데에는 또 다른 요인이 작용한다. 만일 인수 대상 기업의 경영진이나 주주가 인수를 거부한다면 어떨까? 인수 기업으로서는 그들의 마음을 돌리기 위해 가격을 올리는 방안을 생각한다. 최근 일본에서도 적대적 기업 인수의 경우 주식 공개 매수TOB. Take Over Bid가 종종 이루어지고 있는데 TOB의 경우에는 프리미엄 상승이 일반적이다.

---

* 히토쓰바시 대학 대학원의 핫토리 노부미치 객원 교수는 일본과 미국의 인수 프리미엄을 포괄적으로 분석했다. 핫토리는 1997년부터 2006년까지 미국에서 이루어진 2억 500만 달러 이상의 인수 사례 및 일본에서 이루어진 500만 달러 이상의 인수 사례를 바탕으로 어느 정도의 인수 프리미엄이 지불되었는지를 분석한 결과, 미국에서는 평균 35.6%, 일본에서는 평균 19.9%의 프리미엄이 지불되었다는 사실을 밝혀냈다.

또한 여러 기업이 하나의 인수 대상을 놓고 경합을 벌이는 경우에도 당연히 인수 가격은 높아질 것이다. 인수 대상 기업의 잠재적 가치가 높을수록 다른 기업에 빼앗기지 않기 위해 높은 금액을 지불하고서라도 인수에 나설 가능성이 있는 것이다.

한편 지배권 프리미엄이라는 요인도 생각할 수 있다. 인수 대상 기업의 주식을 20%만 인수하는 것으로는 경영권을 얻기 어렵다. 하지만 100%를 인수한다면 경영권을 완전히 장악할 수 있다. 이렇듯 '지배권'의 대가로 프리미엄을 지불하는 경우도 있다.

이처럼 어떤 면에서는 무척 '합리적'으로 보이는 인수 프리미엄의 상승 이유에 관해서 이미 재무 분야 등에서 많은 연구가 이루어진 상태다.

그렇다면 경영학에서는 어떤 연구가 이루어지고 있을까?

최근 경영학계에서는 인수 프리미엄이 상승하는 이유를 경영자의 인간적인 면, 즉 심리적인 측면에서 접근하는 연구가 속속 발표되고 있다.

이 연구에 따르면 현실 속 인수 프리미엄은 매우 복잡하고 지극히 인간적인 경영자의 심리를 비추는 거울과 같다.

이 장에서는 경영자의 '우월감', '초조함', '자부심'을 분석한 연구 세 가지를 살펴본다.

'우월감'
프리미엄

       먼저 경영자의 '우월감' 연구부터 알아보자. 앞에서도 말했지만 대부분의 기업 인수는 인수 기업의 경영진이 '우리가 이 기업을 인수하면 가치가 훨씬 높아질 것'이라고 생각하기 때문에 이루어진다. 그래서 시장 가치보다 높은 프리미엄을 지불하는 것이다.

    물론 이는 인수 대상 기업을 객관적으로 분석하여 판단한 결과일 수도 있다. 그러나 경영학자들은 경영자의 주관적인 판단이나 착각이 더 큰 영향을 미치는 경우가 많을 것이라고 생각했다.

    가령 인수 기업의 경영자가 자신의 경영 수완을 과신하고 있다면, 즉 경영 수완에 대한 '우월감'을 가지고 있다면 어떨까? 이런 경영자라면 '나는 이 기업의 가치를 높일 수 있는 능력이 있으므로 인수 금액이 높아도 상관없다'는 생각을 할 수도 있지 않을까? 만일 그렇다면 인수 금액은 우월감의 크기만큼 높아질 것이다.

    이러한 가능성을 검증한 것은 현재 콜로라도 대학 볼더 캠퍼스에 재직 중인 매슈 헤이워드와 펜실베이니아 주립대학에 재직 중인 도널드 햄브릭이 1997년에 발표한 논문[*]이었다.

---

[*] Hayward, Mathew L. A. and Donald C. Hambrick. 1997. "Explaining the Premiums Paid for Large Acquisitions: Evidence of CEO Hubris." Administrative Science Quarterly 42(1): 103-127.

'경영자의 우월감'을 데이터화하는 것은 현실적으로 불가능하다. 그래서 연구팀은 경영자의 우월감에 영향을 미치는 요인에 주목하고 이러한 요인과 인수 프리미엄 사이에 어떤 관계가 있는지 분석하기로 했다. 이들은 미국에서 이루어진 106건의 기업 인수 데이터를 통계 분석한 결과 다음의 흥미로운 사실을 알았다.

첫째, 과거에 기업 인수를 통해 성공을 거둔 경험이 있는 CEO는 이후 높은 인수 프리미엄을 지불하는 경향이 있다는 사실을 밝혀냈다. 과거의 성공 경험이 CEO의 우월감을 자극하여 '다음 인수에서도 높은 가치를 창출할 수 있을 것'이라는 과신을 불러일으킴으로써 높은 프리미엄을 지불하게 한다는 것이다.

둘째, 연구팀은 인수 기업 CEO의 미국 내 주요 언론의 평가를 지표화했는데, 언론에게 높은 평가를 받은 CEO일수록 높은 인수 프리미엄을 지불하는 경향이 있다는 사실을 밝혀냈다. 이는 언론의 관심이 CEO의 우월감을 자극하여 과도한 프리미엄을 지불하는 결과를 낳은 것으로 해석할 수 있다.

셋째, 인수 기업의 CEO가 받는 보수도 프리미엄에 영향을 미친다는 사실을 알았다. 높은 보수를 받는 CEO는 자신의 경영 수완이 높게 평가받고 있다는 믿음을 가져 인수 프리미엄을 높이는 것으로 나타났다.

나아가 연구팀은 이 우월감 효과가 인수 기업의 기업 통치에 영향을 받는다는 사실 또한 밝혀냈다. (1)인수 기업의 CEO가 이사회 의장을 겸하는 경우, (2)이사회의 사외이사 비율이 낮은 경우에는 CEO

의 우월감이 인수 프리미엄을 높이는 효과가 더욱 크다는 사실을 알았다.

CEO가 이사회 의장을 겸하거나 이사회가 사내 인물로 채워져 있으면 CEO에게 권한이 집중될 가능성이 높다. 이러한 상황에서는 우월감으로 충만한 CEO가 터무니없는 인수 프리미엄을 지불하려 하더라도 이사회가 그를 저지하기 어렵다.

아마도 이런 분석 결과에 고개를 끄덕이는 사람도 많을 것이다.

기업 인수처럼 중대한 의사결정이 현실에서는 CEO 한 사람의 재량에 좌우되는 경우가 많다. 이렇듯 헤이워드와 햄브릭은 경영의 합리성을 저해하는 개인의 우월감 때문에 높은 프리미엄이 지불되고 있을 가능성을 제시했다.

'초조함' 프리미엄

다음으로 성장에 대한 경영자의 '초조함'에 주목한 연구를 알아보자.

경영자에게 가장 중요한 목표는 당연히 기업의 성장일 것이다. 물론 높은 이익률을 실현하는 것도 중요하지만 투자가나 주주의 시선을 의식하지 않을 수 없는 경영자로서는 기업의 매출을 늘려 규모를 키워야 한다는 압박감에 시달릴 수밖에 없다.

경영자의 입장에서 기업의 규모를 가장 빠르게 키울 수 있는 방법 중 하나는 다른 기업을 인수하는 것이다. 인수에 성공하면 일단 덩치가 커지는 데다 인수 대상이 현재 성장 가도를 달리고 있는 기업이라면 인수를 통해 자사의 성장도 기대할 수 있기 때문이다.

그러나 인수에는 리스크가 따른다. 그중에서도 높은 인수 금액은 중대한 위험 요소다. 그렇기 때문에 아무리 기업을 성장시키고 싶어도 과도한 인수 금액을 선뜻 지불하기란 쉽지 않다.

그런데 만일 경영자가 '어떻게 해서든 회사를 성장시켜야 한다'는 초조함을 느끼기 시작한다면 어떨까?

만일 경쟁 회사에 비해 성장 속도가 더디다면 이것은 경영자에게 커다란 압박으로 작용한다. 이럴 때 경영자는 상황을 만회하기 위해 큰돈을 지불하는 리스크를 감수하고서라도 다른 기업을 인수하려 할 것이다.

유럽 경영대학원INSEAD의 김지엽과 조지아 대학의 존 헐리블리언, 그리고 다트머스 대학의 시드니 핀클스테인은 이러한 가설 아래 연구를 실시하여 2011년에 논문*을 발표했다.

1994년부터 2005년까지 미국 상업은행 업계에서 이루어진 878건의 M&A 데이터를 바탕으로 통계분석을 실시한 결과 연구팀은 다음과 같은 사실을 발견했다.

첫째, 과거 3년간의 성장률이 업계 평균치보다 낮은 기업은 높은

---

* Kim, Ji-Yub, Jerayr Haleblian, and Sydney Finkelstein. 2011. "When Firms are Desperate to Grow via Acquisition: The Effect of Growth Patterns and Acquisition Experience on Acquisition Premiums." Administrative Science Quarterly 56(1): 26-60.

인수 프리미엄을 지불하는 경향이 있다는 사실이다. 경쟁사에 비해 성장이 느린 기업의 경영자는 '초조함' 때문에 높은 프리미엄을 지불하는 위험을 무릅쓰고서라도 인수를 성사시키려 한다는 것이다.

둘째, 인수 기업의 과거 성장률, 특히 최근 성장률이 낮을수록 기업은 높은 프리미엄을 지불하는 경향이 있다는 사실이다. 이 역시 경영자의 초조함이 그 배경에 있는 것으로 해석할 수 있다. 한동안 낮은 성장률이 이어졌다면 그만큼 경영자는 성장에 대한 압박을 크게 느낄 것이기 때문이다.

이렇듯 연구팀은 '어떻게 해서든 회사를 성장시켜야 한다'는 경영자의 초조함이 높은 프리미엄을 지불하게 하는 요소임을 밝혀냈다.

국가 브랜드
프리미엄

끝으로 소개할 연구는 국가 간에 이루어지는 크로스보더cross-border M&A에 관한 것이다.

토론토 대학의 올레 크리스티안 호프와 다샨트크마르 비아스, 그리고 오클라호마 대학의 웨인 토마스는 2011년에 'The Cost of Pride(자부심의 대가)'라는 무척 흥미로운 제목의 논문*을 발표했다.

---

* Hope, Ole-Kristian, Wayne Thomas, and Dushyantkumar Vyas. 2011. "The Cost of Pride: Why Do Firms from Developing Countries Bid Higher?" Journal of International Business Studies 42(1): 128-151.

연구팀은 1990년부터 2007년까지 국적이 다른 기업 간에 이루어진 M&A 3,806건의 데이터를 수집했다. 그리고 이를 분석한 결과 중국, 인도, 브라질 등 이른바 '신흥국'의 기업이 미국, 유럽, 일본 등 '선진국'의 기업을 인수할 때 평균 16% 높은 프리미엄을 지불한다는 사실을 알았다.

어째서 신흥국의 기업은 선진국의 기업을 인수할 때 높은 프리미엄을 지불하는 것일까?

연구팀은 신흥국 기업이 선진국 기업을 인수할 때는 경영진 사이에 '조국을 대표하여 선진국의 기업을 사들인다'는 자부심이 고양되기 때문이라는 가설을 세웠다.

물론 기업 인수에 결단을 내리는 것은 정치인이 아닌 기업의 경영자다. 그러나 그동안 조직이론 등의 분야에서 이루어진 연구에 따르면, 집단에 강한 소속감을 갖는 개인은 의사결정을 내릴 때 해당 집단의 영향을 많이 받는다.

국가 역시 가장 큰 단위의 사회 집단이므로 인수 기업의 경영자가 국가에 강한 소속감을 느낀다면 자신이 '조국을 대표하고 있다'는 자부심을 가지게 되고 그것이 프리미엄에 반영된다는 것이다.

실제로 2008년 3월 28일자 요미우리 신문은 인도의 자동차 기업인 타타 자동차가 영국의 고급 자동차 브랜드인 재규어와 랜드로버를 인수한 사안과 관련하여 다음과 같은 기사를 게재했다.

'영국 주재 인도인들은 타타 자동차의 재규어와 랜드로버 인수를 환영하고 있다. 영국의 금융가인 시티 오브 런던City of London 소재의 기업에서 일하는 인도인 헤무라지 브루쥬(36)는 "인도 기업이 영국의 고급 자동차 브랜드를 경영하게 된 것은 대단한 사건이며 인도인으로서 자긍심을 느낀다. 이러한 고급 브랜드를 인수한 타타 자동차는 앞으로 더 많은 이익을 낼 것이다"라고 말했다.'

이처럼 신흥국의 국민은 자국 기업이 선진국 기업을 인수하는 것을 매우 '자랑스러운 일'로 생각한다. 해당 기업과 직접 관련이 없다 하더라도 말이다. 그러니 인수 당사자가 느낄 자긍심이 얼마나 클지는 짐작하고도 남는다.

국제적으로 인지도가 낮은 신흥국의 기업이 선진국의 기업을 인수하는 것은 결코 쉬운 일이 아니다. 그렇기 때문에 신흥국 기업의 경영자는 '조국을 대표하고 있다'는 의식을 더욱 강하게 느끼게 되고, 높은 금액을 지불하고서라도 선진국 기업을 인수하여 자긍심을 충족시키고 싶어 할 것이라고 연구팀은 생각했다.

호프는 이러한 가설을 증명하기 위해 앞서 언급한 3,806건의 국가 간 기업 인수를 다룬 신문과 잡지의 기사를 수집하여 기업 경영자가 인수와 관련하여 조국의 위상을 언급한 부분이 있는지 면밀히 체크한 다음 이를 바탕으로 통계분석을 실시했다.

그 결과 연구팀은 신흥국의 기업이 선진국의 기업을 인수할 때 지불하는 프리미엄은 '국가를 대표한다는 자부심'으로 설명할 수 있다는 사실을 확인했다.

인수 금액은
경영자의 심리 상태를 비추는 거울이다

이 장에서는 (1)경영자의 우월감, (2)기업의 성장에 대한 초조함, (3)조국을 대표하고 있다는 자부심 등이 경영자로 하여금 높은 인수 프리미엄을 지불하게 한다는 사실을 밝혀낸 연구들을 살펴보았다.

여기에서 두 가지 시사점을 발견할 수 있었다.

연구가 밝혀낸 첫 번째 사실은 기업이 합당한 인수 가격을 책정하고 그 범위 안에서 인수 금액을 지불하는 것이 매우 어렵다는 것이다.

첫머리에서 적절한 인수 금액을 산정하는 것은 결코 쉽지 않은 일이라고 말한 바 있다. 물론 재무 교과서에서 제시하는 다양한 평가 방법을 동원하여 이론상의 기업 가치를 산정할 수는 있다. 이제는 이러한 기업 가치 평가 방법이 널리 보급되어 대기업의 경우 전문 컨설턴트의 도움 없이도 자체적으로 인수 대상 기업의 가치를 산출하는 경우가 늘어나고 있다.

그러나 문제는 그 다음이다. 이렇게 산출된 기업 가치에 인수 이후 발생할 여러 가지 조건을 반영하여 '인수 전체 가치'를 산정하게 되는데, 실제로는 이를 훨씬 웃도는 막대한 금액을 지불하는 경우가 많은 것이다.

그 이유를 간단히 설명하자면 인수 대상의 가치 평가는 사내 부서에서 이루어지지만 최종적으로 인수 금액을 결정하여 지불하는 것은 경영자의 몫이기 때문이다.

　재무상의 합리성만을 따지자면 '인수 전체 가치'를 웃도는 금액을 지불하는 것은 바람직한 일이 아니다. 그러나 현실에서는 경영자의 우월감, 초조함, 자부심이 그보다 높은 인수 금액을 지불하게 하는 경우가 많다는 사실이 여러 연구를 통해 밝혀졌다. 즉 시너지 효과니 비용 절감이니 하는 그럴 듯한 이유로 설명되는 인수 금액도 알고 보면 경영자의 심리 요인이 영향을 미치고 있을 가능성이 높다.

　연구를 통해 밝혀진 두 번째 사실은 M&A와 같은 중대한 의사결정도 실은 경영자의 지극히 인간적인 측면에 좌우된다는 것이다.

　나는 1장에서 "세계의 경영학자는 과학을 지향한다. 그러나 그 과학이라는 것은 일상의 비즈니스에서 나타나는 매우 인간적인 의사결정과 배치되는 것이 아니다. 경영학자는 오히려 그러한 인간적인 의사결정까지도 과학적으로 파악하려고 노력한다"고 말했다.

　지금까지 인수 금액은 교과서가 제시하는 단순 명료한 논리로 결정되는 것이 아니라 경영자의 우월감, 초조함, 자부심과 같은 매우 인간적인 면에 좌우될 가능성이 있다는 내용을 살펴보았다. 이는 세계의 경영학자가 주목하고 있는 최신 연구 주제 중 하나다.

　이렇듯 기업의 인수 금액과 프리미엄은 경영자의 심리 상태를 비추는 거울과도 같다. 앞으로 기업 인수와 관련된 뉴스를 접한다면 시너지 효과나 비용 절감과 같은 표면적인 설명 뒤에 가려진 경영자의 인간적인 면에도 관심을 가져보기 바란다.

사업 회사의 벤처 투자에
필요한 요건

| 기업형 벤처캐피털 연구에서 얻는 시사점 |

이번 장에서는 이미 미국에서는 새로운 조류를 형성하고 있으며 일본
에서도 이를 채택하는 기업이 나타나기 시작한 새로운 기업 전략의
최신 연구를 소개하고 그 시사점을 생각해본다.

새로운 기업 전략이란 '기업형 벤처캐피털Corporate Venture Capital. CVC'
이라는 것이다.

일본에서는 '사내 벤처링Corporate Venturing'이라는 말이 널리 사용되
고 있다. 그러나 '사내 벤처링'과 '기업형 벤처캐피털 투자'는 서로 다
른 개념이다. 전자는 주로 대기업 안에 마치 스타트업처럼 독립성을
가지는 새로운 사업부를 출범시키는 것이다.

한편 CVC 투자는 소니나 도요타 같은 일반 사업 회사가 마치 벤

처캐피털 기업처럼 이제 막 창업한 스타트업이나 벤처 기업에 투자하는 것을 말한다.*

사내 벤처링에 비해 CVC 투자라는 용어에는 다소 익숙하지 않을 것이다. 그러나 미국의 대형 하이테크 사업 회사 사이에서는 CVC가 이미 중요한 투자 전략 중 하나로 자리매김했으며, 최근에는 일본의 사업 회사도 CVC 투자 전략을 채택하기 시작했다.

기업형
벤처캐피털이란

일반적으로 스타트업에 대한 투자는 벤처캐피털이라는 전문 기업이 투자한다.

경험이 부족하고 미래가 불투명한 스타트업의 투자는 리스크가 높기 때문에 투자하는 쪽에게도 노하우가 필요하다. 그래서 스타트업의 투자는 실제로 투자 전문 회사가 스타트업에 출자하거나 펀드 조성을 통해 자금을 모으는 경우가 대부분이다.

훗날 해당 기업이 주식을 상장하거나 다른 기업에 인수된다면 투자자는 이익Capital Gain을 얻을 수 있다. 벤처캐피털이란 이처럼 스타트

---

* CVC 투자는 일본 기업에서 예전부터 실시해온 대외 협력 및 자회사화와도 다른 개념이다. 기업이 거래처에 부분 출자하거나 자회사를 설립하는 형태로 신규 사업에 뛰어드는 일은 일본에서도 흔히 볼 수 있다. 대외 협력은 기존 거래처와의 관계를 더욱 굳건히 하기 위한 경우가 많으며, 자회사화는 기업 내부의 인재와 경영 자원을 활용해 새로운 사업을 시작한다는 점에서 사내 벤처링에 가까운 측면이 있다. 반면 CVC는 설립한 지 얼마 되지 않은 외부 기업을 대상으로 하는 벤처캐피털 투자 차원의 출자를 가리킨다.

업에 투자하여 이익을 목표로 하는 고위험 고수익 투자 전문 기업을 말한다.

그런데 미국에서는 약 20년 전부터 시스코, 인텔, 마이크로소프트 같은 일반 사업 회사가 마치 벤처캐피털 기업처럼 스타트업 투자에 나서기 시작했다. 1990년 이후 미국에서 이루어진 벤처캐피털 투자 총액 가운데 15%가 사업 회사에 의한 투자, 다시 말해 CVC 투자다.[*]

참으로 흥미로운 현상이지 않은가?

다시 한 번 말하지만 벤처캐피털은 리스크가 높은 투자 방식이다. 때문에 전문 기업이 투자하는 것이다. 그런데 투자 분야에서는 아마추어라고 할 수 있는 사업 회사가 벤처캐피털 투자에 뛰어들고 있는 것이다. 왜 이들은 이처럼 리스크가 높은 투자에 나서는 것일까?

다음의 〈표1〉은 이 장에서 소개할 연구 가운데 일반에게 공개된 데이터를 재구성한 것으로, 미국 IT 대기업의 CVC 투자액 순위(상위 10개 기업)를 나타낸 것이다. 이 표를 보면 미국의 유명 IT 대기업은 앞다투어 CVC 투자에 나서고 있음을 알 수 있다.

〈표1〉을 통해서 알 수 있는 구체적인 내용은 다음과 같다.

첫째는 몇몇 기업을 제외한 사업 회사의 CVC 투자액은 연구개발 투자 금액의 1~3%에 불과하다는 사실이다. CVC 투자가 주목받고 있다고는 하지만 각 기업의 연구개발 투자 총액에 비하면 매우 작은 규모다.

---

[*] Dushnitsky, Gary. 2012. "THE VENTURE LAB." Business Strategy Review 23(2): 58-60.참조.

둘째로 주목해야 할 점은 CVC 투자를 실시한 기업 중 상당수가 투자 대상 기업을 인수했다는 사실이다. 특히 시스코는 1987년부터 2003년까지 CVC 투자 대상 기업의 무려 46%를 인수한 것으로 밝혀졌다.

CVC 투자는 IT 이외의 분야에서도 이루어지고 있다. 예컨대 의약품업계에서는 머크와 존슨 앤 존슨이 CVC 투자에 적극적으로 나서고 있다. 케이블 TV업계에서는 컴캐스트가, 자동차업계에서는 포드가 CVC 투자를 실시하고 있다. 이처럼 미국의 대형 사업 회사 사이에서는 CVC 투자가 널리 확산되고 있다.

	CVC 투자액 [A] (연평균: 100만 달러)	연구개발 투자액 [B] (연평균: 100만 달러)	A/B (%)	CVC 첫 투자 연도	인수한 CVC 투자 대상 기업의 수 (누계)
인텔	146.3	1867	7.8	1992	13
시스코시스템	70.6	1405	5.0	1994	46
루슨트테크놀로지	65.4	3327	2.0	1996	14
마이크로소프트	54.4	1601	3.4	1983	26
AT&T	46.1	2102	2.2	1989	6
노텔네트웍스	39.5	1863	2.1	1997	10
모토로라	27.1	2271	1.2	1990	12
휴렛팩커드	23.6	2258	1.0	1996	11
주니퍼 네트웍스	23.6	141	16.7	1999	1
애질런트 테크놀러지스	17.5	1096	1.6	1999	1
썬 마이크로시스템즈	17.3	804	2.2	1999	15

Benson & Ziedonis(2009)의 자료를 발췌하여 재구성

〔표1〕 미국 IT 기업의 CVC 투자액 현황(1987~2003년, 상위 10개사)

체스브로의
통찰


```
┃┃┃
```

과연 CVC의 매력은 무엇일까?

어째서 대기업들이 굳이 스타트업 투자에 나서고 있는 것일까? CVC가 스타트업을 대상으로 하는 투자라는 점에서 주식 상장 등의 자본 이익이 목적인 것처럼 보일 수도 있다. 그러나 과연 사업 회사가 노리는 것은 자본 이익뿐일까?

사실은 그간 미국에서도 CVC는 경영학자의 주목을 끌지 못했다. 비교적 최근인 1990년대부터 CVC 투자가 활발해진 이유도 있지만, 경영학자가 사업 회사의 CVC 투자를 자본 이익을 목적으로 하는 잉여 자금의 활용으로 오해했던 것도 그 이유 중 하나다.

CVC 투자에 대한 경영학자의 무관심에 경종을 울린 것은 현재 캘리포니아 대학 버클리 캠퍼스에 재직 중인 헨리 체스브로이다. 그는 2002년 〈하버드 비즈니스 리뷰〉지에 발표한 논문*에서 마이크로소프트, 애질런트 테크놀로지스와 같은 사업 회사의 CVC 투자 사례를 소개했다.

2000년 미국에서는 이른바 '닷컴 버블'이 붕괴하면서 많은 벤처캐피털 투자 전문 기업이 스타트업의 투자를 철회했다. 그러나 버블 붕

---

* Chesbrough, Henry W. 2002. "Making Sense of Corporate Venture Capital." Harvard Business Review 80(3): 90-99.

괴 이후에도 인텔, 마이크로소프트 등의 사업 회사는 스타트업에 대한 CVC 투자를 철회하지 않았다는 사실에 체스브로는 주목했다.

그리고 사업 회사의 CVC에는 자본 이익 이외의 목적, 즉 'CVC를 통한 오픈 이노베이션의 활성화'라는 목적이 있다고 주장했다.

7장에서 말한 것처럼 기업 간 제휴를 통해 혁신을 실현하고자 하는 오픈 이노베이션은 이제는 유럽이나 미국 기업의 기본 전략으로 자리 잡았다.

그동안 경영학자는 오픈 이노베이션의 구체적인 수단으로써 제휴를 비롯한 고전적인 전략에만 주목해왔다. 그러나 체스브로는 CVC 투자도 오픈 이노베이션의 수단이 될 수 있다고 생각한 것이다.

CVC는 혁신의
새로운 수단이다

체스브로의 논문은 CVC의 새로운 역할을 제안했다는 점에서 주목을 받았다. 하지만 그의 논문은 소수 기업의 사례만을 소개하는 데에 그쳤기 때문에 경영학자들은 보다 치밀한 이론화와 통계분석을 실시할 필요가 있었다.

그 선봉장 역할을 한 것은 젊은 스타 연구자인 개리 두슈니츠키였다. 내가 미국에서 박사 과정을 막 시작했을 무렵 당시 뉴욕 대학의 박사 과정에 재학 중이던 두슈니츠키는 사회로 나갈 준비를 하고 있었다. 그는 박사 과정을 마치기도 전에 이미 학계에서 스타의 반열에 올라

있었다. 두슈니츠키는 다른 전도유망한 박사 과정 학생을 제치고 여러 대학으로부터 가장 많은 러브콜을 받으며 펜실베이니아 대학 와튼스쿨의 조교수로 임용되었다. 이후 와튼 스쿨에서 CVC와 관련한 많은 연구로 업적을 쌓은 그는 2009년 런던 비즈니스 스쿨의 부교수로 부임했다.

두슈니츠키가 내놓은 일련의 연구 성과가 가지는 의의는 'CVC가 기업의 오픈 이노베이션 전략의 일환'이라는 체스브로의 주장을 정량적으로 분석했다는 점이다.

두슈니츠키가 현재 버지니아 대학에 재직 중인 마이클 레녹스와 함께 2005년에 발표한 논문*은 미국의 2,289개 사업 회사의 30년간의 데이터를 바탕으로 각 회사의 CVC 투자와 혁신 활동(주로 특허 지표)의 관계를 통계분석한 것이다.

두 사람은 연구를 통해 CVC 투자를 많이 하는 사업 회사가 혁신 활동에도 적극적이라는 사실을 알았다.

나아가 2006년에 발표한 논문**을 통해 사업 회사가 CVC 투자에 적극적일수록 기업 가치가 높아진다는 사실도 밝혀냈다.

어째서 스타트업 투자가 사업 회사의 실적을 향상시키는 것일까?

---

* Dushnitsky, Gary, and Michael J. Lenox. 2005. "When Do Incumbents Learn from Entrepreneurial Ventures?: Corporate Venture Capital and Investing Firm Innovation Rates." Research Policy 34(5): 615-639.

** Dushnitsky, Gary, and Michael J. Lenox. 2006. "When Does Corporate Venture Capital Create Firm Value." Journal of Business Venturing 21(6): 753-772.

이와 관련하여 두슈니츠키는 세 가지 이유를 제시한다.

첫 번째 이유는 투자 후보인 스타트업이 투자할 만한 가치를 가지고 있는지 심사하는 과정(적정평가 심사)에서 해당 기업의 기술 정보를 얻을 수 있기 때문이다. CVC의 적정평가 심사에는 사업 회사의 연구 개발 담당자가 참여하는 경우가 많은데, 이러한 전문가의 눈을 통해 스타트업이 보유하고 있는 기술과 신규 사업 가능성에 관한 정보를 얻을 수 있다는 것이다.

두 번째 이유는 투자 개시 이후 사업 회사의 인사가 스타트업의 이사회 멤버 또는 옵서버로 참여함으로써 해당 기업의 기술과 비즈니스 모델에 관한 중요한 정보를 얻을 수 있기 때문이다.

세 번째 이유는 투자처인 스타트업의 실적을 관찰하며 사업의 장래성을 판단할 수 있기 때문이다. 새로운 비즈니스 영역을 개척해 나가고 있는 스타트업에 투자한다면 설사 투자 대상 기업이 사업에 실패하더라도 사업 회사로서는 적어도 사업의 장래성에 관한 교훈을 얻을 수 있는 것이다.

이번에는 입장을 바꾸어 생각해보자. 스타트업은 어째서 투자를 전문으로 하는 벤처캐피털 기업을 두고 사업 회사에게서 CVC 투자를 받는 것일까? 그 이유는 인텔이나 마이크로소프트 같은 회사에 투자를 받을 경우 벤처캐피털 기업에는 없는 경영 자본을 제공받을 수 있기 때문이다.

예컨대 개발 중인 기술을 시험하기 위한 실험 시설이 필요한 스타트업이 있다고 가정해보자.

이 회사가 만약 사업 회사에게서 CVC 투자를 받는다면 필요한 시설의 제공까지도 기대할 수 있을 것이다. 또한 사업 회사의 네트워크를 고객 유치에 활용할 수도 있을 것이며, 경우에 따라서는 사업 회사가 스타트업의 제품 판로를 확보해줄 수도 있을 것이다.

이렇듯 투자만을 전문으로 하는 벤처캐피털 기업과는 달리 특정 제품과 기술에 정통한 사업 회사는 풍부한 경영 자본이라는 강점을 가지고 있다.

그렇기 때문에 스타트업은 CVC를 통해 사업 회사의 협력을 얻어 이런 경영 자본을 활용하게 되기를 기대하는 것이다.

CVC는
지식 탐색의 수단이다

앞서 말했듯이 기업의 혁신 전략에는 '지식의 탐색Exploration'과 '지식의 심화Exploitation'라는 중요한 개념이 존재한다.

전자는 기업이 새로운 기술과 지식을 습득하는 활동이며, 후자는 기업이 이미 가지고 있는 기술과 지식을 활용하는 활동을 뜻한다. 성공 경험이 많은 기업일수록 이미 가지고 있는 기술만을 활용하는 '지식의 심화'에 치우치기 쉬우며 이는 혁신을 저해하는 요인으로 작용할 수 있다.

한편 시장의 변화 속도가 빠르고 기술 교체 주기가 짧은 테크놀로

지업계에서는 오픈 이노베이션 전략을 통해 '지식의 탐색'을 이어갈 필요가 있다.

이러한 의미에서 CVC 투자는 더없이 좋은 지식 탐색의 수단이다. CVC 투자 대상이 바로 새로운 기술을 개척해나가는 스타트업이기 때문이다. 만일 미래 전망이 밝은 기술을 보유한 스타트업을 발견했다면 CVC를 통해 그 성공을 도움으로써 그들의 기술을 배울 수 있고 사업의 가능성을 확인할 수 있다. CVC 투자를 통해 효과적인 지식 탐색이 가능한 것이다.

CVC는
리얼 옵션이다

한편 CVC를 리얼 옵션의 개념으로 해석할 수도 있다. 13장에서 설명한 바와 같이 리얼 옵션이란 쉽게 말해 '불확실성이 높은 사업 환경 아래에서 리스크를 줄이는 동시에 기회를 포착할 수 있는 투자 수단'을 말한다.

이 장 첫머리에 소개한 표를 보자. 그 내용은 사업 회사의 CVC 투자액은 연구개발 투자 총액의 1~3%에 지나지 않으며 사업 회사는 CVC 투자 대상을 인수하는 경우가 많다는 것이었다.

사업 회사가 스타트업의 기술에 관심이 있는 경우 취할 수 있는 전략 중 하나는 스타트업을 인수하는 것이다. 스타트업으로서도 인수는 주식 공개와 더불어 성공으로 가는 지름길 중 하나이므로 사업 회사의 제안을 받아들일 가능성이 높다.

그러나 아무리 규모가 작은 스타트업이라 하더라도 기업 인수에는 적지 않은 비용과 리스크가 동반된다. 무엇보다 기업 인수에는 거액의 자금이 필요하다.

하지만 인수 대상이 보유한 기술이 사업 회사의 혁신에 정말 도움이 될지를 판단하는 것은 쉽지 않다. 그만큼 스타트업 투자는 불확실성이 클 수밖에 없다.

이런 점에서 CVC 투자는 일반적인 기업 인수에 비해 낮은 비용과 리스크로 불확실성이 높은 스타트업의 기술과 비즈니스 모델에 접근할 수 있다는 장점을 지닌다.

인수에 비해 CVC 투자는 비용이 훨씬 적게 드는 데다 펀드를 조성하여 다른 기업과 공동으로 출자Syndication할 수도 있기 때문에 위험 부담을 줄일 수 있기 때문이다. 뿐만 아니라 사업 회사는 CVC를 통해 스타트업이 인수 대상으로 적합한지의 여부도 확인할 수 있다.

사업 회사의 인사를 스타트업의 이사회 멤버로 파견하거나 협력 활동을 추진하면서 해당 기술의 장래성을 관찰한 다음 확실한 가치가 있다고 판단되었을 경우에만 인수에 나서는 것이다. 즉 유연성이 큰 CVC 투자는 인수를 대신하는 리얼 옵션 전략이 될 수 있다.

콜로라도 대학 볼더 캠퍼스의 토니 통과 뉴욕 주립대학 버펄로 캠퍼스의 욘 리는 2010년에 발표한 논문*에서 인터뷰 조사 등을 실시한

---

* Tong, Tony W. and Yong Li. 2011. "Real Options and Investment Mode: Evidence from Corporate

결과 미국의 사업 회사가 CVC 투자를 '인수 대상 스타트업의 기술을 획득하기 위한 수단'으로 인식하고 있다는 사실을 밝혀냈다.

또한 연구팀은 CVC가 인수보다 유연하다는 점 때문에 경영전략으로 선택받고 있다는 점, 즉 리얼 옵션 전략에 해당한다는 사실을 통계분석을 통해 밝혀냈다.

CVC는
상어다?

여기까지의 내용만 보면 CVC는 오로지 장점만 가진 것처럼 보이지만 안타깝게도 꼭 그렇지만은 않다. 최근에 이루어진 연구에서는 CVC가 매우 고난이도의 투자 방법이라는 사실이 밝혀졌다.

앞에서 살펴본 것처럼 사업 회사가 CVC를 실시했을 때의 이점 중 하나는 투자를 통해 스타트업의 기술을 손에 넣을 수 있다는 점이다. 이는 곧 스타트업의 입장에서는 '대기업에 기술을 빼앗길' 위험이 있다는 뜻이기도 하다.

사업 회사는 스타트업의 기술에 관심이 있어서 투자에 나선 것이므로 기회가 생기면 어떤 식으로든 기술 복제를 시도할 가능성이 있다는 점은 부정하기 어렵다.

Venture Capital and Acquisition." Organization Science 22(3): 659-674.

스타트업 입장에서는 그러한 가능성이 CVC 투자에 동반되는 리스크라고 할 수 있다. 만일 이러한 리스크가 지나치게 높다고 판단되면 스타트업이 투자를 거부할 가능성도 있다.

두슈니츠키가 미네소타 대학의 마일즈 쉐이버와 함께 2009년에 발표한 논문*은 바로 이런 점에 주목한 것이었다. 이 논문은 AMD 같은 대기업이 CVC 투자처인 스타트업의 허가 없이 유사 기술을 개발한 사례를 소개하고 있다.

또한 이들은 스타트업이 사업 회사에 기술을 빼앗길 위험성은 지적 자산의 보호 정도에 따라 달라진다고 지적했다. 스타트업의 기술이 특허를 통해 강력한 보호를 받고 있다면 사업 회사가 스타트업의 기술을 마음대로 사용하기 어려울 것이다.

반면 지적 자산에 대한 보호가 약하다면 스타트업의 기술을 복제하는 일은 보다 수월할 것이다.

앞에서 살펴본 두슈니츠키와 레녹스가 2005년에 발표한 논문에서도 이러한 점을 확인할 수 있다. 미국에서는 의료 및 바이오 산업의 지적 자산은 비교적 안전하게 보호되지만 IT 관련 지적 자산의 보호는 무척 약한 편이다. 이에 연구팀은 CVC가 사업 회사의 혁신을 촉진하는 효과는 IT 관련 제품 등 지적 자산에 대한 보호가 약한 산업에 국한되며, 의료 및 바이오 산업에서는 그러한 효과를 기대하기 어렵

---

* Dushnitsky, Gary, and J. Myles Shaver. 2009. "Limitations to Inter-Organizational Knowledge Acquisition: The Paradox of Corporate Venture Capital." Strategic Management Journal 30(10): 1045-1064.

다는 사실을 밝혀냈다. CVC의 기업 혁신 촉진 효과는 제한적이라는 것이다.

CVC에는 또 하나의 리스크가 존재한다.

CVC 투자의 경우 투자처인 스타트업이나 공동투자 파트너인 벤처캐피털 기업이 사업 회사의 사정에 휘둘릴 우려가 있다는 지적이 나오고 있다. 예컨대 예기치 못한 이유로 사업 회사의 전체 전략이 변경된다면 스타트업에 대한 CVC 투자를 철회하는 경우마저 발생할 수 있는 것이다.

또한 사업 회사의 인사 제도상의 이유로 CVC 담당자가 자주 교체되는 경우도 생각할 수 있다. 이는 스타트업이나 투자 파트너에게는 반가운 일이 아닐 것이다. 사람마다 업무 방식에 차이가 있게 마련이므로 담당자가 교체될 때마다 사업 회사와 상대 기업의 관계에도 변화가 생길 가능성이 있기 때문이다.

이러한 이유 때문에 사업 회사는 스타트업으로부터 CVC 투자를 거부당하기도 하고, 벤처캐피털 기업이 사업 회사와의 공동투자를 꺼리는 현상이 나타나기도 한다.

스탠퍼드 대학의 리타 카틸라와 캐서린 아이젠하트, 노미스 솔루션즈의 제프 로젠버거는 2008년에 발표한 논문*에서 스타트업은 '투자를 전문으로 하는 벤처캐피털 기업의 투자를 받을 것인지, 아니면

---

* Katila, Riitta, Jeff D. Rosenberger, Kathleen M. Eisenhardt. 2008. "Swimming with Sharks: Technology Ventures, Defense Mechanisms and Corporate Relationships." Administrative Science Quarterly 53(2): 295-332.

사업 회사로부터 CVC 투자를 받을 것인지'를 두고 신중하게 고민한 다고 밝혔다.

연구팀은 이 논문에 '상어와 함께 헤엄치다Swimming with Sharks'라는 독특한 제목을 붙였다.

CVC 투자를 통해 마음만 먹으면 스타트업이 보유한 기술을 '잡아먹을 수 있는' 대기업을 상어에 비유한 것이다.

신뢰 구축의
필요성

지금까지 살펴본 내용을 통해 CVC 투자가 성공할 수 있는 열쇠는 벤처 투자 당사자 간에 확고한 신뢰를 구축하는 것임을 알 수 있다.

일반 벤처캐피털 기업의 경우도 업계의 신뢰를 얻는 것이 얼마나 중요한지 굳이 말하지 않아도 될 것이다. 그러나 사업 회사의 CVC 투자는 앞에서 살펴본 이유로 신뢰 구축이 훨씬 어려울 수 있다.

따라서 '이 회사는 CVC를 통해 스타트업을 지원할 뿐 아니라 기술을 도용하지도 않으며, 전략의 변화에 투자 방침이 흔들리는 경우도 없다'는 것을 보여주며 신뢰를 쌓아 나갈 필요가 있다.

이러한 신뢰를 얻을 수 있다면 스타트업의 입장에서도 안심하고 CVC 투자를 받아들일 수 있고, 벤처캐피털 기업도 공동투자를 꺼리지 않을 것이다. 그러나 투자처의 기술과 정보를 도용하거나 CVC 투자 담당 부문이 회사 전체의 전략에 지나치게 휘둘린다면 CVC 투자는 난항을 겪을 가능성이 높다.

브리검영 대학의 데이빗 벤슨과 미시간 대학의 로즈마리 제드니스가 2009년에 발표한 논문*은 이러한 생각을 뒷받침한다.

이들은 미국 내 IT 계열 사업 회사가 CVC 투자처인 스타트업을 인수했을 때 시장이 보인 반응을 분석했다. 그 결과 비교적 지속적이고 안정적인 CVC 투자를 통해 업계의 신뢰를 얻은 사업 회사일수록 인수에 대한 시장의 평가가 높게 나타난다는 사실을 알았다.

CVC 투자도 인간관계와 마찬가지로 꾸준하고 일관성 있는 자세로 신뢰를 얻는 것이 중요하다는 것을 알 수 있다.

국내에도 CVC가
뿌리내릴 수 있을까?

지금까지 살펴본 내용을 정리하면 다음과 같다.

* 미국에서는 CVC 투자가 사업 회사의 전략의 일환으로 정착되고 있다.
* CVC는 사업 회사의 오픈 이노베이션 전략이 될 수 있다.

---

* Benson, David, and Rosemarie H. Ziedonis. 2009. "Corporate Venture Capital as a Window on New Technologies: Implications for the Performance of Corporate Investors When Acquiring Startups." Organization Science 20(2): 329-351.

- CVC 투자는 장점만큼 리스크도 크다. CVC 투자에 성공하기 위해서는 장기간 업계의 신뢰를 얻는 것이 중요하다.

일본에서도 CVC에 관심이 높아지고 있다.

특히 1990년대 후반부터 2000년대 전반에 대형 무역회사와 파나소닉, 소니, 리코, 저스트시스템 등의 사업 회사가 실리콘밸리에 벤처 캐피털 관련 기업을 설립하거나 펀드를 조성하여 스타트업 투자에 나서기 시작했다. 최근에는 GREE나 DeNA 같은 기업이 일본의 스타트업을 대상으로 적극적인 투자를 실시하고 있으며, 2011년에는 NTT 도코모, KDDI 같은 대형 휴대전화업체가 미국과 아시아의 인터넷 벤처 기업에 투자를 확대하고 있다.*

하지만 CVC 선진국이라 할 수 있는 미국에 비하면 그 규모나 실시 비율 면에서 아직 갈 길이 멀다고 할 수 있다.

나는 일본에서도 CVC가 더욱 활발하게 이루어지기를 기대한다. 일본의 장기적인 경제 발전을 위해서는 기업 혁신의 활성화와 벤처 기업의 설립이 반드시 필요하다. CVC 투자의 활성화는 이러한 측면에서 도움이 될 것이다.

왜냐하면 CVC가 일본 기업의 오픈 이노베이션을 촉진할 가능성이 있기 때문이다.

---

* 출처: "휴대전화 3사, 해외 인터넷 벤처 기업에 대한 출자 건수 4배 증가"(2012년 5월 26일자, 니혼케이자이 신문)

일본의 일부 전통 기업은 유망한 스타트업과의 제휴와 인수를 통한 오픈 이노베이션 전략의 필요성을 별로 느끼지 못하는 듯하다. 그 이유 중 하나는 경영진이 투자 리스크를 두려워하기 때문이라고 생각한다. 이러한 의미에서 CVC는 적은 비용으로 지식을 탐색할 수 있는 효과적인 리얼 옵션 전략이 될 수 있다.

또한 CVC의 활성화는 일본의 스타트업에도 도움이 될 것이다.

일본의 벤처캐피털 기업은 대부분 금융기관 관련 회사다. 솔직히 말하면 이러한 벤처캐피털 기업은 스타트업의 기술을 이해하는 데에 필요한 지식을 가지고 있지 않을 가능성이 높다. 이러한 기업보다는 스타트업의 기술을 이해할 수 있는 '안목'을 갖춘 사업 회사가 CVC 투자를 통해 지원한다면 스타트업에 도움이 될 뿐만 아니라 일본 벤처업계의 활성화로도 이어질 수 있다.

그러나 일본 내 CVC 활성화를 위해 극복해야 할 장벽은 여전히 높다. 그중에서도 CVC 투자처와 투자 관련 회사에 대한 간섭을 줄이고 벤처업계에서 지속적으로 신뢰를 쌓아 나가는 부분은 전통적인 일본 기업이 특히나 어려워하는 부분이다.

지금까지 살펴본 것처럼 CVC 투자의 성공 열쇠는 벤처업계에서 신뢰를 얻는 것이다. 그러려면 사업 회사가 CVC 투자처 등의 독립성을 인정하는 것이 중요하다. 경우에 따라서는 보수 체계까지도 본사의 체계에 얽매이지 않고 투자 수익과 연동시키는 등의 방안을 도입해야 한다. 관련 회사에 지나치게 깊이 관여해온 일본 기업의 관행을 바꾸는 것이 중요하다는 말이다.

이러한 점에서 만일 10년 뒤 일본의 CVC 투자가 지금보다 활성화되어 있다면 그것은 일본 기업의 관행이 큰 변화를 겪었다는 뜻으로 해석할 수 있을 것이다. 이러한 상상이 부디 현실로 이루어지기를 기대한다.

'자원기반 관점'은
경영이론이라 할 수 있나?

| 버니의 논쟁을 통해 생각하는 '경영이론의 조건' |

이 장에서는 약 10년 전에 경영학자 사이에서 커다란 화제가 되었던 경영이론을 둘러싼 논쟁을 소개한다. 이 장의 주제가 '이론'이니만큼 다른 장에 비해 추상적인 내용을 다루겠지만, '학문으로서의' 경영학에 관심을 가지고 있다면 꼭 읽어보기 바란다. 물론 학문으로서의 경영학에 관심이 없다 하더라도 이해하기 쉽게 설명하므로 편하게 읽을 수 있다.

이 이론은 '자원기반 관점Resource-based View, RBV'이라고 한다. 일본에서는 '자원기반 접근법' 또는 '자원기반 이론'이라고도 부른다. 여기서는 간단히 'RBV'라고 하겠다.

RBV는 유명한 경영학 이론 중 하나다. RBV가 경영학의 발전에 지대한 공헌을 했다는 점에는 아마도 이견이 없을 것이다. 이제 RBV는 MBA 경영전략론 강의에서 반드시 다루어야 할 필수 이론으로 자리 매김했다.

그런데 2001년 경영이론 분야의 최고 학술지인 〈Academy of Management Review〉에서는 이 RBV를 둘러싸고 치열한 논쟁이 벌어졌다. 그 발단은 텍사스 대학 알링턴 캠퍼스의 리처드 프림과 홍콩 이공대학의 존 버틀러가 동 학회지에 발표한 RBV에 대한 비판 논문이었다. 논문의 요지는 'RBV에는 경영이론이 갖추어야 할 본질이 결여되어 있다'는 것으로, RBV 신봉자들로서는 도저히 그냥 넘어갈 수 없는 도전적인 내용이었다.

이 논문이 게재되자 RBV의 권위자라 할 수 있는 유타 대학의 스타 교수 제이 버니는 같은 학술지에 즉각 반박 논문을 발표했다. 뒤이어 버니의 반론에 프림과 버틀러의 재반론이 역시 같은 학술지에 게재됨으로써 논쟁은 마치 서신을 주고받는 듯한 양상을 띠었다.

프림과 버틀러는 왜 RBV가 경영이론이 될 수 없다고 단정 지었을까? 경영학에 지대한 영향을 미친 RBV는 과연 무엇이 문제일까? 이에 버니는 어떤 반론을 펼쳤을까?

이 장에서는 'RBV를 과연 경영이론이라고 할 수 있는가'라는 주제를 둘러싸고 벌어진 세 사람의 논쟁을 통해 경영이론 구축의 과제를 생각해본다.

자원기반
관점이란

먼저 논쟁의 초점이었던 '자원기반 관점'이 무엇인지부터 알아보자. RBV는 그 이름처럼 기업이 가지고 있는 경영 자원에 초점을 둔 이론이다.

기업은 고객에게 제품과 서비스를 제공함으로써 이익을 얻는다. 그리고 모든 제품과 서비스는 종류와 상관없이 그것을 만들어내기 위한 자원이 필요하다는 것을 여러분도 잘 알 것이다.

기업은 유무형의 다양한 자원을 가지고 있다. 인재, 기술, 브랜드 등은 대표적인 경영 자원이다. 또한 기업 내에서 축적된 지식 또한 중요한 자원이라고 할 수 있다.

RBV는 기업이 좋은 실적을 올리려면 이러한 내부 자원에 주목해야 한다는 발상이다.

RBV를 논하는 데에 있어 절대 빼놓을 수 없는 경영학자가 현재 유타 대학에 재직 중인 제이 버니이다. 그가 1991년에 발표한 논문*은 RBV 연구에서 가장 중요한 논문으로 손꼽는다.

사실 버니는 RBV의 창시자가 아니다. 버니가 등장하기 이전부터 경제학자인 에디슨 펜로즈를 비롯해 이미 기업 자원의 중요성에 주목

---

* Barney, Jay B. 1991. "Firm Resources and Sustained Competitive Advantage." Journal of Management 17(1): 99-120.

한 학자가 여럿 있었다.

그중에서도 매사추세츠 공과대학의 버거 워너펠트는 1984년에 '기업 자원기반 관점A resource-based view of the firm'이라는 제목의 논문*을 발표함으로써 경영학의 RBV 시대를 개척했다.

이 논문에서 워너펠트는 그 유명한 마이클 포터의 SCP 패러다임을 기업 자원의 분석에 응용할 것을 제안했다.

SCP 패러다임은 4장에서 다루었다.

간단히 설명하면 기업이 독점 이익을 창출하기 위해서는 상품과 서비스의 차별화를 꾀하거나 진입 장벽이 높은 산업을 선점해야 한다는 이론이다.

이와 관련하여 워너펠트는 제품과 서비스뿐 아니라 기업의 자원을 통해서도 독점 이익을 추구할 수 있다고 주장한다.

만약 어떤 기업이 특유의 자원(뛰어난 기술 등)을 가지고 있는데 특별한 사유(특허 등)로 인해 경쟁사가 해당 자원을 모방하는 것이 불가능하다면 이 기업은 해당 자원을 통해 얻는 이익을 독차지할 수 있을 것이다. SCP가 제품과 서비스에 주목한 경영전략 이론이라면 RBV는 경영 자원에 주목했다는 점이 다를 뿐 SCP와 RBV는 맥락을 같이한다.

---

* Wernerfelt, Birger. 1984. "A Resource-Based View of the Firm." Strategic Management Journal 5(2): 171-180.

버니의
명제

|||

워너펠트의 논문 이후 많은 경영 학자가 기업 자원에 주목한 연구를 발표했다. 이러한 흐름 속에 드디어 제이 버니가 1991년 '기업의 자원과 지속적인 경쟁우위'라는 제목의 논문[*]을 발표했다. 이 논문은 현재 세계의 경영학자가 가장 많이 인용하는 논문 중 하나다.

이토록 유명한 논문이 〈Journal of Management〉지에 게재되었다는 사실은 참 아이러니하다. 물론 훌륭한 학술지이지만 'A급 저널'로 분류되는 〈Academy of Management Review〉나 〈Strategic Management Journal〉 등에 비하면 조금은 낮은 등급으로 분류되기 때문이다.

그런데 어떻게 〈Journal of Management〉에 실린 논문이 경영학의 새 지평을 여는 역할을 할 수 있었을까? 몇 가지 이유가 있겠지만 가장 큰 이유는 경영 자원이 기업 실적에 영향을 미치는 조건을 무척 간결하면서도 설득력 있는 명제로 정리했기 때문이다.

그 명제는 다음과 같다. 물론 원문은 영어로 되어 있지만 나름대로 해석했다.

---

[*] Barney, Jay B. 1991. "Firm Resources and Sustained Competitive Advantage." Journal of Management 17(1): 99-120.

명제 ① 가치가 있고^{valuable} 희소성이 인정되는^{rare} 자원을 보유한 기업은 경쟁우위를 획득한다.

명제 ② 다른 기업은 해당 자원을 모방할 수 없고^{inimitable}, 대체할 수 있는 자원이 없을 때^{not-substitutable} 기업은 지속적인 경쟁우위를 획득한다.

버니의 명제는 미국에서 경영전략론을 연구하는 학자라면 모두가 안다.

그러면 이러한 명제가 내포하고 있는 의미를 자세히 들여다보자. 먼저 경영전략론에서는 '지속적인 경쟁우위'야말로 기업이 추구해야 할 목적이라고 생각한다. 4장에서는 '기업이 장기간 높은 실적을 유지할 수 있는 힘'이 바로 지속적인 경쟁우위라고 설명했는데 여기서는 보다 엄밀한 정의를 제시하겠다.

경영학에서는 '경쟁우위'를 '경쟁 상대가 흉내 낼 수 없는 가치 창조 전략을 도입하는 능력'이라고 정의한다. 버니 역시 자신의 논문에서 이와 같은 정의를 내세우고 있다.

어떤 기업이 경쟁사는 흉내 낼 수 없는 가치 창조 전략을 가지고 있다면 그것은 결국 높은 실적(이익률, 성장률, 시장점유율 등)으로 이어질 것이다. 이에 첫 번째 명제는 기업이 이러한 경쟁우위를 차지하려면 '가치 있는 자원'과 '희소성 있는 자원'이라는 두 가지 조건을 충족시켜야 한다는 뜻으로 이해할 수 있다.

한편 두 번째 명제는 이러한 경쟁우위를 오랫동안 유지하기 위해서는 '다른 기업이 모방할 수 없고, 다른 것으로 대체할 수 없는' 자원을 가지고 있어야 한다는 뜻이다.

　수많은 경영이론 가운데 이토록 간결하면서도 심오한 의미를 내포하고 있는 명제는 드물 것이다. 펜로즈와 워너펠트로부터 비롯된 기업 자원에 관한 개념의 핵심을 이렇게 간결한 명제로 정리했다는 점에서 희대의 경영이론가로 칭송받는 버니의 진면목을 발견할 수 있다.

프림과 버틀러의
비판

　　　　　　　　　　버니가 논문을 발표한 지 10년째 되는 해에 리처드 프림과 조 버틀러는 〈Academy of Management Review〉지에 'RBV는 경영전략론 연구에 유용한 개념인가?'라는 제목의 논문*을 발표했다. 이는 학계에서 이미 확고한 입지를 다지고 있는 RBV와 버니에게 정면으로 도전하는 것이나 다름없었다.

　RBV에 대한 버니의 명제를 구성하는 논리를 자세히 들여다보면 사회과학 분야에서 인정하는 '이론'으로서의 본질이 결여되어 있다는 것이 논문의 요지였다.

　두 사람은 여러 각도에서 RBV를 비판하고 있다. 여기에서는 그중에서도 가장 중요하게 여겨지고, 세 사람의 의견이 가장 첨예하게 충

---

* 　Priem, Richard L, and John E. Butler. 2001. "Is the Resource-Based Theory a Useful Perspective for Strategic Management Research?" Academy of Management Review 26(1): 22-40.

돌한 부분에 초점을 맞춰 살펴본다.

다시 한 번 버니의 명제를 살펴보자. 이 명제를 찬찬히 들여다보면서 왜 이론적 명제로 문제가 된다는 것인지 생각해보자.

명제 ①   가치가 있고^{valuable} 희소성이 인정되는^{rare} 자원을 보유한 기업은 경쟁우위를 획득한다.

명제 ②   다른 기업은 해당 자원을 모방할 수 없고^{inimitable}, 대체할 수 있는 자원이 없을 때^{not-substitutable} 기업은 지속적인 경쟁우위를 획득한다.

이상한 점을 발견했는가?

이 명제의 문제점을 살펴보기 전에 먼저 '경쟁우위'라는 용어에 주목할 필요가 있다. 앞에서 말한 것처럼 경쟁우위란 '경쟁사가 흉내 낼 수 없는 가치 창조 전략을 도입하는 능력'이라고 정의된다.

그렇다. 경쟁우위의 정의에도 '가치'라는 단어가 들어 있다.

정의에 따르면 경쟁우위를 지닌 기업은 다른 기업보다 높은 가치를 창출한다고 되어 있다. 또한 '경쟁사가 흉내 낼 수 없는(=도입할 수 없는) 전략'이라는 말은 곧 경쟁우위가 '희소성'을 지닌다는 뜻이다.

이를 경쟁우위의 정의에 대입시켜 보면 "경쟁우위란 '가치'가 있고 '희소성'을 지닌 전략을 도입할 수 있는 능력"이라는 문장이 만들어진다. 프림과 버틀러는 이 정의를 버틀러의 명제①에 사용된 경쟁우위라는 단어와 바꾸어볼 것을 제안했다. 그렇게 하면 명제①은 다음과 같이 바뀐다.

명제 ① 가치가 있고 희소성이 인정되는 자원을 보유한 기업은 가치 있고 희소
성을 지닌 전략을 도입할 수 있다.

과연 이것을 '논리적인' 문장이라고 할 수 있을까? 이 문장은 주어
와 서술어의 내용이 같다. '아름다운 사람은 미인이다'라고 말하는 것
과 다르지 않은 것이다.

반증이 불가능한 명제는
이론이 아니다

이는 논리학에서 이야기하는 '동
어 반복tautology'의 오류로 볼 수 있다. 동어 반복이란 '항상 참이 되는
논리 명제'를 말한다. '아름다운 사람은 미인이다'라는 문장이 바로 동
어 반복에 해당한다.

과학 이론의 규범을 확립한 철학자 칼 포퍼에 의하면, 과학 이론의
중요한 조건은 반증이 가능해야 한다는 것이다. '명제가 옳지 않을 가
능성이 이론적으로 존재해야 한다'는 것이다.*

어째서 반증할 수 있어야 한다는 조건이 그토록 중요한 것일까?
그 이유는 이론 명제는 반증이 가능할 때만 그것이 현실 세계에도 해
당하는지 검증할 수 있기 때문이다. 2장에서 말한 것처럼 이론이란

---

* Popper, Karl. The Logic of Scientific Discovery. Basic Books. 1959.

이 세상의 진리를 탐구하기 위해 존재한다. 따라서 이론 명제가 만들어지고 나면 관측, 실험, 데이터 분석 등의 실증 연구를 통해 그것이 현실 세계에서도 성립하는지 검증할 필요가 있다.

'펭귄은 하늘을 날 수 없다'는 명제를 예로 들어보자.

이 경우 만약 세상 어딘가에 하늘을 날 수 있는 펭귄이 존재할 가능성이 조금이라도 남아 있다면 관측 조사(=실증 연구)를 실시함으로써 그 가능성을 확인할 필요가 있다. 즉 하늘을 나는 펭귄이 실존할 가능성이 조금이라도 남아 있는 한 이 명제는 반증이 가능하기 때문에 명제로서 의미가 있는 것이다.

그렇다면 만일 펭귄을 펭귄이게 하는 조건 중 하나가 '하늘을 날 수 없는 것'이라면 어떨까? 하늘을 날 수 있는 새는 절대 펭귄이 될 수 없다면 말이다. 이를 처음의 문장에 적용하면 '하늘을 날 수 없는 새인 펭귄은 하늘을 날 수 없다'는 문장이 되고 만다. 이는 동어 반복, 즉 언제나 참인 명제다. 본래 참인 명제는 실증적으로 증명해야 할 이유가 없기 때문에 과학적인 이론 명제가 될 수 없다.

프림과 버틀러는 버니가 제시한 명제 또한 단어만 교체하면 동어 반복의 오류에 빠져 반증이 불가능하다고 주장한다. RBV는 이론 명제로서의 본질이 결여되어 있다는 것이다.

버니의
반론

2001년 〈Academy of Management Review〉지가 유독 재미있었던 이유는 프림과 버틀러의 논문에 이어 곧바로 버니의 반론[*]이 게재되었기 때문이다. 이 학술지가 프림과 버틀러의 논문 게재가 결정된 시점에 버니에게 반론을 제기하는 논문을 의뢰했던 것이다. 과연 버니는 어떤 반응을 보였을까?

버니는 프림과 버틀러가 시도한 '단어 바꾸기' 자체를 비판했다. 단어 바꾸기는 문장의 논리성을 확인하는 데에 유용한 방법인 듯 보이지만 이 방법을 사용하면 경영학의 모든 이론 명제가 동어 반복의 오류에 빠지게 된다고 주장한 것이다.

버니는 마이클 포터의 SCP 패러다임의 명제의 단어를 바꾸는 것으로 예를 들었다.

앞에서 이야기한 것처럼 SCP는 기업의 포지셔닝과 산업 구조에 주목하는 경영이론이다. SCP와 관련하여 '경쟁이 치열하지 않은 업계에 속한 기업은 그렇지 않은 기업보다 높은 수익을 얻는다'는 명제가 있다.

경쟁이 치열하지 않다는 것은 당연히 기업에게 바람직한 상황이다. 이 '바람직하다'를 위의 명제에 적용하면 '바람직한 업계에 속한 기업

---

[*] Barney, Jay B. 2001. "Is the Resource-Based "View" a Useful Perspective for Strategic Management Research? Yes." Academy of Management Review 26(1): 41-56.

은 그렇지 않은 기업보다 높은 수익을 얻는다'는 문장이 만들어진다. 경영학에서는 '수익성이 높다'는 것이 곧 '바람직한' 현상을 뜻하므로 이를 다시 적용하면 '바람직한 업계에 속한 기업은 그렇지 않은 기업보다 바람직하다'라는 문장이 되어 동어 반복의 오류가 발생하는 것처럼 보인다는 것이다.

이에 버니는 "단어 바꾸기는 모든 경영이론을 동어 반복에 빠뜨려 반증이 불가능한 명제로 만들어 버릴 가능성이 있다. 따라서 단어 바꾸기를 통해 'RBV가 동어 반복의 오류를 낳고 있다'고 주장하는 것은 근본적으로 잘못되었다"라고 주장했다.

그렇다면 위의 SCP 명제는 현실 데이터를 바탕으로 한 실증 분석이 불가능할까?

절대 그렇지 않다. 기업 간의 경쟁도만 보더라도 '산업 집중도'라는 지표를 통한 분석이 가능하다. 현실에 존재하는 다양한 산업의 집중도와 그들 산업에 속한 기업의 수익률 사이의 관계를 검증한다면 실증 분석은 충분히 가능하다.

RBV는
실증 분석이 가능할까?

버니는 경영학 이론에서 중요한 것은 '동어 반복을 일으키는 단어 바꾸기'가 아니라 '이론 명제의 실증 연구'가 가능한가, 즉 '데이터를 바탕으로 수치화할 수 있는가' 하는 점이라고 주장한 것이다. 실증 분석이 가능하다는 것은 실제 데이터를 바탕으로 과학적인 검증이 가능하다는 뜻이므로 이러한 명제는 과학적으로 의미를 가진다는 말이다.

그렇다면 RBV는 실증 연구가 가능할까? 명제에 나와 있는 '가치 있는 자원'을 데이터화하는 것이 가능할까?

버니의 답은 '그렇다'이다. 각 기업이 처한 경쟁 환경 속에서 어떤 자원이 가치를 지니는가만 알 수 있다면 가치 있는 자원의 데이터화 또한 가능하기 때문이다. 또 하나의 중요한 어구인 '기업의 경쟁우위'는 실적과 밀접한 관련이 있으므로 이 또한 이익률 등의 지표를 바탕으로 데이터화할 수 있다.

이와 관련하여 컬럼비아 대학 대니 밀러와 미시간 주립대학에 재직 중인 자말 쉠시가 1996년에 발표한 유명한 논문*을 소개한다.

그들은 1936년부터 1956년까지의 미국 할리우드 영화 산업의 데이터를 바탕으로 영화사의 어떠한 자원이 실적 향상에 기여했는지 실증 분석했다.

밀러와 쉠시는 1936년 이후 처음 10년 동안은 할리우드의 경쟁 환경이 비교적 안정적이었던 데에 비해 후반 10년 동안은 불안정했다는 점에 주목했다. 그리고 할리우드 영화 산업의 경우 안정기에는 대형 스타와의 장기계약 등 '산업기반 자원'이 가치를 지닌 반면, 불

---

* Miller, Danny, and Jamal Shamsie. 1996. "The Resource-Based View of the Firm in Two Environments: The Hollywood Film Studios from 1936 to 1965." Academy of Management Journal 39(3): 519-543.

안정기에는 영화사의 영화 제작 능력 등 '지식기반 자원'이 가치를 지녔을 것이라는 가설을 세웠다. 같은 영화 산업 안에서도 시대에 따라 가치를 지니는 자원이 달라질 것이라고 생각한 것이다.

두 사람은 영화사와 유명 스타의 장기계약 현황, 영화사의 제작 능력 등을 데이터화했다. 그리고 이런 자원이 영화사의 이익률과 시장 점유율에 미치는 영향을 실증 분석하여 그들이 세운 가설을 뒷받침하는 결과를 얻었다.

밀러와 쉼시의 논문은 RBV의 실증 분석이 가능하다는 것을 보여주는 대표적인 예다. 버니는 이 논문을 인용하며 실증 분석이 가능한 RBV는 과학적인 경영이론이라 할 수 있으므로 프림과 버틀러의 비판은 타당하지 않다고 반론했다.

프림과 버틀러의
재비판

논쟁은 더욱 흥미로운 국면으로 접어들었다. 〈Academy of Management Review〉지가 버니의 반론에 프림과 버틀러의 재반론 논문*을 게재한 것이다.

프림과 버틀러는 '이론의 반증 가능성을 확인하는 데에 중요한 것

---

* Priem, Richard L., and John E. Butler. 2001. "Tautology in the Resource-Based View and the Implications of Externally Determined Resource Value: Further Comments." Academy of Management Review 26 (1): 57-66.

은 단어 바꾸기가 아니라 이론 명제의 실증 연구 가능성, 즉 데이터화의 가능 여부'라는 버니의 주장을 지적하며, 이러한 주장이야말로 버니가 사회과학 이론의 본질을 이해하지 못하고 있다는 증거라고 비판했다.

그 이유는 무엇일까?

프림과 버틀러는 '이론'과 '실증 연구'는 구분해서 생각해야 함에도 버니가 이 둘을 혼동하고 있다고 지적했다.

사회과학에서는 '자원'이나 '경쟁우위'와 같은, 이론에 사용되는 추상적인 개념을 '구조 개념Construct'이라고 한다. 구조 개념은 말 그대로 어디까지나 머릿속에 머무는 '개념'이다. 개념은 현실에 실존하는 것이 아니다. 따라서 실증 연구를 실시할 때는 구조 개념을 현실로 옮겨

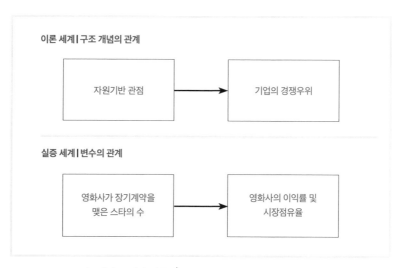

[그림1] 프림과 버틀러가 말하는 이론과 실증 연구의 대응 관계

놓은 개념인 '변수Variable'를 만들어야 한다.

〈그림1〉을 보자. 앞에서 나온 프림과 버틀러의 연구를 예로 들면 '가치 있는 자산을 기반으로 하는 자원'은 구조 개념에 해당한다. 구조 개념은 추상적이라서 데이터화할 수 없다.

그러나 '영화사와 계약을 맺은 배우의 수'는 데이터화할 수 있으므로 변수에 해당한다. 따라서 실증 연구도 가능하다.

프림과 버틀러가 RBV의 동어 반복을 지적한 것은 이론 세계에서 구조 개념의 관계가 동어 반복이라는 뜻이었다.

두 사람은 '이론 세계에서 발생한 문제는 이론 세계에서 해결해야 한다'고 주장한다. 따라서 실증 세계에서 데이터화가 가능하다는 이유로 이론 세계에도 문제가 없다는 식의 주장은 곧 버니가 사회과학 이론의 본질을 이해하지 못하고 있다는 증거라는 것이다.

경영학 이론을 구축한다는 것은 무엇을 뜻하는 것일까?

2001년 〈Academy of Management Review〉지에서 벌어진 세 사람의 논쟁은 프림과 버틀러의 재비판을 끝으로 일단락되었다.

나는 이들의 논쟁이 한심한 말장난처럼 보일 수도 있지만, 사실 경영학을 사회과학으로 발전시키는 데에 매우 중요한 역할을 한다고 생각한다. 현재 세계에서 추진되고 있는 경영학 연구의 흥미로운 점은 실증 연구에는 수학 지식을 필요로 하는 통계분석을 주로 사용하는 반면, 이론 수립에는 자연어(영어)를 주로 사용하고 있다는 점이다.

나는 일본에서 대학에 다니던 시절 경제학을 전공했는데, 최근 경제학에서는 이론 모델을 구축할 때 수학 표기를 사용한다. 수학을 통해 논리의 모호함을 가능한 배제함으로써 이론 모델이 수학적으로 오류를 일으키지 않고 해석되도록 하는 것이 경제학 이론 모델을 구축하는 기본 조건이다.

경영학에서도 일부 수학 표기를 사용하는 학자가 있지만 경영전략론이나 조직론 등에서는 대부분 자연어를 사용하여 이론을 기술한다.

경영학자가 '이론 법칙은 반증이 가능해야 한다', '구조 개념에 대응하는 변수가 실존하는가'와 같은, 경제학자는 생각지도 않는 문제에 집착하는 경향을 보이는 것도 이처럼 자연어를 사용하기 때문이다.

솔직히 말하면 미국에서 경영학 공부를 처음 시작했을 때는 나 역시 이러한 말장난처럼 보이는 논의에 적응하기가 어려웠다. 그래서 박사 과정 세미나에서 "너희가 주장하는 것은 결국 이러한 수식으로 나타낼 수 있다"며 칠판에 적어 보이곤 했다. 그러나 경영학자로서 첫 걸음을 내디딘 지금은 자연어로 이론을 기술해야 할 필요성과 그 어려움을 이해한다.

3장에서 말한 것처럼 경영학은 매우 학제적인 학문이다. 다양한 이론적 관점을 가진 연구자가 서로 의견을 교환하기 위해서는 자연어가 가장 효과적인 수단이다. 하지만 자연어로 치밀한 논리를 세우는 것은 생각보다 훨씬 어렵다.

이 장에서는 포퍼의 반증 가능성이 중요한 열쇠가 되었다. 하지만 자연어를 사용하여 과학적인 논리를 구축하기 위해서는 반증 가능성뿐 아니라 구조 개념과 변수의 차이 등 논리학과 과학철학 같은 다른 영역의 기본 지식을 동원할 필요가 있다.

그렇다면 경영학자는 이러한 기초 지식을 잘 이해하고 있을까? 적어도 나는 박사 과정에서 이러한 지식을 충분히 습득했다는 이야기를 들어보지 못했다. 이는 수학을 사용하는 경제학자가 박사 과정 초반에 기초 수학을 열심히 공부하는 것과 대조를 이룬다.

1장에서 경영학자가 경영 현상을 과학적으로 파악하는 훈련을 하고 있다고 말했는데 이는 분명한 사실이다. 그러나 개인적으로는 경영학자가 되기를 원하는 사람이라면 논리학과 과학철학을 바탕으로 하는 자연어의 사용법을 보다 철저히 훈련할 필요가 있다고 생각한다.

나 같은 새내기 학자들이 이 문제에 발목이 잡혀 능력의 한계를 느끼는 것은 말할 것도 없거니와 버니 같은 대가도 이토록 신랄한 비판을 받으니 말이다. 이는 자연어를 사용하여 '과학'을 추구하는 경영학이 짊어지고 가야 할 과제라는 생각도 든다.

이 논쟁은 2001년에 간행된 〈Academy of Management Review〉 지를 무대로 펼쳐진 것이었다. 그로부터 10여 년의 세월이 흘렀지만 아직 이 문제의 결론은 내려지지 않았다. 관심이 있다면 이 문제의 해결책을 고민해보는 것도 좋을 것이다.

Part
3

경영학의
미래

경영학은 정말
유용한 학문인가?

지금까지 세계의 경영학자가 무엇을 연구하고 논의하고 논쟁하는지 알아보기 위해 다양한 연구 주제를 소개했다. 그 가운데 여러분이 흥미를 느낀 주제가 있다면 이 책은 역할을 다했다고 생각한다.

그런데 한 가지 지금까지 일부러 아껴둔 주제가 있다. 이는 경영학에 관심이 있는 사람이라면 누구나 가지고 있는 의문이 아닐까 한다. 그것은 바로 '경영학이란 과연 유용한 학문인가'라는 의문이다.

현재 세계의 경영학자가 추진하고 있는 연구와 그 성과는 과연 현실 비즈니스에 도움이 되는 것일까? 경영학이 유용한 학문이 되기 위해 해결해야 할 과제는 무엇일까?

경영학이 어엿한 사회과학으로 자리매김하기 위해서, 그리고 '실용적인 학문'으로서 현실 비즈니스에 도움이 되기 위해서는 반드시 해결해야 할 본질적인 과제가 남아 있다고 생각한다. 물론 이러한 과제는 그동안 축적된 경영학자의 연구 성과를 부정하는 것이 아니다. 그러나 신인 학자뿐만 아니라 저명한 학자 역시 경영학에는 풀어야 할 중요한 과제가 있음을 지적한다.

사파리화되는
경영전략론

SCP 패러다임, 자원기반 관점, 동태적역량 관점, 거래비용이론, 대리인이론, 리얼 옵션, 조직경제, 네트워크이론, 제도이론, 자원의존이론, 사회교류이론, 학습이론, 레드퀸 효과, 오스트리언 경제학…….

이 모두가 경영전략론 한 분야에서 사용되는 '이론'으로, 지금 바로 떠오르는 것만 적었는데도 이렇게나 많다. 이 책의 범위인 '경영학(경영전략론, 조직론, 국제경영학, 기업가정신론 등)'의 차원에서 생각한다면 이론의 종류는 이보다 훨씬 더 늘어날 것이다.

어째서 경영전략론, 나아가 경영학에는 이토록 많은 이론이 존재하는 것일까?

그 이유 중 하나는 경영학이 학제적인 학문이라는 점에서 찾을 수 있다.

3장에서 말한 것처럼 현재 경영학은 경제학, 사회학, 인지심리학 등 세 가지 이론을 연구에 응용하고 있다. 이에 개인별로 중시하는 이론 기반이 다르기 때문에 결과적으로 경영학계에 다양한 이론이 형성되는 것이다.

그렇다고는 해도 경영학에는 '이론'이라고 불리는 것이 너무 많다는 생각이 든다. 맥길 대학의 헨리 민츠버그는 자신의 저서 〈전략 사파리Strategy Safari〉*를 통해 경영전략론에는 크게 10가지의 이론적인 관점이 존재한다고 밝혔다. 민츠버그가 이 책을 출간한 것이 1998년이므로 그로부터 10여 년이 지난 지금은 당시보다 훨씬 더 많은 이론이 존재할 것이다.

어쩌면 이러한 현상은 당연한 것인지도 모른다. 현재 세계의 경영학은 이론의 발전을 학술적 공헌으로서 중시하는 경향이 있기 때문이다. 경영학계에서는 '경영학을 사회과학으로 발전시키기 위해서는 탄탄한 이론이 필요하며 경영학 연구의 목적 또한 먼저 이론의 발전에 두어야 한다'는 생각이 지배적이다.

국제학술지 중 하나인 〈Academy of Management Journal〉의 편집 방침에는 '본지에 게재되는 논문은 경영이론의 발전에 중대한 기여를 하는 것이어야 한다'는 항목이 있다.

아이러니하게도 〈Academy of Management Journal〉은 실증 연구를 주요 대상으로 하는 학술지이지 이론을 전문으로 하는 학술지가

---

* 헨리 민츠버그, 브루스 알스트랜드, 조셉 램펠 저 〈전략 사파리: 경영의 정글을 관통하는 경영전략 바이블〉(비즈니스맵, 2012년)

아니라는 사실이다.(이론과 실증의 관계는 2장을 참조)

　게다가 이 학술지를 편집하는 'Academy of Management'라는 학회는 별도의 이론 전문 학술지까지 발간하고 있다. 그럼에도 실증 연구 위주의 학술지에 실릴 논문에 대해 이론적 공헌을 중요한 요건으로 요구하는 것이다.

　바로 이러한 경영학계의 이론 중시 경향이 이론 프레임워크의 '사파리화'라는 결과를 낳고 있을 가능성을 부정할 수 없다. 경영학자들이 실적을 올리는(=권위 있는 학술지에 논문을 게재하는) 지름길은 기존의 경영이론에 이의를 제기하거나, 기존 이론에 수정을 가하거나, 그도 아니면 새로운 경영이론을 제시하는 길뿐이다.

　따라서 현재 국제무대에서 활동하는 경영학자, 그중에서도 특히 실적을 올리고 싶어 하는 젊은 연구자는 새로운 이론 수립에 힘을 쏟을 수밖에 없다. 이러한 현실 때문에 낡은 이론은 그대로 방치되는 경우도 많다. 이처럼 새로운 이론은 한없이 생산되고 낡은 이론은 발전 없이 방치된 결과 온갖 이론이 난립하는 이른바 '이론의 사파리화'가 진행되고 있다.

　물론 경영학 이론, 세부적으로는 경영전략론 이론의 사파리화가 반드시 나쁘기만 한 것은 아니다. 경영학은 아직 어린 학문이므로 진리를 탐구하는 새로운 이론적 관점이 생겨나는 것은 당연한 이치다. 이론은 현실을 재단하는 가위와 같은 것이어서 이론 없이는 기업이나 조직의 복잡한 행동을 정밀하게 분석하기 어렵기 때문이다.

　그런데 이러한 이론의 사파리화에 경종을 울린 학자가 있다.

햄브릭의
비판

        펜실베이니아 주립대학의 저명한 경영학자인 도널드 햄브릭이 대표적인 인물이다. 그는 2004년에 발표한 논문*과 2007년에 발표한 논문**을 통해 현재 경영학계에서 나타나고 있는 이론 편중 현상을 신랄하게 비판했다.

    2007년에 발표한 논문에서는 '아무리 중요한 경영 현상을 다루었다 해도 데이터 분석만 이루어진 연구는 이론적 공헌도가 없다는 이유로 저명한 학술지에 실리지 못한다'며 이러한 풍조는 매우 심각한 문제라고 지적했다.

    그는 또한 경영학의 이론 편중 현상은 다른 비즈니스 관련 분야(마케팅, 재무, 회계학 등)와 비교해도 유별난 것이며, 이러한 점에서 경영학은 다른 분야에 비해 한참 뒤처져 있다고 주장했다.

    햄브릭에 따르면 2005년에 발행된 마케팅, 재무, 회계 등의 주요 학술지에서는 '이론Theory'이라는 단어를 한 번도 사용하지 않은 논문이 전체의 20% 이상을 차지하는 데 반해, 경영학 관련 학술지의 경우는 모든 논문에서 '이론'이라는 단어를 사용하고 있다. 이 또한 경영

---

* Hambrick, Donald C. 2004. "The disintegration of strategic management: It's Time to Consolidate Our Gains." Strategic Organization 2(1): 9198

** Hambrick, Donald C. 2007. "The Field of Management's Devotion to Theory: Too Much of a Good Thing?" Academy of Management Journal 50(6): 1346-1352.

학의 이론 편중 현상이 얼마나 심각한지 보여주는 증거다.

햄브릭은 비판의 강도를 더욱 높여 나갔다. 그는 경영학을 의학 및 역학疫學 분야와 비교하며 문제점을 지적했다. 이러한 분야에서는 예컨대 흡연율과 사망률이라는 두 가지 특정 현상 사이에 통계적으로 확실한 관계성이 있다는 사실만 확인되면 이론적인 메커니즘이 밝혀지지 않았다 하더라도 이를 중대한 발견으로 간주한다는 것이다.

흡연이 사망률을 높인다는 사실 법칙의 발견 자체를 중시하는 것이다. 이에 대한 이론적 설명이 불가능하다 하더라도 흡연율을 낮추면 사망률도 낮아진다는 사실을 알게 된 것만으로 사망률을 낮추는 대책(금연 캠페인 등)을 세울 수 있기 때문이다.

햄브릭은 "만약 '흡연율과 사망률의 통계적 상관관계'를 밝힌 논문이 경영학 학술지에 투고된다 하더라도 그 논문은 이론에 기여한 바가 없기 때문에 게재되지 못할 것이다"라고 말했다.

햄브릭의 이러한 뼈 있는 농담은 현재 경영학이 안고 있는 문제의 본질을 날카롭게 지적한 것이다.

햄브릭의 호소에 응답이라도 하듯 다른 저명한 학자도 학계의 이론 편중 현상에 의문을 던지기 시작했다. 그 가운데 다트머스 대학의 콘스탄느 헬파트는 2007년에 발표한 논문*에서 실질적인 경영 현상을 해명하기 위해서는 이론에 대한 집착을 버리고 '정형화된 사실

---

* Helfat, Constance E. 2007. "Stylized Facts, Empirical Research and Theory Development in Management." Strategic Organization 5(2): 185-192.

Stylized Fact'의 검증에 더욱 주력해야 한다고 주장했다.

경영학은 재미가 없으면
안 되는 것일까?

경영학의 발전을 위해 해결해야 할 또 하나의 문제는 '재미'만을 추구하는 현상이다. 현대 경영학에서는 바로 이 '재미'가 연구의 우수성을 평가하는 절대 척도가 되고 있다.

피츠버그 대학에서 박사 과정을 밟고 있던 당시 나는 한 세미나에서 마리 디비스라는 사회학자가 쓴 '그것 참 재미있군!'이라는 제목의 논문*을 읽은 적이 있다. 1971년에 발표된 오래된 논문으로 이후 카네기멜론 대학의 세미나에서도 이 논문을 읽었는데, 원로 학자로부터 이 논문을 읽도록 권유받기도 했다. 경영학자라면 한 번쯤 읽어 보게 되는 유명한 논문이다.

이 논문은 '재미있는 사회과학 연구란 무엇인가'를 이야기한다. 요점만 말하면 '재미있다'는 것은 그동안 상식으로 여겨졌던 이론을 완전히 뒤집거나 지금까지의 연구와는 전혀 다른 의견을 내놓거나 아무도 생각지 못했던 새로운 무언가를 제시하는 것을 말한다.

여러분도 책을 읽거나 강연을 들을 때 이미 알고 있는 이야기만 되

---

* Davis, Murray S. 1971. "That's Interesting: Towards a Phenomenology of Sociology and a Sociology of Phenomenology ." Philosophy of the Social Sciences 1(4)309-344.

풀이된다면 지루함을 느낄 것이다. 반대로 그동안 몰랐던 사실이나 지금까지의 생각과 정반대의 주장을 듣게 된다면 지적인 흥분을 느낄 것이다.

우리는 그동안 믿어왔던 사실이 뒤집히는 순간에 지적 호기심을 자극받고 그것을 '재미'로 인지한다.

그런데 문제는 '재미있다'는 이 한마디가 현재 세계의 경영학자에게 최고의 찬사로 받아들여지고 있다는 사실이다. 실제로 권위 있는 국제학술지에 실리는 논문이 갖춰야 할 절대 조건 중 하나가 바로 '재미'다. 다시 말하면 그동안의 상식을 뒤집는 논문이 아니면 좋은 평가를 얻기가 어려운 현상이 나타나고 있는 것이다.

그렇다면 '재미있다', 즉 기존의 상식을 뒤집는다는 기준은 과연 경영학의 발전에 도움이 될까?

여기에 흥미로운 데이터가 있다. 플로리다 주립대학의 미쉘 카쿠말과 조지어 칼리지 및 주립대학의 마이클 위트필이 2000년에 발표한 논문*에 따르면, 대표적인 경영학 '이론' 전문 학술지인 〈Academy of Management Review〉에 게재된 이론 가설 가운데 추후 실증 연구가 이루어진 가설은 전체의 9%에 지나지 않는다는 것이다.

무려 90% 이상의 이론 가설이 현실에서 성립하는지조차 검증되지 않은 채 공염불로 끝나 버린 것이다.

---

* Kacmar, Michele K., and Michael J. Whitfield. 2000. "An Additional Rating Method for Journal Articles in the Field of Management." Organizational Research Methods 3(4): 392-406.

사실 〈Academy of Management Review〉와 같은 최상위권 학술지에 실린 경영이론 논문을 읽고 있으면 정말 재미있다. 이러한 논문들은 언제나 기존의 경영 상식을 뒤엎는 참신한 아이디어로 가득 차 있기 때문이다.

그렇다면 경영이론에서 재미를 추구하는 것이 과연 현실 속 경영 문제를 해결하는 데에도 도움이 될까? 타당성을 검증하기 위한 실증 연구도 없이 그저 상식을 뒤집는 데에만 주목한 이론이 현실 비즈니스에 경영학을 활용하고 싶어 하는 사람들에게 환영받을 수 있을까?

이는 어디까지나 개인적인 의견이지만 지금처럼 '지적인 재미'에 치중하는 풍조는 적당한 선에서 그쳐야 한다고 생각한다. 경영학은 무엇보다 실용적인 학문으로서의 역할이 중시되어야 하기 때문이다. 헬퍼트가 지적한 바와 같이 지금 세계의 경영학자가 중시해야 하는 것은 비록 그것이 지루하고 따분하더라도 탄탄한 실증 연구로 뒷받침된 '정형화된 사실 법칙'이 아닐까 생각한다.

'사우스웨스트 항공이 잘나가는 이유'는 분석이 불가능할까?

그리고 또 하나의 중요한 과제가 있다. 2장에서 말한 것처럼 세계의 경영학자는 실증 연구에 통계분석을 주로 사용한다. 이 책에서 소개한 다양한 연구도 대부분 통계분석을 이용한 것이다.

경영학의 발전에 통계학이 큰 공헌을 했다는 사실은 부정할 수 없다. 계량경제학 및 구조방정식 모델과 같은 통계분석은 이제 북미, 유럽뿐 아니라 홍콩, 싱가포르 등 아시아권의 경영학 박사 과정에서도 반드시 공부해야 하는 필수 이론이 되었다.

그런데 최근 들어 기존의 통계분석을 이용한 연구가 경영학에 얼마나 도움이 되는지 의문이 제기되기 시작했다. 통계학이란 근본적으로 '평균'이라는 개념에 바탕을 두는데 이것이 경영학의 목적과 부합하지 않는다는 것이다.

경영학에 주로 이용되는 통계 방법은 '가우시안 통계학'으로, 쉽게 말하면 '평균'을 구하는 학문이다. 경영학자는 가우시안 통계로 도출한 것을 전제로 경영 현상 사이의 평균 관계를 검증한다.

예컨대 데이터베이스에서 추출한 1,000개 기업의 샘플을 바탕으로 기업의 다각화 전략이 이익률에 미치는 영향을 회귀분석이라는 가우시안 통계를 사용하여 검증한다고 가정해보자.

분석 결과 '마이너스 3'이라는 통계적으로 의미 있는 회귀계수를 얻었다면, 이는 '기업의 다각화가 한 단계 진전할 때마다 이익률은 평균적으로 세 단계씩 낮아짐'을 의미한다.

여기에서 한 가지 의문을 제기하겠다.

우리가 경영전략론 연구를 통해 정말로 알고 싶은 것은 기업 전략의 '평균 경향'일까?

경제학 등 다른 학문 분야였다면 평균적인 경향의 파악은 매우 중요한 의미를 지녔을 것이다. 예컨대 '소비세율을 3% 올리면 개인 소

비는 평균 5% 낮아진다'는 통계분석 결과는 세금 제도를 검토하는
데에 중요한 정보로 작용한다.

그렇다면 경영학에서도 전체 기업의 평균적인 경향을 파악하는 것
이 경제학에서처럼 중요할까? 다시 말해 경영학자가 알아내야 하는
사실, 즉 여러분이 알고 싶어 하는 사실은 기업 전략의 평균적인 경향
일까?

4장에서도 언급했던 사우스웨스트 항공을 예로 들어보자.

사우스웨스트 항공은 저렴한 요금과 높은 수준의 고객 서비스라
는, 어떤 의미에서는 모순된 두 가지 전략을 동시에 실현하는 매우 독
특한 기업이다. 또한 직원의 사기 진작을 위해 '일시 해고Lay-off(기업이
비용 절감 등을 목적으로 직원에게 재취업을 약속하고 일시적으로 해고하는 일)
를 하지 않는다'는 미국 항공업계에서 보기 드문 특수한 경영 방침을
세우고 있다.

이처럼 독특한 경영 방침을 운영하면서도 사우스웨스트 항공은 자
기자본이익률 15%라는 이례적인 실적을 오랫동안 유지하고 있다.

이렇듯 독창적인 경영 방침으로 성공을 거둔 사우스웨스트 항공은
많은 비즈니스 스쿨의 강의에서 분석 대상이 되곤 한다. 여기에서 주
목해야 할 점은 사우스웨스트 항공 이외에도 애플, 제너럴 일렉트릭,
구글 등 비즈니스 스쿨에서 자주 거론되는 기업은 공통적으로 독창적
인 경영전략을 취하고 있음에도 눈부신 성공을 거두었다는 사실이다.

그런데 사우스웨스트 항공처럼 독창적인 경영전략으로 성공을 거
둔 기업은 평균적인 경향 분석이 목적인 가우시안 통계로는 분석할

수 없다는 비판이 있다.

왜냐하면 독창적인 전략으로 높은 실적을 올리고 있는 사우스웨스트 항공을 회귀분석의 대상 표본에 포함시키면 회귀선(평균적인 경향을 나타내는 직선)에서 멀리 떨어진 곳에 위치할 가능성이 높기 때문이다. 회귀분석에서는 사우스웨스트 항공이 소위 '이상치(평균에서 멀리 떨어진 값)'로 치부될 가능성이 큰 것이다.

하지만 사실은 평균에서 멀리 떨어져 있다는 점, 즉 독창적이라는 것이 바로 이런 기업이 지니는 경쟁력의 비결일 수도 있다. 만일 그렇다면 가우시안 통계로는 사우스웨스트 항공을 분석하는 것이 사실상 불가능할 것이다.

가우시안 통계를
활용할 수 없는 조건

그렇다고 해서 지금까지 가우시안 통계를 사용해온 경영학이 잘못되었다는 뜻은 아니다.

가우시안 통계의 활용 여부는 먼저 경영학이 무엇을 목적으로 하느냐에 달려 있다.

경영학의 목적 중 하나는 2장에서 말한 것처럼 술자리 대화에 오르내리는 '경영의 법칙처럼 보이는 그것'이 모든 기업에 두루 해당하는 '경영의 진리'인지를 과학적으로 검증하는 것이다. 이 경우에는 기업의 평균적(=일반적) 경향을 분석하는 가우시안 통계가 적절한 분석 방법이 될 수 있다.

그런데 만일 여러분이 알아내고 싶은 것이 경영의 일반 법칙이 아닌 회귀분석에서 이상치로 분류되는 특별한 기업에 관한 것이라면 어떨까? 이 경우에도 먼저 '해당 기업이 정말 평균치에서 멀리 떨어져 있는지, 그러한 특성이 정말 높은 실적의 이유인지'를 과학적으로 검증할 필요가 있으므로 가우시안 통계는 유용한 방법이 될 수 있다.

만일 사우스웨스트 항공이 독창적으로 보이는 전략을 취해 높은 실적을 내고 있다 하더라도 다른 기업과 비교해 보지도 않은 채 '이 기업은 독창적인 것 같으니 통계분석의 대상으로 적합하지 않다'고 단정 짓는 것은 과학적인 태도라고 하기 어렵다. 다른 기업과 비교하지 않으면 이 기업의 전략이 정말 '독창적'인지, 그것이 정말 실적에 긍정적인 영향을 미치고 있는지 검증할 수 없기 때문이다.

사우스웨스트 항공도 통계분석의 표본에 포함시켜 평균적인 경향에서 벗어나는지를 검증하는 것은 독창성을 평가하는 데에 반드시 필요한 과정이므로 이 경우에도 가우시안 통계는 중요한 분석 방법이라 할 수 있다.

한편 단순한 회귀분석에서는 이상치로 나타나는 기업이라 하더라도 보다 정밀한 가우시안 통계를 사용하면 '평균' 범위 안에 포함되는 경우도 있다.

앞에서 예로 든 것처럼 다각화가 이익률에 미치는 영향을 분석하는 경우도 '고정효과'라는 방법을 적용하면, 데이터만으로는 파악할 수 없는 각 기업의 고유한 특성이 이익률에 미치는 영향을 분석에 반영할 수 있다.

나아가 어떤 기업이 이상치로 분류되는 것은 다각화와 이익률의 관계가 회귀분석에서 상정하는 '정비례' 관계를 나타내는 '직선'을 형성하지 않는다는 매우 단순한 이유 때문인지도 모른다.

예컨대 다른 기업보다 다각화의 정도가 1단계밖에 높지 않은데도 이익률은 5단계나 높은, 언뜻 특별한 것처럼 보이는 기업이 존재한다고 가정해보자. 이 경우 이 기업의 다각화와 이익률의 관계는 정비례를 나타내는 직선이 아닌 2차 곡선과 같은 휘어진 형태로 나타난다. 그럴 경우 2차 곡선의 관계를 회귀분석에 적용하여 그 '곡선적인 평균 경향'을 분석하면 문제는 해결된다.

또한 '비모수 통계'라는 방법도 해결책이 될 수 있다.

비모수 통계를 아주 간단히 설명하면, '다각화의 정도가 높은 기업일수록 이익률의 순위가 높아진다'는 식으로 '순위'에 초점을 맞추어 분석하는 방법이다. 이처럼 순서를 분석할 수 있다면 회귀분석의 결과가 직선인가 곡선인가는 문제가 안 된다. 이 방법으로 접근하면 그동안 이상치로 간주되었던 기업도 '순위의 평균적인 경향'이라는 범위 안으로 가져와 분석할 수 있다.

이렇듯 지금까지 경영학에서 활용되어 온 가우시안 통계는 매우 유용한 분석 방법임에 틀림없다. 언뜻 특별하게 보이는 기업이라도 잘 다듬어진 통계 방법을 사용하면 '평균적인 경향'의 범위 안으로 들어올 가능성이 충분하기 때문이다. '사우스웨스트 항공은 특별한 성공 사례이기 때문에 가우시안 통계로 분석할 수 없다'고 주장하려면,

먼저 가우시안 통계의 정확도를 높일 수 있는 다양한 수단을 적용하는 절차가 선행되어야 한다.

그러나 이렇게 다양한 분석 방법을 동원해도 사우스웨스트 항공이 이상치로 분류된다면, 그럼에도 사우스웨스트 항공의 성공 비결을 알아내고 싶다면 그때는 실용 학문으로서의 경영학이라는 차원에서 가우시안 통계 이외의 방법을 모색할 필요가 있다.

이것은 경영학이 안고 있는 본질적인 과제이기도 하다.

앞에서 이야기한 것처럼 경제의 평균적인 경향을 분석하는 것에 주목하는 경제학과는 달리 경영학에서는 '특별하기 때문에 성공한 기업'에 관심이 집중되는 경우가 많다. 수많은 기업이 치열한 경쟁을 펼치는 가운데 극히 일부만이 성공을 거두는 것이 비즈니스 세계의 현실이다. 애플, 구글, 도요타, 삼성 등이 대표적인 예다. 실제로 비즈니스 스쿨에서도 이러한 기업만을 케이스 스터디의 소재로 삼고 있다.

만약 이런 기업의 성공이 다른 평균적인 기업과 확연히 구별되는 특별한 메커니즘 때문이라면, 그것이 기존의 가우시안 통계로는 그 어떤 수단을 동원해도 분석할 수 없는 것이라면 이에 대한 분석 방법을 고민하는 것은 경영학을 보다 유용한 학문으로 발전시키기 위한 중요한 과제라고 할 수 있을 것이다.

경영학
과제 정리

지금까지 살펴본 경영학의 과제를 정리해보자.

과제 ①   경영학의 이론 편중 현상은 이론의 난립을 초래한다.

과제 ②   재미있는 이론에 대한 집착은 중요한 경영 사실과 법칙의 분석을 저해한다.

과제 ③   평균에 입각한 통계 방법은 독창적인 경영전략으로 성공을 거둔 기업 분석에 적합하지 않을 수 있다.

이 모두가 현재 경영학이 해결해야 할 중요한 과제라고 할 수 있다.

그렇다면 세계의 경영학자는 이러한 과제를 눈앞에 두고 그저 팔짱만 끼고 있는 것일까? 물론 그렇지 않다. 모든 과제에 완벽한 해답을 찾은 것은 아니지만 이러한 과제를 극복하기 위한 새로운 시도는 이미 이루어지고 있다.

마지막 장에서는 경영학의 본질적인 과제에 도전하는 경영학자의 새로운 시도를 소개한다.

chapter 17

그래도 경영학은 진화한다

16장에서는 경영학이 해결해야 할 세 가지 과제를 살펴보았다.

과제 ① 경영학의 이론 편중 현상은 이론의 난립을 초래한다.

과제 ② 재미있는 이론에 대한 집착은 중요한 경영 사실과 법칙의 분석을 저해한다.

과제 ③ 평균에 입각한 통계 방법은 독창적인 경영전략으로 성공을 거둔 기업 분석에 적합하지 않을 수 있다.

이는 곧 이러한 과제를 극복해나가는 것이 경영학을 더욱 과학적이고 실용적인 학문으로 발전시켜 나가는 길이라는 뜻이기도 하다.

그런 의미에서 내가 강조하고 싶은 것은 이러한 과제를 극복하기 위해 새로운 시도를 하고 있는 연구자도 많이 존재한다는 사실이다.

그들의 시도가 경영학이 안고 있는 과제를 근본적으로 해결할 수 있을지는 아직 알 수 없다. 그러나 적어도 많은 학자가 경영학의 본질적인 문제를 겸허히 받아들이고 해결책을 모색하고 있다는 것만큼은 분명하다.

이 장에서는 경영학을 보다 '과학적이고 유용한' 학문으로 만들기 위해 현재 많은 연구자가 추진하고 있는 새로운 시도를 소개한다.

증거기반 경영

16장에서 소개한 햄브릭의 비판에 호응이라도 하듯 일부 저명한 학자들은 '증거기반 경영Evidence-Based Management'이라는 개념을 주장하기 시작했다.

스탠퍼드 대학의 저명한 학자인 제프리 페퍼와 로버트 서튼, 카네기멜론 대학의 데니스 루소가 대표적인 인물이다.

루소는 세계 최대 경영학회인 '미국경영학회'의 총재로 재직하던 2006년에 논문*을 발표하여 큰 화제를 불러일으켰다.

---

* Rousseau Denise M. 2006. "Is There Such a Thing as 'Evidence-Based Management'?" The Academy of Management Review 31(2): 256-269.

조직행동 연구의 일인자이며 카네기멜론 대학의 교수인 루소는 이 논문을 통해 교육자로서 큰 회의를 느낀다고 털어놓았다. 그 이유는 MBA 과정을 마치고 비즈니스 현장으로 돌아간 학생들 대부분이 비즈니스 스쿨에서 배운 지식을 실무에 활용하지 못한 채 예전과 마찬가지로 자신의 경험과 느낌, 컨설턴트의 견해에 기대어 '경영학의 관점에서 옳지 않은' 의사결정을 하고 있기 때문이라고 밝혔다.

루소는 이러한 일들이 결코 MBA 취득자들의 잘못이 아니라 경영학과 비즈니스 스쿨의 교육 자체에 문제가 있기 때문이라고 주장했다. 그리고 그 해결책 중 하나로 경영학자는 '증거기반 경영'에 주목할 것을 제안했다.

증거기반 경영이란 여러 실증 연구를 통해 확인된 경영 법칙, 즉 '정형화된 사실 법칙'을 기업 경영 실무에 그대로 응용하는 것을 말한다.

16장에서 소개한 햄브릭이 논문에서 거론한 의학 및 역학 분야의 사례를 기억하는가?

의학 및 역학 분야에서는 이론 설명이 충분하지 않더라도 '흡연과 사망률의 관계'에 확실한 통계적 증거가 있다면 그 결과를 바탕으로 사망률을 낮추는 대책을 수립한다. 증거기반 경영이란 바로 이런 사고방식을 경영학에 적용하자는 것이다.

경영학에도 다양한 실증 연구를 통해 정형화된 수많은 사실 법칙이 존재한다. 예컨대 루소의 논문에 따르면 '높은 목표를 설정한 팀이 그렇지 않은 팀보다 뛰어난 실적을 낼 수 있다'는 가설은 조직행동 연구 분야에서 정형화된 사실 법칙으로 인정받고 있다.

이처럼 정형화된 사실 법칙을 실제 기업의 경영 계획과 조직 디자인에 적용함으로써 그 법칙의 효과를 검증하고 도입 과정에서 발생하는 문제를 검토하는 한편, 이를 통해 얻은 지식을 경영학 연구와 교육에 반영하자는 것이다.

증거기반 경영에서 중요하게 생각하는 것은 '이론적인 설명을 중시하지 않는 것'이다. 어디까지나 '정형화된 사실 법칙'을 현실 경영에 적용하여 증거를 수집하는 것이 중요하다는 생각이다. 증거기반 경영이야말로 이론에 치우친 현대 경영학의 안티테제(반정립)라고 할 수 있다.

증거기반 경영이 본격적으로 논의되기 시작한 지는 얼마 되지 않았기 때문에 아직 충분한 성과가 나오지는 않은 상황이다. 이에 대한 연구는 기업의 협력 없이는 불가능하다. 하지만 기업으로서는 학자들의 '실험'에 응하는 것에 위험 부담을 느낄 수밖에 없다. 명망이 있는 학자라면 컨설팅의 일환으로 시도할 수 있겠지만 지명도 낮고 예산도 부족한 젊은 학자는 시도할 기회조차 얻기 어렵다.

그럼에도 불구하고 페퍼, 서튼, 루소처럼 한 시대를 풍미한 학자들이 증거기반 경영을 제안하는 것은 매우 의미 있는 일이다. 머지않은 미래에 전 세계의 연구자가 증거기반 경영의 연구 성과를 앞다투어 발표할 날이 오기를 기대한다.

연구를 연구하는
메타 분석

지금까지 증거기반 경영을 살펴보
았다. 그렇다면 경영학자는 '정형화된 법칙'을 어떻게 분간해내는지
궁금할 것이다.

경영학자가 말하는 '정형화된 법칙'은 학자들 사이에 합의가 이루
어진 법칙을 가리키는 경우가 대부분이다. 예컨대 '다각화는 기업 전
체의 이익률을 끌어내린다'는 법칙이 확인되었다 함은 곧 '거의 모든
학자가 그것이 옳다는 데에 합의했다'는 뜻이다.

그러나 이처럼 주관적인 합의를 바탕으로 '그 법칙이 과학적으로
증명되었다'고 말하는 것은 문제가 있어 보인다.

가령 '다각화는 기업 전체의 이익률을 끌어내린다'는 법칙을 검증
한 논문 100편 가운데 60편은 이를 지지하는 내용이고, 나머지 40편
은 반대하는 내용이라면 어떨까? 이 경우에도 학자들은 합의를 도출
할 수 있을까? 설령 이 법칙을 지지하는 합의가 이루어졌다 하더라도
그것은 과연 과학적으로 합당한 것일까? 어떤 법칙이 정형화되었음
을 확인할 수 있는 객관적인 방법은 없을까?

최근 이런 문제의식을 가진 경영학자가 활용하기 시작한 것이 '메
타 분석'이라는 방법이다.

메타 분석은 기업의 데이터를 활용하는 기존의 분석 방법과는 큰
차이가 있다. 이는 기업의 데이터 대신 그동안 축적되어 온 연구 결과

를 통계분석의 대상으로 삼아 법칙의 타당성을 검증하는 방법이다.

이를테면 '다각화는 기업 전체의 이익률을 끌어내린다'는 법칙이 과연 정형화된 사실인지 검증한다고 해보자.

이에 대한 이상적인 검증 방법은 전 세계의 여러 국가, 산업, 기업에 관한 다양한 시점의 데이터를 수집한 방대한 표본을 바탕으로 통계분석을 실시하는 것이다.

그러나 현실적으로 이처럼 엄청난 데이터를 수집하는 것은 불가능에 가깝다. 설령 가능하다 하더라도 소수의 연구자가 시도하기에는 시간적으로나 금전적으로 부담이 클 것이다.

이에 비해 다각화가 이익률에 미치는 영향을 분석한 연구 논문을 수집하는 것은 훨씬 수월한 작업이다. 요즘에는 인터넷에 접속하기만 하면 특정 주제의 방대한 연구를 눈 깜짝할 사이에 찾아낼 수 있다.

이런 식으로 같은 주제의 연구 논문 100편을 찾아냈다고 치자. 메타 분석은 먼저 이 100편의 기존 연구에서 다각화와 실적의 관계를 나타내는 매개 변수(회귀분석의 회귀계수 등) 등을 수집한다. 그런 다음 모인 정보를 바탕으로 '다각화는 기업의 이익률에 부정적인 영향을 미친다'는 법칙의 타당성을 통계적으로 검증하는 것이다.

이렇듯 메타 분석은 '연구를 연구하는' 방법이라고 할 수 있다.

이러한 100편의 연구가 대상으로 하는 산업, 국가, 시기는 그 수만큼이나 다양하다. 실제로 데이터를 수집하는 수고를 들이지 않아도 법칙의 보편타당성을 검증할 수 있는 것이다.

최근 경영학계에서도 메타 분석을 활용한 연구 성과가 발표되기 시작했다.

인디아나 대학의 댄 달튼, 캐서린 데일리, 제프리 코빈, 그리고 미국방부의 데이비드 킹 네 사람은 2004년에 발표한 연구[*]에서 기업 인수 관련 논문 96편의 메타 분석을 실시하여 '다른 기업을 인수한 기업은 가치가 떨어지는 경향이 있다'는 사실을 확인했다. 이 법칙은 메타 분석을 통해 사실 법칙으로 정형화되어 가고 있는 것이다.

증거기반 경영과 메타 분석은 16장에서 지적한 경영학의 과제 ①과 ②의 경영학자의 해답이라고 할 수 있다.

이 두 방법은 모두 사실의 축적을 목적으로 하는 것으로, 결코 지적 재미를 충족시키는 경영이론 수립을 위한 것은 아니다. 그러나 나는 꾸준한 사실의 축적이야말로 경영학을 발전시키는 원동력이 될 수 있다고 생각한다.

'이상치'에 해당하는
기업의 분석도 가능할까?

그렇다면 과제③의 경영학자의 해답은 무엇일까? 독창적인 기업, 즉 가우시안 통계로는 '이상치'로 분류될 수밖에 없는 기업의 분석은 가능할까?

---

[*] King, David R. , Dan R. Dalton, Catherine M. Daily, Jeffrey G. Covin. 2004. "Meta-analyses of Post-Acquisition Performance: Indications of Unidentified Moderators" Strategic Management Journal 25(2): 187-200.

이와 관련하여 높은 가능성을 지닌 방법 중 하나는 통계분석 이외의 방법, 즉 정성定性적인 방법(케이스 스터디 등)에 주목하는 것이라고 생각한다.

2장을 통해 국제 경영학계에서는 통계분석을 중시한 나머지 최상위권 국제학술지에는 좀처럼 케이스 스터디 연구가 실리지 않는 경향이 있다고 말했다.

그러나 경영학의 목적이 가우시안 통계로는 '이상치'로만 분류되는 기업을 연구하는 것이라면, 그런 기업의 내부 상황을 심도 있게 분석하는 케이스 스터디는 여전히 유용한 방법이 될 수 있다. 실제로 일본의 경영학자가 이런 케이스 스터디를 중시하는 것도 이 같은 문제의식이 배경에 깔려 있다고 들은 적이 있다.

그런 의미에서 2장에서도 언급한 것처럼 최근 들어 주요 국제학술지가 정성분석 특집을 속속 발행하고 있는 것은 주목할 만한 일이다. 이는 세계의 경영학자가 정성분석에 다시 주목해야 할 필요성을 느끼고 있다는 증거라고 할 수 있다.

한편 현재 주류를 이루고 있는 통계학적 접근 방법에서도 '이상치' 문제를 극복하기 위한 여러 가지 새로운 방법이 시도되고 있다. 그 가운데 대표적인 두 가지를 소개한다.

먼저 일부 학자가 제안하는 '베이즈 통계'라는 방법부터 살펴보자. 베이즈 통계는 이 책의 범위를 벗어나는 영역이지만 간략히 설명하겠다. 이는 샘플 전체의 평균 경향이 아닌 관측 대상이 되는 각 기업의 매개 변수를 확률적으로 파악하는 방법이다. 이렇게 하면 각 기업의 특성을 분석에 반영할 수 있어 가우시안 통계로는 평균에서 멀리 떨어진 값으로 나타나는 기업도 특수성을 고려한 분석이 가능하다.

브리검영 대학의 마크 한센, 리 페리, 쉐인 리세는 2004년에 발표한 논문*에서 베이즈 통계를 활용하여 자원기반 관점을 검증했다.

복잡계는
경영학에 응용할 수 있을까?

다음으로 또 다른 접근 방법을 설명하고자 한다. 그것은 '복잡계'라는 개념을 경영학에 응용하려는 시도이다.

어쩌면 복잡계Complex System라는 개념은 그리 익숙하지 않을지도 모르겠다.

16장에서 언급한 것처럼 그동안 경영학에서 활용해온 가우시안 통계는 '평균'에 입각한 개념이다. 앞서 살펴본 예의 경우 '기업의 다각화가 이익률을 3단계 끌어내린다'는 분석 결과에서 '3단계 끌어내린다'는 부분은 기업의 다각화와 이익률의 관계에서 가장 흔하게 나타나는, 즉 평균적인 경향에 해당하는 것이다.

그러나 이 경우 사우스웨스트 항공 같은 독창적인 기업은 평균적

---

* Hansen, Mark H., Lee T. Perry, and C. Shane Reese. 2004. "A Bayesian Operationalization of the Resource-Based View." Strategic Management Journal 25(13): 1279-1295.

인 경향과 동떨어진 희귀한 케이스로 분류된다. 가우시안 통계로는 분석이 어려운 경우인 것이다.

반면 복잡계는 본디 경영 현상에 안정적인 평균이란 존재하지 않을 뿐더러 때로는 아주 극단적인 케이스가 발생할 수 있음을 전제로 하는 개념이다. 전문 용어로는 이를 '멱법칙power law'이라고 한다.

실제로 세상의 온갖 자연 현상과 사회 현상이 이 '멱법칙'을 따른다는 사실도 확인된 바 있다.

대표적인 예로는 영어의 단어 사용 빈도를 들 수 있다.

영어 사전의 두께에서도 알 수 있듯이 세상에는 수많은 영어 단어가 존재한다. 그러나 사람들이 자주 사용하는 단어는 극소수에 국한되어 있다.

이처럼 일부 극소수 단어가 극단적으로 높은 빈도로 사용된다는 사실은 곧 영어 단어에는 '평균 사용 빈도'라는 개념이 통용되지 않는다는 것을 뜻한다. 결국 가우시안 통계로는 이러한 현상을 제대로 분석하기 어렵다는 것이다.

이와 관련한 대표적인 비즈니스 현상은 IT 업계 등에서 주로 거론되는 '80 대 20 법칙'일 것이다.

아마존 등 온라인 쇼핑몰의 경우에는 어떤 분야의 매출 상위 20%의 상품이 해당 분야 전체 매출의 80%를 차지하는 경향이 있다. 이역시 평균에 입각한 기존의 개념으로는 분석할 수 없는 멱법칙에 속하는 현상이다.

캘리포니아 대학 로스앤젤레스 캠퍼스의 빌 맥켈비와 영국 더럼

대학의 피에르파올로 안드리아니는 2007년에 발표한 논문[*]에서 '앞으로 경영학은 복잡계를 도입함으로써 연구의 초점을 독창적인 기업에 맞추어야 한다'고 주장했다.

앞서 말한 것처럼 수많은 기업 중에는 구글, 마이크로소프트, 애플처럼 매우 독특한 전략으로 눈부신 성공을 거둔 기업이 존재한다. 가우시안 통계로는 이러한 기업 분석에 한계가 있기 때문에 경우에 따라서 멱법칙을 활용해야 한다는 것이 이 주장의 요지다.

현재 옥스퍼드 대학에 재직 중인 토마스 파월이 2003년에 발표한 논문[**]은 내가 아는 한 멱법칙에 의거한 실증 연구로 최상위권 학술지에 게재된 최초의 논문이다.

기존의 연구가 이익률과 시장점유율을 기업의 성공 지표로 삼은데 반해 파월은 시장에서 '승리Winning'를 경험한 횟수, 즉 업계 1위를 차지한 횟수를 분석했다.

그리하여 기업이 업계 1위를 차지한 횟수가 멱법칙에 꼭 들어맞는다는 사실을 밝혀냈다. 업계 내의 일부 극소수 기업이 반복적으로 1위를 차지하는 극단적인 사례가 발생하는 것이다.

경영학에 복잡계를 응용하자는 주장은 최근 들어 일부 연구자 사

---

[*] Andriani, Pierpaolo, and Bill McKelvey. 2007. "Beyond Gaussian Averages: Redirecting International Business and Management Research toward Extreme Events and Power Laws." Journal of International Business Studies 38(7): 1212-1230.

[**] Powell, Thomas C. 2003 "Varieties of Competitive Parity." Strategic Management Journal 24(1):61-86.

이에서 나오기 시작한 것으로, 그야말로 경영학의 최신 주제라고 할수 있다. 따라서 멱법칙의 활용이 경영학 연구의 진전에 도움이 될지는 아직 불투명한 단계다. 하지만 주위에도 실제로 멱법칙을 연구에 응용하는 젊은 연구자가 생겨나는 것을 보면 조용한 반향을 일으키고 있는 것만은 분명한 듯하다.

향후 연구의 진전을 통해 현재 경영학에 도입되고 있는 여러 가지 새로운 실증 연구 방법 가운데 과제③의 해결책이 탄생할 날이 곧 올 것이라고 기대한다.

경영학의
미래

이 장에서는 경영학 연구의 기존의 접근 방법을 근본적으로 되돌아보는 새로운 움직임을 살펴보았다.

나는 경영학에 밝은 미래가 기다리고 있다는 믿음을 가지고 있다. 무엇보다 16장과 이 장에서 소개한 것처럼 햄브릭, 루소, 파월 같은 대가가 기존의 연구 방법에 만족하지 못하고 새로운 접근 방법을 제안하고 있다는 점에서 밝은 미래를 느낀다. 그리고 이 책에서는 모두 소개하지 못했지만, 이에 호응하듯 중진 및 신진 연구자도 혁신 연구 방법을 속속 발표하고 있다.

경영학은 아직 어린 학문이다. 경영전략론의 창시자이자 일인자인 마이클 포터가 〈경영전략〉을 출간한 것이 1980년의 일이다. 경제학의 경우 경제학의 아버지라 불리는 애덤 스미스가 〈국부론〉을 출간한 해는 1976년이었으며, 케인즈가 〈고용, 이자 및 화폐의 일반이론The General Theory of Employment, Interest and Money〉을 세상에 내놓은 것은 1936년 이었다. 이렇듯 다른 사회과학 분야와 비교하면 경영학은 아직 걸음 마도 떼지 못한 아기나 다름없다.

따라서 경영학의 연구 방법을 둘러싼 논쟁은 당분간 계속될 것이 다. 그러나 이 같은 논쟁을 통해 경영학이 발전해나간다면 현실 비즈 니스에 즉각 활용할 수 있는 실용 지식을 추구하는 사람들에게도 보 다 유용한 연구 성과를 기대할 수 있지 않을까.

이 책에서 소개한 것처럼 전 세계의 경영학자는 경영학 지식의 저 변을 더욱 넓히기 위해 밤낮으로 고군분투하고 있다. 10년 후에는 지 금과는 전혀 다른 새로운 신기원이 열리기를 기대한다.

epilogue

먼저 이 책을 끝까지 읽은 독자 여러분께 감사드립니다.

혹여 있을지 모르는 오해를 막기 위해 세 가지만 말씀드리겠습니다.

먼저 이 책에서는 '세계의 경영학'이라는 표현을 자주 사용하는데 사실 이 표현이 썩 내키지 않았습니다. 왜냐하면 '세계'라는 표현에는 세계의 모든 나라가 포함된다는 느낌이 들기 때문입니다.

일본에서는 외국의 경영학을 통틀어 '미국식 경영학'이라고 표현하는 경우가 있습니다. 나는 이 표현에 어느 정도 동의하면서도 한편으로는 적절한 표현이 아닌 것 같다는 생각도 합니다.

내가 '미국식 경영학'이라는 표현에 동의하는 이유는 세계적으로 주류를 형성하는 경영학의 근간이 바로 미국식 경영학이기 때문입니다. 이 책에서 소개한 최신 연구도 대부분 북미 연구자에 의한 것입니다. 이론과 실증 분석법에 있어서도 최근에는 유럽 및 아시아 연구자의 성과가 눈에 띄기 시작했다고는 하나 아직까지 북미 연구자가 주도하고 있는 것이 현실입니다.

그렇다면 과연 세계 모든 나라의 경영학자가 북미 연구자의 성과를 채택하고 있는 것일까요? 꼭 그렇지만은 않습니다. 유럽의 경우 영국과 프랑스는 미국식 경영학을 적극적으로 채택하는 반면, 독일은 지금도 그들만의 전통적인 연구 방식을 중시합니다. 이 책에서는 독일 학자의 연구는 소개하지 않았지만 나라마다 연구 방식에 차이가 있는 것은 분명합니다.

한편 '미국식 경영학'이라는 표현도 적절치 않다고 느끼는 이유는 경영학의 큰 흐름에서 볼 때 국제 표준화가 급속히 이루어지고 있기 때문입니다.

영국 옥스퍼드 대학에서는 수십 년 전까지만 해도 전통 영국식 접근법을 고수하는 연구자를 주로 임용해왔으나, 최근에는 국제 표준으로 자리매김하고 있는 미국식 접근법을 활용하는 경영학자 다수를 영입하고 있습니다. 프랑스에서도 본래 미국식 경영학의 영향을 강하게 받은 '인시아드INSEAD'는 말할 것도 없고 전통 엘리트 양성기관인 그랑제콜에 해당하는 HEC와 ESSEC에서도 이 책에서 소개한 미국식 접근법을 활용하여 연구하고, 그 성과를 권위 있는 국제학술지에 발표하는 연구자가 늘어나고 있습니다.

아시아의 상황도 크게 다르지 않습니다. 영어권 국가인 홍콩이나 싱가포르의 대학은 말할 것도 없거니와, 한국이나 중국의 명문 대학도 교원을 임용할 때 미국이나 유럽에서 박사 학위를 취득한 학자를 우대합니다. 그들은 국제 표준이 되어 가고 있는 경영학 지식을 습득한 연구자로, 권위 있는 국제학술지에 논문을 게재하기 위해 노력하고 있습니다.

이처럼 나라마다 정도의 차이는 있지만 경영학의 연구 방법과 기본 개념, 투고 대상 학술지, 참가해야 할 학회 등에서 국제 표준화가 이루어지고 있습니다.

그런 의미에서 이 책에서 말하는 '세계의 경영학'이란 '세계의 모든 경영학자가 연구하는 학문'이라기보다 '상당수 나라에서 급속하게 표준화가 이루어지고 있는 경영학'을 말하는 것으로 이해하면 좋을 것 같습니다.

다음으로 나는 이 책에서 소개한 경영학의 연구 방법과 발상이 '바람직한 경영학의 전형'이라고 주장하려는 것이 아닙니다.

사회과학에는 실증성과 규범성이라는 두 가지 개념이 있습니다.

실증성이란 실제로 발생한 현상이나 사실을 있는 그대로 기술하거나 그 메커니즘을 분석하는 것입니다. 한편 규범성이란 그것이 '사회적으로 혹은 조직과 개인에게 바람직한 것인가'라는 가치를 판단하는 것입니다.

1장에서 미국의 경영학자는 드러커의 책에 관심이 없다고 말했습니다. 그것은 사실 실증적 현상입니다. 그러나 미국의 경영학자가 드러커의 저술에 관심을 갖지 않는 것이 '옳은가, 그른가' 또는 '미국의 경영학자도 드러커의 책을 읽을 필요가 있는가'를 논하는 것은 규범적인 문제라고 할 수 있습니다.

또한 이 책에서도 여러 차례 말한 것처럼 현재 국제 표준화가 이루어지고 있는 경영학에서는 통계분석을 연구에 주로 활용하고 있습니다. 이는 틀림없는 사실로 실증적 현상입니다. 하지만 그것이 '연구 방법으로 바람직한가'라는 것은 또 다른 문제입니다.

이 책의 목적은 세계 경영학의 최신 동향을 여러분께 알기 쉽게 전달하는, 즉 실증적인 측면에 무게를 두고 있습니다. 본문에서도 가능한 객관적인 표현을 사용하여 실증성을 유지하기 위해 노력했습니다.

반대로 규범적 차원의 주장을 펼칠 때는 나의 개인적인 가치 판단이 개입되어 있음을 알 수 있도록 했습니다. 11장에서는 특히 이런 논지가 강하게 드러납니다.

그러므로 이 책을 읽고 난 뒤 '세계의 경영학이 이러저러하니까 경영학은 이러해야 한다'고 단정하는 것은 위험합니다. 이 책의 취지는 그런 것이 아님을 이해해주기 바랍니다.

경영학은 아직 어린 학문이므로 앞으로 연구의 진전과 더불어 많은 변화를 겪으며 성장해나갈 것입니다. 경영학에 조금이라도 관심을 가진 분께 이 책이 '경영학의 발전 방향'을 생각하는 계기가 되기를 기대합니다.

끝으로 강조하고 싶은 것은 이 책에서 소개한 연구 주제는 현재 세계의 경영학자 사이에서 논의되고 있는 지식의 극히 일부분, 그야말로 빙산의 일각에 불과하다는 사실입니다.

세계의 경영학자가 연구하고 있는 주제는 셀 수 없을 만큼 방대합니다. 세계 최대 경영학회인 'Academy of Management'의 2012년 연례총회에 투고된 논문 수만 보더라도 무려 6,600여 편에 달합니다. 경영학의 연구 주제는 이처럼 무궁무진합니다. 그러니 이 책에서 그 모두를 다룬다는 것은 불가능한 일이겠지요.

이 책은 여러분이 흥미를 느낄 만한 주제 몇 가지를 제 나름대로 선별하여 쉬운 문장으로 정리한 것입니다. 여러분이 이 책을 읽고 '경영학의 지식'이 얼마나 방대한지 느꼈다면 그것만으로도 내게는 보람 있는 일입니다.

만일 이 책을 읽고 난 뒤 더 많은 최신 경영학 지식을 얻고 싶다면 어떻게 하면 좋을까요?

먼저 이 책에서 소개한 경영학자의 저서 가운데 번역 출간된 책을 읽어보는 것도 좋은 방법입니다. 또한 해외에서 학위를 취득하여 세계의 경영학 연구 상황을 잘 알고 있는 학자의 저술을 읽어보는 것도 도움이 되겠지요.

〈하버드 비즈니스 리뷰〉지도 유용한 방법이 될 수 있습니다. 1장에서 말한 것처럼 〈하버드 비즈니스 리뷰〉는 진정한 학술지라고 하기는 어렵지만 국제무대에서 활약하고 있는 학자들의 연구 성과를 현실 경영에 응용할 수 있도록 재구성한 '실무 논문'이 주로 게재되어 있기 때문에 큰 도움이 될 것입니다. 그 밖에 국내 학자가 기고하는 잡지에서도 유용한 경영학 지식을 얻을 수 있습니다.

그러나 가장 바람직한 방법은 저명한 국제학술지에 실린 논문을 원서 그대로 읽는 것입니다.

물론 원서를 읽기 위해서는 영어 독해력이나 통계학 지식이 필요하겠지만 경영학을 전공하는 학생들을 비롯해 경영학에 관심을 가지고 있는 분이라면 꼭 도전해보기 바랍니다.

이 책이 나오기까지 무려 3년이라는 긴 시간이 걸렸습니다. 책이 완성되기까지 많은 분의 도움이 있었지만 책의 내용에 대한 책임은 당연히 나에게 있습니다. 이 책에 있을지 모르는 각종 오류는 모두 나의 책임이라는 점을 밝혀둡니다.

이리야마 아키에

경영학 수업

2판 1쇄 발행 | 2019년 3월 15일

지은이 | 이리야마 아키에
옮긴이 | 김은선
펴낸이 | 이동희
펴낸곳 | ㈜에이지이십일

출판등록 | 제313-2010-249호(2004. 1. 20)
주소 | 서울시 마포구 성미산로 2길 33 202호
전화 | 02-6933-6500 팩스 | 02-6933-6505
홈페이지 | http://www.eiji21.com

ISBN 9788998342487 03320